일과에 기반을 둔 조기 중재

Routines-Based Early Intervention

-영유아와 가족 지원

로빈 맥윌리엄(R. A. McWilliam) 지음

백상수 · 정은영 옮김

창지사

ROUTINES-BASED EARLY INTERVENTION:
Supporting Young Children and Their Families

목 차

P/A/R/T 0 4 _ 서비스 전달 모형

P/A/R/T 0 5 _ 자연스러운 환경 장소

P/A/R/T 0 6 _ 효과적 변화

서 문

이 책은 조기 중재에 대한 모든 내용을 살펴보기 위해 쓰인 것은 아니다. 다른 조기 중재 모형이나 전략들과 실제를 균형 잡힌 시각으로 살펴보기보다는 조기 중재에 대한 협력적이고 철학적·임상적 접근에 근거한 틀을 설명하기 위한 것이다. 또한 조기 중재 서비스가 제공되어야 할 방향에 대한 나의 개인적 견해를 밝힌 것이다. 이러한 나의 견해는 서비스를 제공하고, 서비스를 제공하는 이들을 지휘·감독하고, 수백 명의 서비스 제공자들에 대한 자문, 프로그램 평가, 12개 주에 대한 자문 등의 경험에 의해 형성되었다. 나는 이러한 정리 방법을 믿는다. 사람들은 일반적인 원칙들을 기억하고, 원칙들 내의 복잡성을 탐구해 나갈 것이다. 정책 개발, 관리, 연수 관점에서 한 가지 모형에 중점을 두면 복잡한 사고, 자세한 내용에 대한 압박감 혹은 철학적 일탈을 방지할 수 있다. 또한 각 실제의 구체성들이 명확하게 표현된다. 이를 위해 나는 점검표를 사용해 왔다.

이러한 점검표들은 아주 충실히 실행했을 때 성공적인 실천 단계를 설명해 준다. 이 실제들은 내가 가진 중심 철학과 기능성에 초점을 두는 것과 잘 들어맞는다. 나의 철학과 광범위한 구성에 대한 해석을 공유하는 사람들은 적극적으로 동의할 수 있을 것이다. 하지만 그들에게는 서비스를 제공하는 방법에 다른 의견들이 있을 수도 있다. 일반적으로 자연스러운 환경에서 지원을 제공하는 전문가들은 어떻게 서비스를 제공하는지에 대해서는 동의하고 있다(Workgroup on Principles and Practices in Natural Environments, 2007). 심지어 그들이 다른 용어를 사용하고, 다른 모형을 갖고 있고, 또 다른 도구들을 사용한다고 할지라도 말이다. 하지만 접근들의 유사성으로 인해 개념 혹은 실제들에 대한 소유권을 정하기는 어렵다. 그러한 것을 우리가 제시하는 틀, 용어, 도구에 어떻게 담아내는가에 따라 우리의 실제를 주장할 수 있다. 예를 들어, 나는 2004년 3월에 게리 마호니(Gerry Mahoney)에게 몇 년 동안 내가 '우발 교수'라고 부르던 용어에 대한 자문을 구했다. 나는 '반응 교수'가 덜 혼동되니 그것을 사용하는 것이 더 좋지 않겠느냐고 제안했다. 그러자 그는 "로빈(Robin), '반응 교수' 라고 하지는 말게. 내가 그 용어를 같이 지었잖은가?"라고 했다. 농담조로 한 말이었지만 좋은 지적이었다.

생각만으로는 누구든 지나치게 소유적이기는 어렵다. 우리는 서로에게서 배우고, 종종 진취적으로 움직였으며, 반대하기보다는 함께 행동했다. 따라서 여기에서 보여 주는 개념들은 개별적으로 특이한 것은 아니다. 한 사람의 작품(작업)을 구별하게 하는 것은 모형(실제들의 조합 혹은 개념적 틀), 용어 그리고 도구들이다. 이 책은 내가 제시한 틀, 명칭, 도구들을 한 자리에 모을 수 있는 좋은 기회가 될 것이다.

모형의 발전

이 책에서 설명한 모델은 나의 증거 기반 실제 혹은 이론의 경험이 합쳐지는 네 가지 원칙에 기인한다.

가족 중심 실제

처음부터 조기 중재는 가족을 돕는 것에 관심이 있었다. 그러나 심각한 연구와 이론이 의미하는 것에 관심을 둔 것은 1980년대부터였다. 이러한 흐름의 선구자는 칼 던스트(Carl Dunst)로서 그는 장애를 가진 아동과 그 가족에 대한 사회적 지원의 중요성(Dunst, Boyd, Trivette & Hamby, 2002; Dunst, Trivette, Boyd & Brookfield, 1994; Dunst, Trivette & Deal, 1994; Dunst, Trivette & Hamby, 1996), 그리고 전문가가 제시하는 실제들이 가족의 평안(Dunst et al., 2002; Trivette, Dunst, Boyd & Hamby, 1996; Trivette, Dunst, Hamby & LaPointe, 1996)을 조성할 수 있다는 것을 처음으로 기록한 사람이었다.

가족, 유아 그리고 취학 전 아동 프로그램에서의 나의 역할은 SUNRISE 프로젝트를 운영하는 것이었고, 그 후에는 또 다른 교실 프로그램을 운영하게 되었다. 1983~1985년까지 SUNRISE 프로젝트는 주 2회-아동들은 이틀 모두 오고, 부모는 하루는 아이와 같이 오고 다른 하루는 아이 없이 참석하는-학부모 협동 운영으로 재정적 지원을 받았다. 또한 전형적인 발달을 보이는 형제자매들도 참여하게 함으로써 이러한 협동 프로그램을 통합적이고 가족적이게 했다. 우리는 이 프로젝트를 통해 가족이 시간을 함께 보내는 가치, 특별히 그들에게 해야 할 임무가 있을 때, 그리고 참여를 촉진하기 위한 그룹 환경을 운영하는 최상의 방법 같은 가족의 능력에 대해 배우는 기회로 사용했다. 여기서 얻은 교훈들은 전문가와 보조원들로 구성된 종일제 학급 프로그램인 '가족 공간(Family Place)'을 만드는 데 반영되었다. 이러한 모든 경험이 미치는 영향은 현재의 모형에서 찾아볼 수 있다.

우리 팀이 개발한 실제들 중 하나는 중재 계획을 개발하기 위해 가족과 협력하는 방법이다. 이것은 장애를 가진 영아, 그리고 걸음마기의 유아와 그 가족을 위한 서비스들에 대해 연방 지원이 법으로 제정한 1986년 장애인교육법 개정(PL 99-457) 이전의 것으로, 개별화가족서비스계획(IFSP)이 아직 없었을 때다. 던스트는 이를 '가족아동중재계획(the Family and Child Intervention Plan; FACIP)'이라고 불렀다. 가족, 유아 그리고 취학 전 아동 프로그램에서 우리가 사용한 방법은 가족에게 가정에서의 일과에 관해 물어보고, 학급 일과들에 관해 이야기하고, 이런 대화를 가족이 아이를 포함하여 다른 가족 구성원을 위한 그들의 목표를 선정하는 데 사용했다. 우리는 그것을 가족과 협력적으로 일하기 위한 도구로 개발했다. 우리는 부모와는 아이를 데리고 오갈 때만 볼 수 있었다(McWilliam, 1992). 현재의 일과 기반 면담(RBI)은 단순하지만 효과적인 방법을 정교화한 것이라고 볼 수 있다.

이 분야에서 가족에 대한 이해의 전문가는 나의 다음 멘토가 된 돈 베일리(Don Bailey)다. 돈은 가장 규모가 큰 가족 연구 중 하나에 관여했고(Bailey, 1987), 연구와 실제의 진보를 가져온 수많은 척도를 개발했다(Bailey, Simeonsson, Buysse & Smith, 1993; Bailey, et al., 2006; Bailey et al., 1998). 그의 업적은 조기중재 전문가 양성, 학급환경에서의 그루핑(같은 나이대의 혼합 연령), 취약 X증후군, 조기 중재의 종단적 효과, 조기 중재의 결과 등에 관한 연구다. 그는 끊임

없이 가족에 대해 관심을 가졌다.

나는 1988~2002년까지 돈과 함께 연구 프로젝트 협력자로 일했으며, 시니어 연구자가 되기까지 그와 함께했다. 노스캐롤라이나 대학에 있는 프랭크 포터 그래햄 아동발달연구소(Frank Porter Graham Child Development Institute)에 몸담고 있었을 때, 가족에 관해 진지하게 연구할 기회가 있었다. 글로리아 하빈(Gloria Harbin)이 가족 중심 서비스(McWilliam, Tocci & Harbin, 1998)라는 개념을 알게 된 노스캐롤라이나의 조기 중재 서비스 평가를 위해 같이 일하자고 나를 초청했을 때, 그녀는 기관 간 협력에 대해 살펴보고 있었다. 이 프로젝트에서 우리는 IFSP의 질(McWilliam, Ferguson, et al., 1998)과 다른 것들도 살펴보았다(McWilliam, Snyder, Harbin, Porter & Munn, 2000). 이것은 기능적이고 가족 중심적인 계획을 개발하는 과정을 이해하는 데 매우 중요한 경험이었다. 그런 다음 하빈은 조기 아동조사연구소(Early Childhood Research Institute) 서비스 활용에 대한 연구에 나를 끌어들였는데, 그곳에서 나는 72가족을 대상으로 사례연구를 진행했다(McWilliam, Tocci & Harbin, 1998). 이때의 경험은 면담 기술을 연마하고 RBI에 몇몇 주요 질문을 포함하는 데 매우 유익했다. 또한 RBI를 학교 교실 기반이 아닌 가족과 가정을 기반으로 하는 서비스로 적용하는 데 큰 도움이 되었다.

가족 체계와 생태학적 이론들

두 번째 영향은 가족 체계와 생태학적 이론들에 대한 이해였다. 가족 체계 이론은 다양한 그래픽을 사용한 방법으로 설명되었다. 한 가지 방법은 가족을 "한쪽이 움직이면 다른 모든 부분에 영향을 주는 모빌"이라고 생각하는 것이다. 또 한 가지 방법은 가족을 "아이가 중앙에 있고, 그 아이와 함께 사는 사람들이 그다음 원에 있고, 그 가족과 상당히 빈번하고 가깝게 접촉하는 사람들을 그다음 원에, 가족과 덜 빈번하고 덜 가깝게 접촉하는 사람을 그다음에, 그리고 가족이 상당히 국한적으로 상호작용하는 — 거리가 있는 — 사람들은 가장 바깥쪽 원에 놓는 하나의 동심원들"이라고 생각하는 것이다.

이러한 가족에 대한 체계적인 사고법은 앞으로 이 책에서 설명할 사람 중심의 계획이나 생태도의 활용 개념과 일치한다. 사람 중심 계획은 지적장애인들 혹은 발달장애인들을 위한 서비스들의 변혁을 가져왔는데, 이는 '친구 반경', 개인의 장기·단기 목표에 관한 당사자와의 계획, 개인의 자원 평가 같은 개념으로 특징지어진다(Holburn, 2001; O'Brien, 2004; Orentlicher, 2008). 생태도는 한 개인의 삶에서 누가 자원인지, 스트레스인지, 혹은 양자 모두인지를 보여 주는 구체적인 도구다. 사람 중심 계획과 생태도는 가족 구성원을 포함한 한 개인의 삶에서 생태학적 요소를 결정한다.

우리는 자신의 가족에게는 이러한 도구들을 구체적으로 사용하지 않았다. 그러나 그러한 자원이 있든 없든 의심할 여지없이 우리 가족의 삶을 영위하는 데 영향을 미쳤다. 때때로 우리에게는 의지할 친구나 가족이 있다. 그러나 어떤 상황에서는 그런 사람이 없을 수도 있다. 또한 우리는 그러한 자원이 있다는 것과 그런 것을 활용하는 게 편하다는 것은 별개라고 배웠다. 우리가 아는 어떤 사람들은 다른 사람들에게 도움을 청하는 것에 대해 전혀 부끄러워하지 않는다. 우리는 그런 사람들의 대담함에 감탄한다.

초학문적 서비스 전달

초창기 연구에서 던스트는 내게 초학문적 서비스 전달에 관한 개념을 소개해 주었다. SUNRISE 프로젝트를 발표하는 회의에 참가했을 때, 제네바 우드러프(Woodruff & Shelton, 2006)와 이 접근을 발전시킨 다른 선구자들을 만났다. 나는 이 용어를 알기 전에 이미 첫 번째 가정 기반 조기 중재에서 초학문적 실제를 사용했다는 것을 깨달았다. 노스캐롤라이나 주의 시골마을인 피드먼트(Piedmont)에서 세 명이 함께 일한 우리 팀은 작업치료사, 물리치료사 그리고 언어치료사에게 분기별로 자문을 받을 수 있을 만큼 충분한 돈이 있었다. 그것은 우리가 집집마다 자문가를 데리고 다니며 방문하여 많은 정보를 흡수할 수 있었다는 의미다. 우리는 여러 가족이 치료사들의 프로그램을 실행하는 것을 지원했다. 그것은 조기 중재에서 여러 가지 다른 측면을 배울 수 있는 매우 효율적인 방법이었다.

우리는 협동 프로그램에서 기능적이고, 재미나고, 발달상 적합한 활동들에 많은 시간을 할애했는데, '치료'는 나중에서야 생각났다. 그래서 우리는 치료사들을 분기별로 교실로 오게 했다. 우리의 목적은 프로그램에 변화가 필요한지(평가)를 살펴보고, 시범으로 중재를 보여 주는 것이었다. 그들을 통해 더 빈번한 중재가 필요하지 않다고 보았다. 왜냐하면 가족들은 그러한 중재를 이미 가정에서 실행하고 있었고, 협동 스태프들은 프로그램에서 가족이 중재를 실행하는 것을 지원하고 있었기 때문이다.

치료사들이 교실로 들어와 함께하는 우리의 정책은 1980년대의 통상적 실제와는 크게 달랐다. 나는 연구가 필요하다는 것을 이해했다. 왜 더 많은 사람들이 통합된 서비스를 제공하지 않는 것일까? 돈 베일리와 나는 현장 제안 연구를 지원했고, 그것이 채택되었다. 이 연구에서 우리의 첫 번째 문제는 우리 전문가 팀이 인출(pull-out) 서비스의 정도에 대해 동의할 수 없었다는 것이다. 우리는 전국적인 설문조사를 실시하여 실제로 이것이 큰 문제라는 것을 보여 주었다. 그리고 나는 우연히 이러한 데이터를 논문에 활용했다. 우리의 두 번째 문제는 "교실 밖인가, 안인가?" 하는 것이 간단한 문제가 아니라는 것을 발견한 것이다. 따라서 우리는 두 장소 모두에서 서비스를 제공하는 다양한 방법을 결정해야 했다. 우리의 세 번째 문제는 치료사들이 아동을 다른 유형의 치료에 임의로 배정하는 연구에 동의하지 않았고, 부모들과 공모해서 참여하기를 거부한 것이다. 우리의 해결책은 다른 방법들을 사용하는 치료사와 장소를 찾아서 자연스럽게 일어나는 치료 효과를 모니터하는 것이었다. 이러한 연구들로 조기중재에서 『인출(pull-out) 서비스에 대한 재고: 전문가 리소스(McWilliam, 1996)』라는 6개 분야의 전문가들에 의한 장으로 구성된 책을 출판하게 되었다.

통합적 서비스 중재는 우리에게 교실 기반 서비스에 대해서뿐만 아니라 영아와 걸음마기 유아가 유치원에 있을 때 어떻게 자문해야 하는지에 대해서도 가르쳐 주었다. 조기 중재자들은 전문가로서 유치원을 방문한다. 그리고 현재 우리는 어떻게 협력적으로 자문하는지에 대한 증거 자료를 가지고 있다.

가정방문의 복잡성

가정 기반 조기 중재는 핑거 페인팅(손가락으로 그림을 그리는 것)처럼 정교하고 세밀한 분장의 걸작이다. 연구 초기에 나는 손가락으로 그림을 그리고 있었다. 그러나 시간이 지나면서 우리가 초기에 했던 일들이 정말 능수능란하고 망각된 것들임을 이해하게 되었다. 무엇이 되고 무엇이 안 되는지를 이해하는 데 도움을 준 연구는 앞서 언급한 대규모 사례연구였다. 그것은 글로리아 하빈, 린 토치(Lynn Tocci)와 내가 조기 아동조사연구소(the Early Childhood Research Institute)에서 서비스 활용에 관해 수행한 한 부분에 대한 연구였다(McWilliam, Tocci & Harbin, 1998). 사례연구는 72가족과 그들의 46가지 서비스 제공자들로 구성되어 있었다. 가족들은 9개 지역에 살고 있었는데, 세 가족은 노스캐롤라이나, 세 가족은 펜실베이니아, 그리고 나머지 세 가족은 콜로라도에 있었다. 우리는 그 가족들과 두 차례 면담했고, 서비스 제공자들과는 적어도 한 번 면담했다. 그리고 아동이 가정 밖의 장소(예: 유치원, 특수 프로그램, 헤드스타트)에서 서비스를 받는 경우에는 대부분의 장소를 방문했다. 가족이나 서비스 제공자들과의 전화 면담은 우리에게 가정방문에 대한 풍부하고 다양한 설명을 제공해 주었다. 이러한 진술들을 분석함으로써 우리는 영감을 얻었고, 우리의 사고를 상당히 진보시킬 수 있었다.

이 책에서 제안한 모형을 설명할 때 그 근원인 가족 중심의 실제, 가족 체계, 초학문적인 서비스 전달, 그리고 가정방문이 명백해질 것이다. 그러한 모형의 소개는 조기 중재의 발전에 대한 토의로 계속 이어질 것이고, 왜 그런 모형이 필요했는지를 보여 줄 것이다.

참고문헌

Bailey, D. B. (1987). Collaborative goal setting with families: Resolving differences in values and priorities for services. *Topics in Early Childhood Special Education, 7*, 59-71.

Bailey, D. B., Jr., Bruder, M. B., Hebbeler, K., Carta, J., Defosset, M., Greenwood, C. et al. (2006). Recommended outcomes for families of young children with disabilities. *Journal of Early Intervention, 28*, 227-251.

Bailey, D. B., McWilliam, R. A., Darkes, L. A., Hebbeler, K., Simeonsson, R. J., Spiker, D. et a1. (1998). Family outcomes in early intervention: A framework for program evaluation and efficacy research. *Exceptional Children, 64*, 313.

Bailey, D. B., Jr., Simeonsson, R. L., Buysse, V. & Smith, T. (1993). Reliability of an index of child characteristics. *Developmental Medicine & Child Neurology, 35*, 806-815.

Dunst, C. J., Boyd, K., Trivette, C. M. & Hamby, D. W. (2002). Family-oriented program models and professional helpgiving practices. *Family Relations: Interdisciplinary Journal of Applied Family Studies, 51*, 221-229.

Dunst, C. J., Trivette, C. M., Boyd, K. & Brookfield, J. (1994). Help-giving practices and the self-efficacy appraisals of parents. In C. J. Dunst, C. M. Trivette & A. G. Deal (Eds.), *Supporting and strengthening families: Methods, strategies, and practices* (Vol. 1, pp. 212-220). Cambridge, MA: Brookline Books.

Dunst, C. J., Trivette, C. M. & Deal, A. G. (1994). Resource-based family-centered intervention practices. In C. J. Dunst, C. M. Trivette & A. G. Deal (Eds.), *Supporting and strengthening families: Methods, strategies and practices* (pp. 140-151). Cambridge, MA: Brookline Books.

Dunst, C. J., Trivette, C. M. & Hamby, D. W. (1996). Measuring the help giving practices of human services program practitioners. *Human Relations, 49*, 815-835.

Holburn, S. (2001). Compatibility of person-centered planning and applied behavior analysis. *Behavior Analyst, 24*, 271-281.

McWilliam, R. A. (1992). *Family-centered intervention planning: A routines-based approach*. Tucson, AZ: Communication Skill Builders.

McWilliam, R. A. (Ed.). (1996). *Rethinking pull-out services in early intervention: A professional resource*. Baltimore: Paul H. Brookes Publishing Co.

McWilliam, R. A., Ferguson, A., Harbin, G. L., Porter, P., Munn, D. & Vandiviere, P. (1998). The family centeredness of individualized family service plans. *Topics in Early Childhood Special Education, 18*, 69-82.

McWilliam, R. A., Snyder, P., Harbin, G. L., Porter, P. & Munn, D. (2000). Professionals and families' perceptions of family-centered practices in infant-toddler services. *Early Education and Development, 11*, 519-538.

McWilliam, R. A., Tocci, L. & Harbin, G. L. (1998). Family-centered services: Service providers' discourse and behavior. *Topics in Early Childhood Special Education, 18*, 206-221.

O'Brien, J. (2004). If person-centered planning did not exist, valuing people would require its invention. *Journal of Applied Research in Intellectual Disabilities, 17*, 11-15.

Orentlicher, M. L. (2008). Striving for typical: Collective experiences of person-centered planning for young adults with disabilities during transition. *Dissertation Abstracts International Section A: Humanities and Social Sciences, 69*.

Trivette, C. M., Dunst, C. J., Boyd, K. & Hamby, D. W. (1996). Family-oriented program models, help-giving practices, and parental control appraisals. *Exceptional Children, 62*, 237-248.

Trivette, C. M., Dunst, C. J., Hamby, D. W. & LaPointe, N. (1996). Key elements of empowerment and their implications for early intervention. *Infant Toddler Intervention, 6*, 59-73.

Woodruff, G. & Shelton, T. L. (2006). The transdisciplinary approach to early intervention. In G. M. Foley & J. D. Hochman (Eds.), *Mental health in early intervention: Achieving unity in principles and practice*(pp. 81-110). Baltimore: Paul H. Brookes Publishing Co.

Workgroup on Principles and Practices in Natural Environments. (2007). *Agreed-upon practices for providing early intervention services in natural environments.* Retrieved July 6, 2008, from http: //www.nectac.org/-pdfs/topics/families/AgreedUponPractices_FinalDraft2_01_08.pdf

감사의 말

나의 멘토, 동료와 친구들, 협력자 그리고 가족에게 감사드린다. 중요한 멘토인 칼 던스트와 돈 베일리는 서문에서 언급했다. 비록 두 분은 서로 매우 다르지만, 두 분 모두 조기 중재에 대한 나의 철학을 형성시키는 데 큰 도움을 주셨으며, 이 분야에서 성공적인 학자로 이끌어 주셨다. 이 두 분에 더해서 마크 월러리는 매주 아침식사 자리에서 젠체하는 나를 관용하며 내가 틀렸을 때는 부드럽게 깨우쳐 준 분이었다. 그분은 교수법과 단일 대상 연구에 관해 가르쳐 주셨다. 몇 해 동안 샘 오돔은 내게 자신감과 기회들, 그리고 품위에 대한 모범을 보여 주었고, 조기 중재 학술지(Journal of Early Intervention)의 선배 편집장으로서 우정과 모범으로 모든 길을 닦아 주었다. 그들을 순서대로 언급하면 오돔, 베일리 그리고 스티브 워런이다.

메리 베스 브루더는 지속적인 조언과 모범을 보여 주었고, 그녀의 영향은 이 책 전반에서 볼 수 있다. 글로리아 하빈은 내게 리더십과 정책에 관해 생각하게 해 주었고, 자주 비오니에 와인을 함께 마셨다. 리 안 정은 나의 작업을 흡수하여 그것을 자신의 지혜로운 족적으로 진일보시켰다.

시스킨 아동연구소는 내게 학문에 집중하고, 새로운 모형들을 개발하고, 아동들을 위해 교실과 지역사회에 실험할 수 있도록 자원들을 제공해 주었다. 제리 젠슨 총장은 조기 중재에 집중할 연구소를 만드는 선견지명을 가지고 계셨다. 아주사 댄스는 연구소를 운영하면서 내 생활을 정리해 주었다. 나의 박사과정 학생이었고, 종종 연구 협력자로, 그리고 지금은 동료인 에미 케이시는 최상의 미래를 보여 주었다. 어떤 사람들은 우리의 협력관계를 과소평가했지만, 서로에게 보람된 것이었고 귀하고 소중한 선물이었다.

마지막으로 내 가족들은 나를 정직하게 하며, 나를 자랑스러워하지만 내가 생각하는 것을 다른 사람들이 좋아하는 것에 대해 놀라기도 하는 사람들이다. 이 책을 헌정하는 내 어린 딸 소니는 현명하고 성실하고 독립적인 숙녀로 성장해 주었고, 큰딸 크리스틴은 하루하루 잘 견디고 성실 근면하며 잘 웃는 아이다. 마지막으로 내 아내 피제이는 내 삶 전반과 우리 분야에 대한 이성의 소리다. 그녀는 나의 일, 그리고 캐롤라이나와 밴더빌트 농구팀에 많은 시간을 할애할 수 있도록 많은 것을 헌신했다.

역자 서문

2007년, 장애인 등에 대한 특수교육법이 제정되면서 한국에도 유아특수교육이 제도적으로 자리를 잡아가고 있다. 영아를 위한 조기 중재의 제도적 개발의 필요성 또한 어느 때보다 절실하다고 할 수 있다. 이에 맥윌리엄 박사의 『일과에 기반을 둔 조기 중재』는 이러한 필요성에 대해 안내해 줄 좋은 실제 사례들과 새로운 철학들을 제공해 주기에 너무나도 적합한 책임에 틀림없다. 모쪼록 이 책을 통해 조기 중재의 새로운 대화가 열리고, 우리나라의 실정에 맞는 효과적이고도 효율적인 조기 중재의 모형들이 만들어지기를 간절히 소망한다. 하루라도 빨리 나누고 싶은 마음에 급히 시작했지만, 부족한 번역이 되고 말았다. 오랜 시간 관용과 배려로 기다려 주신 창지사 관계자 여러분께, 특별히 나기영 전무님께 심심한 감사를 표한다.

01

P·A·R·T

서 론

이 책은 가족, 일상의 일과, 중재 팀의 접근법에 초점을 맞춘 특별한 조기 중재 접근법을 설명한다. 이러한 접근법의 맥락을 이해하기 위해 조기 중재의 발달을 검토해 보았다.

01

C·H·A·P·T·E·R

조기 중재의 진보

'조기 중재'라는 용어는 위험한 환경에 처한 아동과 발달지체 아동 모두를 위한 중재를 설명하는 데 사용되었다. 그리고 이 두 부분이 어느 정도 중복된다는 데는 의심의 여지가 없다.

그러나 철학과 접근방법, 결론들에서 근본적인 차이점도 있다. 먼저, 가능한 중복에 관해 워싱턴 대학의 발달 소아전문의인 포레스트 커트 베넷(Forrest Curt Bennett, 2004)은 조기 중재의 진화에 관해 흥미로운 개관을 제공했다. 현장 연구가들은 조기 중재가 '작동' 효과가 나는지－그 대답은 그 용어가 무엇을 의미하는지에 달려 있는－에 대한 질문으로 시작했다고 지적한다. 예를 들어 "조기 중재가 잠재적 발달장애를 치료할 수 있는가?"라고 한다면 대답은 "아니오."일 것이다. 또 "조기 중재가 지능지수(IQ)를 영원히 높일 수 있는가?"라고 한다면 대답은 역시 "아니오."다. 그러나 "조기 중재가 학교 기능을 향상시킬 수 있는가?"라고 한다면 "그렇다."라고 대답할 수 있다. 왜냐하면 지금 일어나는 현상은 기능에 대해 생각하고 있으니 말이다. "조기 중재가 적응 행동을 향상시킬 수 있는가?"라고 한다면 "그렇다."이다. 왜냐하면 조기 중재가 섭식, 상호작용 그리고 행동 관리를 향상시켰기 때문이다. "조기 중재가 가족 기능을 도와줄 수 있는가?"라면 "그렇다."이다. 왜냐하면 가족이 아동에게 적응하고, 그들의 관심사(흥미)를 좇는 방식을 향상시킨 것을 보여 주었기 때문이다.

베넷(2004)에 따르면, 의료계에 받아들여진 조기 중재에는 다음과 같은 세 가지 형태가 있다고 한다.

1. 신생아 대사질환 선별검사(왜냐하면 증거가 뒷받침하는 정보들이 있기 때문이다)
2. 주요 감각장애를 가진 아동들을 위한 교육(예: 청각과 시각장애 아동을 위한 성공적인 조기 중재로 신생아 청각 선별검사가 개발되었다)
3. 뇌병변 장애아동을 위한 물리치료[비록 1998년에 팔머(Palmer)와 그의 동료가 통상적으로 수용되는 물리치료 처치가 일반적인 조기 유아교육 과정보다 효과적이지 않다고 증명하였지만]

만약 이러한 것들이 수용될 수 있는 조기 중재 유형의 한계라면 발달장애의 환경적 위험에 처한 아동(예: 저소득 가정의 아동)을 위한 치료에 관해 베넷이 제기한 질문이 남는다. 베넷은 조기 중재에서 그룹(예: 소득 수준), 생물학적 위험(예: 저체중 출산), 그리고 형성된 발달장애 등을 모두 하나로 볼 것이 아니라 그룹별로 살펴볼 필요가 있다고 주장한다. 빈곤에 처한 아동들의 인지기술 향상을 도모하는 아동 보호의 효과를 검정하기 위한 국가적인 첫 연구인 아베세다리언(Abecedarian) 프로젝트의 결과, 아동 보호 중재를 받은 아동들과 통제집단 간이 지능지수가 15점이나 차이를 보였다(Ramey & Campbell, 1984). 그러나 이러한 차이들은 중재 말기에 사라져 버렸고 추후에 학업 성취, 학년 배치와 졸업에서 '수면자' 효과로 나타났다(Campbell, Ramey, Pungello, Sparling & Miller-Johnson, 2002). 주목할 점은 이러한 결과를 보인 것은 장애를 가진 아동이 아니라 저소득 가정의 아동이었다.

이와 유사하게 영아건강발달 프로젝트(the Infant Health and Development Project)는 체중과 건강과 관계없이 낮은 사회경제적 지위를 가진 가정의 아동에게 가장 효과적이었다(Liaw & Brooks-Gunn, 1993). 5세(아동교육 및 가족 지원이 제공된 중재 종료 2년 후)가 되었을 때 중재와 추적 그룹 간의 차이는 사라졌다.

베넷(2004)은 저체중 출산 아동을 위해 영아 자극 접근에서 부모 중심, 아동 보호 접근으로 옮겨갔다고 언급했다. 그래서 현재 우리는 '환경적 신생아학'이라든지 '발달적 간호' 같은 간호 계획을 개별화하고 있다. 우리의 관심은 단순히 폐를 치료하는 것보다 뇌를 보호하는 것에 집중되어 있다.

베넷에 의하면 가장 성공적인 프로그램은 복수의 중재를 조합하여 장기간 반복적으로 전달하는 것이라고 한다. 비록 발달지체의 위험에 처해 있는 조기 중재와 장애를 가진 아동을 위한 조기 중재의 차이가 존재하지만, 1) 장애는 연속선상에서 존재하는 것으로 고려될 수 있고, 2) 장애 아동을 위한 서비스 체계는 일반적으로 발달하는 아동을 위한 서비스 체계 안에서 존재해야 한다.

가족 중심의 개념

조기 중재의 초창기부터 가족 중심주의의 개념에 변화가 있었다. 1970년대에는 부모 훈련과 참여에 관심을 기울였다(Field, Widmayer, Stringer & Ignatoff, 1980; Forgatch & Toobert, 1979). 연구자들은 부모가 그들의 아동과 중재를 실시하는 것을 가르칠 수 있다는 것을 발견했다(Tudor, 1977). 나중에 이러한 접근은 가정적인(온정주의) 것으로 여겨졌다. 특별히 전문가들은 부모들이 어떠한 훈련을 받아야 할지 정할 때, 이러한 훈련은 단순하게 가족 참여의 확장으로 여겨졌다(McWillicam, McMillen, Sloper & McMillens, 2997). 이것은 확고부동한 부모 참여의 주제와 관련이 있다. 역사적으로 전문가들은 가족의 조기 중재 산업에 적극적으로 참여하기를 원했다. 소극적으로 참여한 가족은 비난을 받았고, 가족의 소극적 참여를 설정한 전문가들에게는 거의 관심을 두지 않았다. 나는 이 책에서 가정방문자가 자신의 역할을 제대로 할 때, 가족 참여는 이웃이 왔을 때 하듯이 아무런 문제가 되지 않는다고 주장할 것이다. 이웃 주민의 관심 부족은 아무런 문제가 되지 않는다. 물론 어른이 방문했을 때는 가족이 참여한다. 문제는 아이에게 누군가 찾아왔을 때 부모는 자신의 참여가 선택적이거나 별 관계가 없다고 생각한다.

오늘날 우리는 가족 자율권한(empowerment)－칼 던스트가 『Enabling and Empowering Families(Dunst, Trivette & Deal, 1994)』라는 조기 중재에 적용한 세미나 교재에서 쓴 단어－시대에 살고 있다. 현재, 조기 중재 개념은 가족의 의사결정 권한－이 권한은 법률(장애인교육향상법 2004, PL 108-446)로 입법화되었고, 추천된 실제(Smith et al., 2002)에 정의되었다－에 높은 가치를 두고 있다.

법률과 결부되어 있기 때문에 전문가들은 계획하는 과정에서 가족에게 선택권을 줄 수 있지만(법률이 상당히 지시적일 때), 서비스 전달(법률이 덜 지시적일 때)에서의 의사결정보다 좀 더 확장적인 개념들은 무시한다. 모든 전문가들은 가족 중심주의가 사회적으로 타당하다고 생각하고, 모든 사람이 가족 중심의 실제를 사용하고 있다는 것이 시대적 정신이다.

현재, 또 다른 조기 중재의 원칙은 동반자적 관계(파트너십)다. 실제로 던스트(1985)는 동반자적 관계를 통한 자율권한의 능동적 모델에서 이 두 가지 개념을 결합하였다. 가족과 전문가가 동반자로서 협력하는 것은 자율권한의 확장적 개념이다. 이것은 구체적으로 가족이 의사결정 권한을 갖는 것과 관계가 있다. 그러므로 이것은 불완전한 모형이다. 왜냐하면 전문가들이 중재에 대한 더 많은 지식을 가지고 있지만, 가족이 궁극적인 권한을 가지기 때문이다. 하지만 아마도 모든 동반자적 관계가 다른 부분들에서는 불균형을 이룰 것이다.

조창기부터 오늘날 많은 가족 중심주의 전문가들에게는 이 개념이 중요했기 때문에 매우 역설적이지만, 이 개념의 미래는 가족의 삶의 질일 것이다.

그럼에도 나는 현장 전문가들과 가족 지지자들, 행정가들과 연구자들이 연구결과를 통합하고 현장에서 갈라진 움직임들을 이해할 때, 그들 모두가 가족의 삶의 질을 향상시키는 개념을 연합하는 원동력으로 볼 것이라고 믿고 있다. 이러한 구성을 추적할 측정 체계가 개발되었다(Hornstein & McWilliam, 2007; Turnbull, Pston, Minnes & Summers, 2007). 가족의 삶의 질에서 한 가지 중요한 측면은 일상적인 일과에 대한 만족이다. 자연스러운 환경에서 일어나도록 고안된 조기 중재 상황에서 특별히 중요한, 달리 표현하자면 일과 기반 조기 중재는 가족의 일과에 대한 만족을 직접적으로 강조하게 될 것이다.

부모 교육과 참여에서 자율권한과 동반자적 관계가 포함된 가족 중심주의의 개념화를 향한 조기 중재 현장은 중요한 진보를 시작했다. 개념의 개선은 가족의 삶의 질을 향상시키는 목표의 수용과 함께 이뤄질 것이다.

자연스러운 환경

자연스러운 환경에서 조기 중재를 제공하려는 아이디어는 1990년대 중반부터 현장에서 가장 뜨거운 주제였을 것이다. 이상하게도 어떤 주(州) 또는 프로그램에서는 '조기 중재'라는 분야가 "아동과 가족의 기본 생활구조의 한 부분으로서 아동의 일상 장소와 시간을 통해 일어나는 중재(혹은 최소한 학습 기회)"라는 이해에서 시작되었다. 그러나 또 다른 주 또는 프로그램에서는 클리닉이나 교실이라는 특화된 곳에서 우선적으로 실시되는 조기 중재의 프로그램으로 개발되었다. 따라서 어떤 사람들에게는 자연스러운 환경에서의 조기 중재(EINE)가 정상적이고 친숙한 반면, 또 다른 사람들에게는 변화이며 도전이다.

이 책은 주로 EINE에 대해 다룬 것으로, 매우 상세한 부분들이 강조될 것이다. 그러나 이 분야의 전문가들은 〈표 1-1〉에 나타난 사명과 원칙들에 동의한다. 조기 중재와 관련해 법 조항을 충족시키는 것도 가능하다. 그리고 여전히 다학문적 모델을 사용하는 것, 가정방문에서 클리닉 기반을 사용하는 것, 그리고 아동이 지역사회 아동보육시설에서 인출(pull-out)모델을 사용하는 것도 가능하다. 이 책에서는 초학문적인 서비스 전달 체계, 지원 기반 가정방문, 그리고 아동보육시설에서의 통합적 서비스를 포함한 진정한 EINE 사례를 만들 것이다.

〈표 1-1〉 조기 중재의 임무와 주요 원칙(자연스러운 환경에서의 원칙과 실천 그룹)

임 무

파트 C 조기 중재에서 가족 구성원과 보호자는 일상의 학습 기회들을 통해 아동의 학습과 발달을 향상시키도록 돕기 위해 지원과 자원들을 개발하고 제공한다.

주요 원칙

1. 영아와 걸음마기 아동은 매일매일의 경험과 친숙한 상황 속에서 친숙한 사람들과의 상호작용을 통해 가장 잘 배운다.
2. 모든 가족은 필요한 지원과 자원으로 아동의 학습과 발달을 향상시킬 수 있다.
3. 조기 중재에서 서비스 제공자의 주된 역할은 아동의 삶에서 가족이나 보호자와 함께 일하고 지원하는 것이다.
4. 전이를 통한 연결에서의 조기 중재 절차는 가족 구성인의 학습 양식과 문화적 신념, 관행을 반영하기 위해 역동적이고도 개별화되어야 한다.
5. 개별화가족지원계획의 결과들은 기능적이어야 하고, 아동과 가족의 필요와 가족이 찾은 우선순위에 근거해야 한다.
6. 가족의 우선순위와 필요, 관심은 팀과 지역사회 지원을 대표하고 맞이하는 주요 제공자들에 의해 가장 적합하게 강조되어야 한다.
7. 아동과 가족 구성원과의 중재는 분명한 원칙과 인증된 실천, 최고의 가능한 연구, 그리고 관련 법규와 규정들에 근거해야 한다.

출처: Workgroup on Principles and Practices in Natural Environments. (2007). Agreed-upon practices for providing early intervention services in natural environments. Retrieved July 6, 2008, from http://www.nectac.org/-pdfs/topicslfamilies/AgreedUponPractices_FinalDraft2_01_08.pdf; reprinted by permission. (Key: IFSP, individualized family service plan).

통합과 삽입

아동이 단체 보육을 원할 때, 가족은 대부분 일반 어린이집 같은 통합적인 지역사회 환경을 활용한다. 이것은 자연스러운 환경에서의 조기 중재 규정, 연구 결과들(Odom 등, 2004), 그리고 가치들(Bailey, McWilliam, Buysse & Wesley, 998)에서 나온 결과다. 이는 통합적 배치의 활용 정도를 확장하는 데 다분히 성공적이었다. 그러나 아동이 받는 중재의 질을 보장하는 데는 성공적이지 못했다는 것은 논쟁의 소지가 있다. 우리는 여전히 환경의 일반적인 질에 추가하여 통합이 개별화되는 정도에 관심을 기울여야 한다(Purcell & Rosemary, 2008; Wolery, 1997). 그것이 개별화되었을 때, 진단은 아동의 행동과 교실에서의 일과 요구들 간의 생태적 일치, 치료 그리고 학급 일과에 통합된 유아 특수교육, 일반 학습 일과들에 삽입된 중재들을 포함하게 될 것이다. 그렇다면 분명히 통합의 개별화는 자연스러운 환경에서의 조기 중재와 일치하게 된다.

이러한 모델의 필요성

이러한 진전에도 불구하고 여전히 아동이 배울 수 있고, 관리자들이 체계를 세울 수 있고, 현장 전문가들이 실행할 수 있고, 가족이 옹호할 수 있는 단일 모델에 대한 필요성이 존재한다.

첫째, 조기 중재가 진화하고 있음에도 여전히 문제들이 존재한다. 이러한 문제들은 다음 장에서 자세히 살펴보겠지만, 가장 일반적인 것으로는 전문화로의 과도한 편중, 평가 진단과정에서의 기능적 필요 진단의 부재(그리고, 그래서 비기능적인 목표들), 치료실 기반 모델의 가정방문 적용, 그리고 유치원에서의 교실 밖 서비스 등이다.

둘째, 의뢰에서 전이까지 통합된 시스템을 갖추는 것이 유용할 것이다. 전문가들은 진단과 중재에서 유용한 실제들을 개발해 왔으나, 일반적으로 프로그램에 처음 들어와서 나갈 때까지 활용될 수 있는 접근은 제공되지 않았다.

셋째, 프로그램들이 자연스러운 환경에서의 조기 중재 개념과 일치하고 추천된 실제들을 활용하는지 그 정도를 평가하는 방법이 있다. 응답자들이 추천되지 않은 실제들로부터 강력히 추천된 실제들에 이르기까지 다양한 영역들의 실제를 확인할 수 있게 하는 도구가 유용하다. 이 책 끝의 부록에 수록되어 있고, 12장에서 논의된 자연스러운 환경에서의 가족 서비스 평가(FINESSE)가 그것이다.

넷째, 조기 중재의 진보에도 불구하고 많은 프로그램들은 여전히 조기 중재가 실제로 활용되는지에는 거의 관심을 두지 않고 이론적인 방식으로 운영되고 있다. 아동은 주로 환경과의 반복된 상호작용들을 통해 배운다. 이러한 상호작용들은 시간이 흐르면서 열어진다. 아동은 시도가 지나치거나 연습이 집중된, 다른 상황들에 연계가 거의 없는 수업이나 회기에서는 배우지 않는다. 따라서 일주일에 한 번 전문가들이 아동을 직접적으로 중재하는 일반적 치료나 교수 모형이 실행되는 전제는 의심스러운 것이다.

아동은 방문객들보다 자신과 일주일 내내 매시간을 함께하는 보호자들에 의해 더 좋은 영향을 받는다. 그런 반면에 성인들은 회기를 통해 배우고 일반화할 수 있기 때문에 전문가들의 주간 방문이 유용할 수 있다. 따라서 전문가들은 이전에 논의했듯이 아동 발달과 기술 습득에 영향을 줄 수 있는 성인 가족 구성원과 함께 일해야 한다. 아동을 위한 중재는 방문을 통해 일어날 수 있다. 이는 보호자들이 아동을 위해 학습 상황을 제공하는 다양한 기회들이 있을 때다. 이렇게 함으로써 일주일간 많은 시간을 아동과 함께하는 보호자들을 위한 다양한 종류의 지원(훈련 포함) 과정으로서의 중재가 실제로 작동한다.

이러한 조기 중재의 측면들은 여러 연구에서 분명히 밝혔지만(Dunst, Bruder, Trivette, Raab & McLean, 2001; Dunst, Herter & Shields, 2000; Pretti- Frontczak & Bricker, 2004; Wilderstorm, 2005), 지금까지 각 주정부와 행정가들, 현장 전문가들이 이해할 수 있는 하나의 모델로서 체계화되지는 못했다.

02

C·H·A·P·T·E·R

이 책의 사용법

이 책은 이러한 모델을 따를 때 프로그램의 많은 형태들에 의해 어떻게 사용되는지에 대한 지침을 제공한다. 각 장에 관련된 연구들이 녹아 있고 행정가들, 서비스 조정자들, 서비스 제공자와 가족 등 이러한 정보를 사용할 수 있는 다양한 사람들을 다루려는 시도를 했다.

모델 충실도

이 책에서 설명한 구체적인 실제들이 조기 중재의 다양한 측면들(예: 유입, 요구 조사, 서비스 결정, 가정방문, 학급 상담)을 실행하기 위한 유일한 방법은 아닐 것이다. 그리고 그 실제들은 아마도 개별적으로 다른 곳에서 다양한 형태로 다뤄졌을 것이다. 그러나 여기에 설명한 세밀한 기법들은 나 개인의 것이며, 여러 해 동안 도처의 프로그램에서 쌓은 경험으로 연마한 것이다.

모델 적용 연구(Hall & Loucks, 1977)에 따르면, 하나의 모델이 지역적 혹은 개별적 활용을 위해 **변화**되었을 때 그 모델은 채택되기에 **적합**하다고 한다. 반면에 조기 중재 연구에서는 모델의 충실도에 대해 매우 염려스럽다. 여기에서는 실제들을 자세하게 설명하고 있는데, 이것이 바로 그것들이 작동해 온 방식이며, 철학적 토대와 일치하는 방식이다.

더 나아가 어떤 사람이 특정한 실제를 사용했다고 주장하고(예: "나는 맥윌리엄의 통합 치료를 이용했다."), 뭔가 다르게 했다면 의사소통은 절충된다. 듣는 사람은 실제로 이런 식으로 치료를 제공한다고 듣고 그렇게 반응한다(예: 그런 주장을 하는 사람을 고용하고, 그런 주장을 하는 사람에게 아동을 배치한다). 그러나 그 사람이 실제를 알아볼 수 없게 변용했다는 것을 인식하지 못한다. 따라서 나는 독자들이 여기에 설명된 실제들을 변형 없이 사용할 것을 권장한다. **현지 결정**이라고 해도 구체적으로 활용할 수 있도록 충분한 선택의 여지를 남겨 놓았으므로 현장전문가들은 너무 부담스럽게 느끼지 않아도 된다. 현지 결정의 요점은 이러한 실제들이 각각의 상황에 적합해야 한다는 점이다.

모델의 충실도 문제는 논쟁의 소지가 될 수 있다. 나는 일괄 패키지로 받아들이거나 아무것도 받아들이지 말아야 한다는 몇몇 상담가의 접근법으로 매도하는 대화에 참여했다. 그러나 여기서 중요한 점은 내가 손상되지 않게 지켜져야 할 일괄 패키지를 말하지 않았다는 것이다. 각각의 요소는 분리해서 사용될 수 있다. 그러나 나는 다른 요소들이 사용될 때 그들이 향상될 수 있다고 생각한다. 기본적인 요소들은 다음과 같다.

- 가족의 생태를 이해하기 위한 생태도(4장 참조)
- 필요 평가와 중재 계획을 위한 **일과 기반 면담**(RBI; 6장 참조)
- 서비스 조직을 위한 **주요 서비스 제공자**(PSP) 모형(8장, 9장 참조)
- 지원 기반 가정방문(10장 참조)
- 유치원 상담을 위한 통합 치료(11장 참조)

이러한 각각의 요소는 표시된 장들에서 자세히 논의되고 있다. 이 책 전반에 걸쳐 독자들이 이러한 요소들을 실행해 볼 수 있게 하기 위해 도구들을 복사해서 사용할 수 있게 했다.

다양한 형태의 프로그램에서의 실행

2004년에 제정된 장애인교육법(IDEA, PL 108-446)처럼 같은 연방법임에도 미국 전역에서 조기 중재 서비스를 제공하는 방법들은 매우 다양하다. 왜냐하면 법은 적용해야 할 방법을 구체적으로 밝히지 않고 있다. 오히려 제공되어야 할 서비스만 설명해 두었다. 서비스 안에서의 방법은 주정부, 프로그램, 심지어 개별 현장 전문가들에 달려 있다. 가장 명백한 변형 중 하나는 치료 서비스의 활용이다. 어떤 지역에서는 주로 작업치료, 물리치료 그리고 언어치료 제공에만 초점을 맞춘다. 또 다른 지역에서는 우선적으로 발달 혹은 일반적인 서비스에 초점을 둔다. 대부분 지역에서는 아동과 가족의 발달 및 일반적인 중재와 치료 제공을 결합한다. 이러한 변형은 역사와 정치의 기능으로 볼 수 있다. 미국에서 영아와 걸음마기 아동을 위한 서비스가 만들어졌을 때, 1986년 장애인교육법 개정(PL 99-457, 그 당시 영아와 걸음마기 아동을 위한 프로그램 파트 H에 참여하는 주가 반드시 해야 할 것을 밝히는 법) 이전의 많은 경우에는 오늘날 프로그램에 영향을 미치는 서비스 전달 모형을 결정했다. 예를 들면, 어떤 주에서는 재활병원들에 치료사들을 잘 갖추고 있어서 많은 조기 중재 사업들(절대 가볍게 쓰는 용어가 아닌)이 그런 병원으로 몰려들었다. 다른 주에서는 정신보건센터 같은 지역사회 프로그램들이 있어서 그러한 프로그램들이 조기 중재의 기획을 담당했다. 또 다른 주에서는 이미 장애 아동을 위해 특화된 교실 기반 프로그램을 가지고 있거나 설립하여 그들을 조기 중재 노력의 핵심으로 만들었다.

고도의 치료를 사용하는 곳에서는 발달과 가족의 필요가 충족되고, 비용 감소를 보장하기 위한 발달적이고도 전반적인 서비스의 확장을 고려해야 한다.

비용 억제는 다음과 같은 사실에 기인한다. 1) 발달 전문가들은 어떤 수준에서는 어떤 발달 영역의 필요도 다룰 수 있다. 2) 그들은 관련된 보건 전문가들보다 대체로 비용이 저렴하다. 전반적인 발달 서비스에 초점을 둔 프로그램은 치료사들과의 충분하고도 확실한 상담을 구축하여 중요한 중재들을 놓치지 않도록 해야 한다.

관련 연구 근거

이러한 조기 중재 모델의 배후에 관한 연구는 간단한 검토나 같은 학술지를 통해 나오기보다 다양한 자원에 바탕을 둔다. 다양한 연구들은 다음과 같이 비공식적 지원 강화의 중요성(Barnett, Clements, Kaplan-Estrin & Fialka, 2003; Valetine, 1993), 가족 기능 평가(Bailey & Simeonsson, 1998; Dunst, Trivette & Thompson, 1990; Higgins, Bailey & Pearce, 2005), 가족 강화(Bunst, 2000; Hoagwood, 2005; Rappaport, 1981; Swick, Da Ros & Kovach, 2001), 서비스 통합(Bailey, 1987; Hoagwood, 2005; Jiyeoun & Ann, 2003; McWillam, 1996, 2003; McWilliam, Young & Harville, 1996; Peck, 1993; Pohlman & McWilliam, 1999) 그리고 직접적인 것보다 자문 접근, 실제적 접근을 기록하고 있다.

불행하게도 오늘날까지 그 어떤 대규모 연구도 그 모델에 모든 요소를 포함시키지는 않았고, 전통적인 모델과도 비교하지 않았다. 그것이 언젠가 될 것인지 확실하지 않다. 왜냐하면 전통적(비교 혹은 통제라고 불리는) 그룹에서는 집단 밀도를 보존하기 어렵기 때문이다. 현재 제기된 모델의 요소들은 많은 조기 중재자들의 순수한 통제집단을 찾는 것이 어렵다는 인식이 지배적이다. 따라서 앞으로의 연구들은 아마도 다른 요소들은 제쳐두고서 그 모델의 개별적 요소들을 강조할 것이다. 그러나 연구자들은 다른 요소들에 관한 서술적인 자료를 수집할 필요가 있을 것이다. 왜냐하면 모든 것이 명백히 상호 연관되어 있기 때문이다. 예를 들어, 만약 누군가 결과를 결정하기 위해 RBI 활용 효과와 검사 기반 접근을 연구한다고 하면, 그 프로그램에서 일반적으로 사용되는 서비스 전달 모형은 그룹 비교 결과와 어느 정도 관련을 갖게 된다. 만약 주 서비스 제공자 모델이 사용되었다면 다학문적 모델이 사용되었을 때보다 RBI가 더 유익할 수 있다. 연구자들은 이러한 디자인적인 어려움들에 주의를 기울일 필요가 있다. 내가 이끌어 온 연구들은 주로 사회적 지원 부분(Dunst et al., 1990), 기능 평가(Bjorck-Akesson & Granlund, 1995; Haley et al., 2006; Willson, Mott & Batman, 2004), 중재 설계(Jung & Baird, 2003; Jung & McWilliam, 2005; McWilliam, Ferguson et al., 1998), 서비스 전달 모형(Bruder & Dunst, 2006; Jiyeon & Ann, 2003; Powell et al., 2007), 가정방문(Bronfenbrenner, 1979; Campbell & Sawyer, 2009; Peterson, Luze, Eshbaugh, Jeon & Kantz, 2007) 그리고 통합적 치료(McWilliam et al., 1996; Palmer et al., 1988) 등이다.

역할 배정

이 책에 소개한 연구 참고문헌들은 독자들에게 모델의 요소들을 위한 임상적인 지지를 추적할 수 있게 할 것이다. 이러한 요소들을 적용하는 것은 독자의 역할에 따라 달라질 수 있다. 여기서는 이 책에서 예로 사용된 역할들에 대해 설명하고자 한다.

행정관료

각 주나 지역의 행정관료들에게는 이 책의 정보들이 유용할 것이다. 서비스 체계를 세우는 데 개념적 골격을 제공하며, 제공자들이 사용할 때 구체적 실제들을 제공한다. 나의 연구는 변화를 만들기 위한 행정적 지원과 책무성을 강조해 왔다. 행정적 지원의 필요는 대체로 리더십과 실제들의 실행을 조직할 시간 같은 형태다. 이 모델에서 책무성이란 추천된 그리고 증거 기반의 실제들이 실행되고, 철학적으로 상충하는 실제들이 스며들지 않게 보장하는 것을 포함한다. 각 장에 소개한 대조표들은 그 모델의 충실도를 점검하기 위한 설명서로서의 역할을 할 것이다.

서비스 조정자(관리자)

이 책 전반에 걸쳐 서비스 조정의 두 가지 기본적인 모형, 즉 전담과 복합적 모델이 설명되어 있다. 전담 서비스 관리자들의 역할은 파트 C에 정해져 있듯이 전적으로 서비스를 조정하는 것이다. 그들은 접수를 진행하고, 평가들을 준비하고, 개별화가족서비스계획들(IFSPs)을 완성한다. 그러나 그들은 서비스 조정 관리 이외에는 지속적인 서비스를 제공하지 않는다. 그에 비해 복합적 서비스 조정자는 앞서 말한 모든 서비스 관리 활동을 할 뿐 아니라 특수교육, 가족상담 혹은 그들이 가진 자격의 서비스도 제공한다. 이 책에 제공된 예들에서 '서비스 관리자'라는 용어는 공식적 서비스 관리 기능들을 다루는 사람들을 지칭할 때 사용된다.

서비스 제공자

조기 중재에서 서비스 제공자는 유아특수교사(ECSEs), 작업치료사(OTs), 물리치료사(PTs) 그리고 언어치료사(SLPs)를 포함한다. 그 외에 간호사, 사회복지사, 심리학자들도 흔히 지속적인 서비스를 제공한다. 주관 전문가들은 '4대 제공자'들처럼 정기적으로, 빈번히 그리고 지속적으로 서비스를 제공하지는 않지만, 진단과 치료에 관여하기도 한다. 다른 서비스 제공자 그룹은 아동 발달이나 일반 유아교육 배경을 가진 전문가(generalist)들이다. 더 나아가 또 다른 그룹의 하나는 공인된 작업치료 보조원이나 물리치료 보조원을 포함한 보조원들이다. 비록 비중 있게 다룰 요구 조사는 다른 제공자들과 관련될 수 있지만, 이 책의 대부분은 4대 제공자들에 의한 지속적인 서비스 제공에 관한 것이다. 예를 들어, 서비스 제공자와 조기 중재자라는 용어는 지속적인 서비스 제공자를 지칭한다. 비록 그들 또한 서비스 관리자이더라도 말이다.

가족

가족이라는 용어는 이 책의 예제들에서 자주 사용되었다. 그러나 조기 중재

저술에서 종종 나오듯이 여기서는 부모처럼 주요 보호자들을 의미한다.

FINESSE의 항목들

FINESSE(McWilliam, 2000a)는 자연스러운 환경에서 조기 중재의 추천된 실제들을 시행하는 프로그램의 정도를 측정하기 위해 개발되었다. 여기에서 사용되는 도구는 이 책의 부록에 실려 있다. 이것은 6개국(그리스, 이스라엘, 포르투갈, 스페인, 터키 그리고 미국)의 조기 중재 서비스 제공을 비교하기 위해 사용되었고, 국제적 연구를 위해 지속적으로 사용되고 있다(McWilliam & Er, 2003). 그 요소들은 주로 이 책에서 설명된 서비스 전달 모형에서 나왔다. 각 장의 실행 단원들에서 FINESSE 관련 요소들이 설명되어 있다.

결론

행정가들과 서비스 관리자와 제공자들 그리고 가족에게 타당한 모형을 제공할 때가 왔다. 하지만 이러한 패키지가 낚싯바늘, 줄, 봉돌을 한꺼번에 삼켜야 한다는 뜻은 아니다. 낚싯바늘, 줄, 봉돌은 각각 따로 삼킬 수 있지만, 그 모두가 하나로 연결되어 있다.

조기 중재처럼 복잡하고 다양한 시도에서 전체적인 접근에 대한 효과를 검증하는 것은 어려운 일이다. 그래서 이 모델의 배후 증거들은 많은 자료에서 끌어왔다. 앞에서도 말했듯이, 자료들은 다음과 같다.

- 칼 던스트와 메리 베스 브루더(Mary Beth Bruder)의 학습 기회에 관한 연구
- 나의 서비스 전달 방식에 관한 연구
- 핍 캠벨(Pip Campbell)의 가정방문에 관한 연구
- 돈 베일리의 조기 중재 책무성에서의 가족 결과물들에 관한 연구
- 톰 와이즈너(Tom Weisner)의 가족생태학에 관한 연구
- 마크 월러리(Mark Wolery)의 자연스러운 일과에서의 교수에 관한 연구
- 샘 오돔(Sam Odom)의 통합에 관한 연구
- 토드 리슬리(Todd Risley)의 참여에 관한 연구

Routines-Based
Early Intervention

02

P•A•R•T

가족 생태 이해하기

가족 생태는 가족의 사회적 환경을 의미하지만 현재 모델의 목적을 위해 그 이상을 의미할 수 있다. 이것은 가족의 비공식적, 공식적 그리고 중간적 지원들로 구성되어 있다. 가족 생태적 환경은 우리가 그들을 처음 만날 때, 그 가족들과 이미 연결되어 있는 사람들이기 때문에 중요하다. 조기 중재에서는 기존의 지원들로 할 수 있는 것을 알아보지 않고, 완전히 새로운 인위적인 네트워크를 만들지 않기 위해 기존에 존재하는 지원자들이 누구인지를 결정하는 것이 중요하다. 사회적 지원들은 조기 중재 결과들의 바람직한 예측 변수로 알려져 있다(Dunst, 2000).

접수는 가족의 생태 이해를 시작할 좋은 시점이다. 많은 서비스 조정자들이 이미 이것을 하고 있지만, 아마도 불만족스러운 방법을 사용하고 있을 것이다. 가족에 대해 알아보기 위한 체크리스트 접근법은 특별히 환영할 것이 못 된다. 첫째, 가족들은 과거 여러 번 똑같은 방법으로 대답한 질문들에 대답해야 한다. 둘째, 가족들이 왜 그 정보가 중요한지를 알지 못한다면 그것들은 사생활을 침해하는 것으로 보일 수 있다. 셋째, 가족사는 종종 의료적 기록들과 혼재되어 있는데 이는 가족들이 지루하게 느끼는 것이다. 서비스 조정자들은 접수단계에서 가족들과 긍정적인 관계를 형성하고, 가족들에게 말할 수 있는 기회를 제공하며, 가족의 생태학적 정보를 얻을 수 있는 무엇인가가 필요하다. 이 단원에서는 접수단계를 수행하고, 생태도를 작성하는 방법들을 강조하고자 한다.

03

C·H·A·P·T·E·R

접 수

접수 방문은 조기 중재 경험의 남은 모든 것을 위한 기초를 마련하게 된다. 따라서 이것은 (서비스가 아닌) 지원을 강조하는 (아동 중심이 아닌) 가족 중심의 방식으로 이뤄져야 한다. 조기 중재에서 상당히 많은 가족의 초기 경험들은 비록 가족 목표들이 동등하게 개발되어야 하지만, 평가와 IFSP 목표 개발처럼 아동과 관련되어 있다(Bailey et al., 1998; Turnbull et al., 2007). 더욱이 프로그램을 묘사할 때에는 그러한 전문가의 접촉이 해결이지만, 서비스 조정자들은 단순히 서비스를 나열하기 쉽다. 접수를 다루기 위해 초기 대면들, 서면 자료들, 초기 의뢰 요청, 접수 단계들, 그리고 아동에 대해 말하기를 논의했다. 또한 서비스 제공자들에게 전 과정을 안내하기 위한 접수 점검표를 만들었다(부록 3-1 참조).

초기 대면들

가족이 조기 중재 시 접하게 되는 초기 대면들은 기대를 형성하는 데 대단히 중요하다. 전형적으로 이러한 대면들은 접수 방문에서 일어난다. 그러나 방문 일정을 문의하기 위한 전화 통화조차 중요할 수 있다. 중요한 다른 고려사항들 중에서도 이러한 초기 접촉들은 가족에게 조기 중재가 "가족의 한쪽이 움직임에 따라 다른 부분도 따라 움직이는 모빌처럼 여기는 친숙한 사람들에 의한 지원"이라는 것을 명확히 해야 할 필요가 있다. 따라서 유능한 조기 중재자들은 시작부터 전체 가족에게 집중한다. 따라서 접수에서 초기 대면들에 덧붙여 프로그램의 서면 자료들과 초기 의뢰 요청에 대해 살펴볼 필요가 있다.

서면 자료들

브로슈어와 다른 서면 자료들을 통해 그 프로그램이 어떻게 묘사되고 있는가? 만약 그것이 주로 조기 중재를 치료나 특별한 교수 같은 아동 수준의 서비스를 받는 방법으로 묘사하고 있다면, 가족은 이러한 관점에서 전문가들과 공모자가 된다. 만약 이러한 일이 일어난다면 가족은 자신들의 역할이 "전문가들이 아동과 가능한 한 많이, 직접적으로 일하는 것을 확실히 하는 것"이라는 잘못된 생각을 갖게 될 것이다. 이러한 것은 현장에서 입증된, '더 많으면 좋다'는 현상이 되어 버렸다(McWilliam, Young & Harville, 1996).

만약에 서면 자료들이 조기 중재가 지원이라는 것을 전달한다면 반대로 더 정확한 관점이 강조될 것이다. 10장에 자세히 설명되어 있듯이 조기 중재가 제공하는 지원은 정서적이고 물질적인 것, 그리고 정보적인 것들이다. 전문가들이 가족에게 제공하는 정보 유형 중 하나는 아동과의 중재에 관한 것이다. 이러한 정보는 종종 우리가 '치료', '특수 교수법' 혹은 다른 서비스라고 생각하는 것들이다. 영아와 걸음마기 아동 그리고 그들 가족과의 치료, 특수 교수는 주요 양육자들에게 일상의 일과 동안 수행할 제안들을 제공하는 것들로 구성되어 있다. 따라서 서면 자료들은 서비스 전달을 위한 방법으로서의 지원을 분명하게 설명해야 한다. 만약 어떤 프로그램이 9장에 설명된 것 같은 주요 서비스 전달 모델을 활용한다면 이것을 서면 자료에 언급하는 것이 도움이 될 것이다.

지역사회 인상 관리

조기 중재 프로그램들이 보여 주는 많은 결속들은 의뢰 출처들에 기인한다. 의사들과 또 다른 전문가들은 가족에게 치료를 위해 조기 중재를 받으러 가라고 말할 것이다. 마치 전문가들에 의한 단도직입적이고도 직접적인 수행이 모든 것을 치료할 것처럼 말이다. 따라서 프로그램에 대해 그리고 조기 중재가 어떻게 작동하는지에 대해 지역사회, 특히 의뢰 출처들을 교육시키는 것이 필수불가결하다. 프로그램들은 다음을 포함하는 5년짜리 인상 관리 계획을 개발해야 한다.

- 의뢰 출처를 방문하여 무엇이 조기 중재가 아닌지를 설명할 것
- 소아학과 전반에 알릴 것
- 의뢰 출처에 개별 서비스가 아닌 조기 중재로 의뢰하라고 주문할 것

지역사회 교육을 돕는 한 가지는 지역사회 구성원이 보고 배부하는 서면 자료들에 바람직한 철학과 지식을 확실히 반영하는 것이다.

초기 의뢰 요청

어떤 가족이 프로그램 담당자에게 전화를 걸어서 “조기 중재에 연락해 보라고 해서요.”라고 한다면 어떤 일이 일어날까? 당신은 무엇을 하겠는가? 안내 책자처럼 만약 누군가가 그 전화에 응답하여 치료와 교수적 서비스들을 설명한다

면 그 가족은 처음부터 조기 중재에 관한 잘못된 생각을 갖게 될 것이다. 다른 한편으로 프로그램이 가족에게 지원을 제공해 준다고 한다면 그 가족은 바람직한 개념을 갖게 될 것이다. 몇몇 프로그램은 접수자들에게 다음과 같은 대본을 준다.

> "우리는 아동 발달에 대한 질문이 있을 때 가족에게 지원을 제공합니다. 우리는 가족이나 다른 양육자들이 하루 동안 아동을 돕게 장려합니다. 우리는 양육자들이 이런 것들을 할 때 필요한 자료와 정보를 가질 수 있도록 돕습니다. 우리는 전문가들로 구성된 팀을 모아서 가족과 함께 문제를 해결하고 학습 기회들을 확인하는 데 함께합니다. 마지막으로, 우리는 이러한 과정에서 가족을 절대 홀로 있게 하지 않습니다. 우리는 가족이 그들이 이미 알고 있는 사람들 중 도움을 줄 수 있는 사람을 확인하게 돕고, 가족이 서비스 조정자와 함께하고 도움을 줄 전문가 팀을 확보합니다."

접수 단계들

1980년대에 웨스턴 캐롤라이나(Western Carolina) 센터(현재는 J. Iverson Ridle 발달센터)에서 직접 발달장애인들을 보살피는 직원용 점검표 연수 효과에 관한 연구들이 진행되었다. 점검표는 과정의 (서비스) 단계를 확인하고, 현장 전문가들이 해야 할 일들을 상기시키고, 책임자나 연수 강사 또는 동료들이 피드백을 줄 때 지침을 제공하는 유용한 도구임이 확인되었다(Lattimore, Stephens, Favell & Risley, 1984; Realon, Lewallen & Wheeler, 1983). 그래서 이 책에 많은 점검표들을 수록하였다. 점검표는 개인이 자가 점검을 위해 작성하거나 책임자, 연수 강사 또는 동료들이 작성할 수 있다.

〈부록 3-1〉에 실린 접수 점검표는 첫 대면(전형적으로 접수 방문)을 긍정적으로 할 수 있도록 프로그램이 수행해야 할 단계들과 조기 중재를 올바르게 설명하고 있다. 접수 방문은 전형적으로 1~2시간 정도 소요되며, 프로그램과 법이 보장하는 가족의 권리를 설명하고, 아동 평가에 대한 허가를 얻는다. 이 점검표는 가능한 한 접수 방문이 가족 중심으로 이뤄지고, 아동뿐만 아니라 가족이 프로그램의 중심이라는 신념을 소개하고, 아동에게 잠재적으로 중재를 실행할 사람들의 중요한 정보를 얻기 위해 고안되었다.

이 장에서는 점검표에 나와 있는 각 단계의 원리(타당성)를 설명하고자 한다.

1. **가족에게 접수 단계의 목적은 가족의 관심사를 알아내고 프로그램을 소개하는 것이라고 말해 준다.** 가족에게 일련의 일들에 대한 수행 여부가 아니라 수행되는 이유를 알려 주어야 한다. 조기 중재는 현장 전문가들에게 익숙한 많은 관료적 절차를 포함하고 있지만, 가족은 적절한 이해 없이 그런 절차들을 거쳐야 한다. 이러한 첫 번째 단계의 예는 다음과 같다.

   "저는 오늘 당신이 이것을 결정하시면, 당신에게 조기 중재가 무엇인지 또 다음 단계가 어떤 것인지 확실히 하고자 합니다. 우리 주에서 조기 중재는 지체가 있거나 특정한 상태에 놓인 36개월 미만의 아동을 위한 것입니다. 그리고 그것은 그들의 가족을 위한 것이기도 합니다. 이 프로그램은 자발적인 것입니다. 우리 주에서는 서비스 관리, 아동의 진단평가, 그리고 개별화가족서비스계획 이 세 가지를 무료로 제공합니다. 추가적 중재 서비스의 비용과 지불 방식에 대해서도 의논할 겁니다. 오늘 방문에서 당신이 이것을 결정하시면, 저는 진단평가에 대해 알려드리고자 합니다. 아동을 평가하기 위해서는 당신의 허가를 받아야 합니다. 조기 중재를 제공받는 가족으로서 당신의 모든 권리에 대해 알려드리겠습니다. 그리고 당신 아이의 시력, 청력 그리고 필요하다면 보조 공학적 지원에 관해 말씀 드리겠습니다. (실제로 이렇게 긴 설명은 가족이 과정을 이해하고 있다는 것을 확인하고 대화를 지속하기 위해 확인하는 과정으로 나누어서 진행해야 한다.)"

2. **접수 방문의 또 한 가지 목적은 가족에게 더 좋은 서비스를 제공하기 위해 가족을 파악하는 것이다.** 가족을 새로운 이웃처럼 대하는 것이 첫 번째 대면의 좋은 비유가 될 것이다. 그러나 조기 중재자들이 가족을 알고자 하는 이유는 그

들의 중재 제안들이 가족에게 적절하게 하기 위해서다. 이 설명은 다음과 같이 이해될 수 있을 것이다.

> "조기 중재는 여러 가지 면에서 가족 지원에 관한 것입니다. 왜냐하면 당신의 아이는 진공상태에서 사는 것이 아니니까요. 당신의 자녀는 당신과 살고 있고, 당신에게 일어나는 일들은 그 아이에게 영향을 미치게 됩니다. 물론 그 반대도 마찬가지입니다. 만약 우리가 당신을 도울 당신의 가족 구성원과 친구들, 당신이 의지할 다른 사람들과 전문가들, 그리고 당신에게 도움이 되지 않는 사람이나 전문가들을 알게 되면 우리는 당신이 가진 모든 자원이 무엇인지 알고 어디에 활용할지도 알 수 있습니다. 당신의 삶은 조기 중재를 중심으로 일어나는 것이 아니라, 조기 중재가 당신의 삶에서 가능하다면 순조롭지 않은 일들을 순조롭고 유익하게 변모시킬 것입니다. 가족 전체에 초점을 맞춤으로써 우리는 아동에게 온전히 집중할 수 있게 됩니다."

3. **가족에게 그들의 관심사를 묻는 것으로 만남을 시작하라**. 가족은 마음속으로 계속 걱정하고 있을 수 있으므로 전문가적 의제로 넘어가기 전에 그것이 무엇인지 확인하는 것이 중요하다. "시작하기 전에 당신 마음속에 있는 것이 무엇인지, 우리가 도울 수 있기를 바라는 것이 무엇인지, 그리고 조기 중재가 무엇이라고 생각하는지 말해 주십시오."

4. **가족에게 조기 중재가 아동만을 위한 것이 아니라 가족 전체를 위한 것이라고 말하라**. 가족은 조기 중재가 마치 전체적 맥락에는 관심이 없고 부상당한 환자에게만 전문적 관심을 보여 주는 의사나 물리치료와 같다는 생각을 가질 수 있다. 따라서 시작할 때 가족에게 아동이 진공상태에서 사는 것이 아니고, 조기 중재자는 아동 주변 사람들의 관심, 우선순위, 자원들을 아는 것이 필요하다고 설명하는 것이 필수다.

5. **가능하다면 가족에게 출생 당시 또는 그 이전부터 아동에 관한 이야기를 해 달라고 요청하라**. 이것은 가족으로 하여금 아동과 관련하여 그들에게 어떤 일이 일어났는지를 자신들의 말(뒷부분 '아동에 대해 말하기' 참고)로 설명하게 하

기 때문에 좋은 활동이 된다. 또한 이 활동을 통해 가족의 우선순위와 삶의 방식을 드러낼 수 있다. 그러나 이러한 초기 단계에서 일상생활을 자세히 알려고 하는 것은 적절하지 않다. 더욱이 이것은 RBI를 하는 동안 깊이 있게 탐색될 수 있다(6장 참조). 중재자는 "괜찮으시다면 마이크가 태어났을 때나 그 이전부터 말해 주십시오."라고 말할 수 있다.

6. **조기 중재는 지원 프로그램이라고 기술하라.** 앞서 언급한 바와 같이 이것은 조기 중재가 직접적 치료 또는 교수활동이라고 설명하는 것에 대한 중요한 대안이다.

   "조기 중재는 당신에게 도움을 제공할 것입니다. 우리가 하는 일은 당신에게 필요할지 모를 재정 프로그램과 기구, 정보적 지원 같은 자료에 접근할 수 있도록 정서적 지원을 제공하는 것입니다. 우리는 당신 아이의 장애(가족에게 말하는 것이 적절하다면), 아이의 발달 단계, 서비스를 포함한 자원들, 그리고 아이의 발달을 돕기 위해 당신이 무엇을 할 수 있는지에 대해 말할 것입니다."

7. **지원의 맥락에서만 서비스에 대해 논의하라.** 치료나 특수교육 같은 서비스들은 아동을 다루거나 가르치는 방법으로서가 아니라 가족에게 정보를 제공하는 방법으로서만 논의되어야 한다.

   "전문가들로 구성된 팀은 당신과 당신 아이를 보살피는 다른 사람들에게 유용한 도움을 제공할 것입니다. 그들이 하는 일은 당신 아이가 매일 경험하게 될 학습 기회들을 극대화하기 위해 당신에게 가장 깊이 관련되고, 최신이며, 근거가 확실한 정보를 제공하는 것입니다. 이것이 조기 중재에서 하는 치료와 교육의 전부입니다."

8. **아동과 시간을 보내는 사람들에게 자문을 제공한다.** 조기 중재가 아동의 기능적 상태(그리고 장애)에 대해 어떻게 정보를 제공할 수 있는지 의논하라. 가족이 기대할 수 있는 종류의 정보를 가족에게 말해 주는 것은 중요하다.

"우리 팀이 당신에게 제공할 수 있는 정보 중 하나는 당신 아이의 진단에 관한 것입니다. 우리는 이 진단이 당신의 아이가 일상생활에서 할 수 있는 일에 어떻게 영향을 미치는지에 관해 말씀 드릴 수 있습니다."

9. **조기 중재가 아동 발달에 관해 어떻게 정보를 제공할 수 있는지 논의하라.** 많은 가정들은 그들의 아이 또래의 아동이 전형적으로 할 수 있는 것이 무엇이며, 다음 발달 단계가 무엇인지를 알기 원한다.

"당신이 원한다면 우리 팀은 당신 아이 또래의 아동이 전형적으로 하는 것을 말해 줄 수 있으며, 당신 아이가 다음엔 무엇을 할 수 있을지에 대해서도 말해 줄 수 있습니다."

10. **조기 중재가 서비스를 포함하여 자원에 대한 정보들을 어떻게 제공할 수 있는지 논의하라.** 대부분 가정은 아동 발달과 행동에 도움이 되는 장소와 활동들을 잘 알지 못한다. 가족은 특히 장애와 관련된 자원들에 대해 알지 못하는 경향이 있다.

"우리 팀은 당신의 아이와 가족이 도움을 요청할 수 있는 곳들에 대해 말씀 드릴 겁니다. 그곳에서는 전문 지식을 가진 사람들을 만날 수 있을 것입니다. 당신의 서비스 관리자도 이러한 도움에 대한 비용(보험, 의료보장제도, 무료, 자부담 등)에 대해 알아봐 줄 것입니다."

11. **조기 중재가 당신의 아이와 무엇을 할지에 대한 제안을 어떻게 제공할지를 논의하라.** 이것이 전통적 조기 중재 활동의 약 80%를 차지한다. 가정이나 유치원에서 무엇을 할지에 대한 제안을 제공하는 것은 조기 중재 현장의 중추적인 내용이다.

"우리 팀은 당신의 아이를 가르치는 일상활동 중에 당신과 다른 교육자들이 무엇을 해야 하는지를 알 수 있도록 돕는 데 대부분의 시간을 할애할 것입니다. 그것은 하루 동안 일상적으로 일어나는 놀이와 양육을 통해 아동이 어떻게 배우는가에 관한 것입니다."

12. **필요하다면 아동의 잠재적 지체에 대해 선별검사를 실시하라**(오류가 많은 프로그램에서만 필요함). 의뢰된 아동 중 10% 넘게 적격성 심사에서 통과하지 못한 프로그램들에서는 온전한 진단으로 이행하기 전에 아동 발달에 대한 선별검사를 해 볼 가치가 있다. Ages & Stages Questionnaires(ASQ)가 좋은 민감도와 특이도를 가지고 있으며, 사회 정서 질문지(the ASQ: SE)를 활용할 수도 있을 것이다(Squires & Bricker, 2009; Squires, Bricker & Potter, 1997; Squires, Bricker & Twombly, 2003; Squires, Bricker & Twombly, 2004).

13. **생태도를 작성하라**(부록 4-1의 생태도 점검표 참조). 생태도는 a) 가족의 공식·비공식적 지원을 확인하고, b) 가족에게 말할 기회를 주는 방법이다. 여기에 대해서는 4장에 자세히 설명되어 있다.

14. **서비스를 거부할 권리를 포함해서 가족에게 권리들에 대해 간략하게 의논하라.** 법적으로 가족은 조기 중재 제도를 접하는 초기에 자신들의 권리에 대해 설명을 들을 필요가 있다. 이 과정은 중요하지만, 여기에 너무 많은 시간을 할애할 필요는 없다. 왜냐하면 가족은 구체적인 사항을 기억하지 못하기 때문이다. 더욱이 전문가들이 여기에 너무 많은 시간을 소비한다면, 말을 더 많이 하게 되기 때문이다.

15. **권리에 대한 자세한 서면 정보를 제공하라.** 적법 절차에 의한 권리의 중요성 때문에 가족에게 명확한 서면 해설을 제공해야 한다. 이것은 전문가들이 다룬 정보와 그렇지 못한 자세한 정보까지 제공해야 한다.

16. **적절하다면 아동의 진단을 위해 가족의 허락을 받으라.** 조기 중재에서는 두 가지 수준의 평가가 요구된다. 하나는 아동의 현재 기능 수준에 대한 설명과 필요를 결정하기 위해 고안된 다학문적인 진단(Multidisciplinary evaluation: MDE)이다. 조기 중재를 받는 모든 아동은 무상으로 다학문적 진단을 받을 권리가 있다. 다른 수준은 검사다. 발달지체가 있어서 조기 중재로 들어오는 아동을 위해 거의 모든 주에서 지체의 정도를 평가하기 위해 어

떤 종류의 검사를 요구하고 있다. 주마다 지체의 표준편차나 백분율에 근거해서 기준들을 정해 놓았는데, 프로그램들의 발달 연령이나 발달지수를 평가할 것을 요구한다. 주의할 것은 형성된 장애를 가진 아동에게는 검사가 필수적이지 않다는 점이다. MDE가 필수적이지만, 대부분의 주에서는 인지, 의사소통, 운동, 사회-정서 그리고 자조/적응이라는 다섯 가지 필수 영역의 현재 기능 수준의 설명들로 이뤄져 있다. 보고서(IFSP의 현재 수준 부분도 보고서로 간주된다) 작성을 위한 어떤 종류의 평가도 부모의 동의가 필요하다. 따라서 대부분의 경우에 가족은 다음 과정인 MDE를 위한 허가를 해 주어야 한다.

17. **아동이 형성된 장애를 갖고 있다면 가족에게 검사가 필수적인 것은 아니지만, 일종의 다학문적인 평가가 필수라고 설명하라.** 여기에 대해서는 16단계에서 설명하였다.

18. **필요하다면 재정적 정보를 수집하라.** 많은 프로그램들은 과정 초기에 가족의 재정적 상태를 결정할 필요가 있다. 왜냐하면 가족이 서비스를 위해 얼마를 지불해야 할지를 결정하는 데 활용되기 때문이다. 연방법에 의해 중재를 받는 가족에게 서비스 조정 관리, MDE 그리고 IFSP 개발은 무료로 제공되어야 한다. 왜냐하면 이것이 어떤 가족에게는 민감한 문제이기 때문에 이러한 정보가 필요한 이유를 명확히 해야 한다.

19. **가족에게 예상되는 재정적 경비에 대해 온전히 설명하라.** 재정적인 문제는 가족에게 근심의 원인이 될 수 있다. 따라서 그들의 책무가 어떻게 될 것인지를 가능한 한 빨리 알려 주는 것이 중요하다. 가족의 재정에 부정적인 영향을 주지 않기 위해 모든 가능한 노력을 할 것임을 확실히 해야 한다. 이것은 조기 중재에서 중요한 윤리적인 문제다. 이 책에서 설명한 접근법은 발달소아과 전문의들, 재활 전문가들 그리고 조기 중재자들이 가족에게 아이가 잘 발달하기 위해 필요하다고 말해 온 전통적인 중첩된 서비스에 대치되는 것이다. 가족은 종종 더 많은 서비스가 더 좋은 것이라는 확신 때문에 파트 C 프로그램이 지불하는 것을 넘어서 추가적인 서비

스들을 지불한다. 초기에 조기 중재의 접수 단계와 방문 단계에서 서비스 관리자들은 고도의 집중적이고 빈번한, 직접적인 조기 중재 전문가들과의 접촉이 답이 아니라는 것을 부모에게 교육해야 한다. 이러한 문제는 단지 재정적인 것만은 아니지만, 실제로 재정에 영향을 미친다 (Bairrao & de Almeida, 2003).

20. **아동이 받을 수 있는 모든 서비스를 수용해야 한다고 느끼지 않게 가족에게 정확한 정보를 제공하라**(즉, 때로는 모자라는 것이 더 좋을 수 있다는 것을 확실히 해야 한다). 부모에게 조기 중재가 어떻게 작동하는지 논의하지 않고 서비스를 위해 아동을 진단하거나 가족에게 아동의 적격성에 대해 말하는 것은 잘못이다. 부모는 서비스나 횟수의 중첩이 반드시 아동이 받는 중재의 양을 바꾸는 것은 아니라는 것을 이해할 필요가 있다. 그것은 단지 가족이 받는 서비스의 양만 바꾸는 것이다. 단일 주요 서비스 제공자가 매주 방문을 통해 그들과 함께 중재할 수도 있다는 것을 확실히 해야 한다. 서비스 제공자가 중재들을 계획하는 다른 전문가들과 팀을 꾸릴 수도 있다. 그러나 모든 사람이 독자적으로 빈번한 방문을 하는 것은 가족의 최고 관심사가 아닐 것이다.

21. **올바른 순서는 평가, 목표 설정, 서비스 결정 순이라고 가족에게 말하라.** 어떤 가족이나 전문가들은 진단이 내려지자마자 서비스를 결정하고 싶어 한다. 사실 서비스는 기대하는 결과나 목표가 정해지고 나서 결정되어야 할 필요가 있다.

22. **적절하다면 주요 서비스 제공자 모델의 이점을 설명하라.**

23. **회의 내내 가족이 하는 말에 관심을 나타내라.** 전문가들은 진정으로 능동적인 청취를 해야 한다.

24. **회의 내내 가족을 안심시키라.** 정서적 지지를 전달하는 또 다른 방법은 가족이 아이를 위해 해 온 일들이 옳았으며, 조기 중재 프로그램에 등록하는 것이 가치가 있다는 것을 가족이 알게 하는 것이다.

25. **회의 내내 가족 전체에 관심이 있음을 표명하라.** 전문가들이 가족을 판단하지

않고 수용하는 것은 가족에게 조기 중재가 지원적이고 참여할 가치가 있다고 느끼게 하는 데 중요하다.

26. **회의 전반에 걸쳐 가족 전체에 관심을 표명하라.** 가족들이 조기 중재가 가족 중심의 노력이라는 것을 이해하도록 독려하는 확실한 방법은 그 가정에 사는 모든 사람에게 관심을 보여 주는 것이다.

27. **회의 전반에 걸쳐 가족들을 우호적인 분위기에서 대하라.** 전문가들이 전하는 비판 없는 수용은 가족들이 조기 중재가 도움이 되며 뭔가 참여할 가치가 있는 것으로 느끼기에 중요하다.

28. **기존의 가족과 의료 기록 질문지들을 추려내라.** 시간을 절약하고, 가족에게 불필요한 질문을 줄이기 위해 활용되지 않거나 민감한 정보에 관한 기존의 질문들을 살펴보아야 한다. "임신 기간 중에 흡연을 했습니까?" 같은 질문에 주의하라. 이러한 질문은 어머니에 대한 조기 중재자의 판단이 중재되는 것일 뿐 사실 무의미하다.

아동에 대해 말하기

아동에 대해 말하기를 위한 전략들은 5단계에서 언급하였다. 이 단계는 시간이 다소 걸릴 수 있다. 따라서 전문가들은 여기에 시간을 투자하기 전에 사려 깊게 생각할 필요가 있다. 이것은 선택적인 활동이다. 그러나 많은 정보를 제공할 수 있고, 가족이 하는 말이 중요하다는 것을 알려줄 수 있다.

이 단계는 "당신 아이에 대해 말해 주세요. 아이의 출생부터 시작하시겠어요?"라고 단순하게 시작할 수 있다. 그런 다음 상황에 맞게 이런지런 후속적인 질문들을 할 수 있다. 맞거나 틀리는 것은 없다. 단지 어떠했는지에 대한 것을 가족의 관점에서 얻으려 노력해야 한다. 또한 부모들에게 여러 가지 일에 대해 그들의 관점에서 말할 기회를 주는 것이다.

이야기를 진행시키기 위해 당신은 "그리고 어떻게 됐어요?"라고 단순히 물으면 된다. 다음과 같은 좋은 대화 기술들을 활용하면 된다.

- 좋은 눈맞춤을 할 것
- 고개를 끄덕이거나 "정말요?" 하고 가벼운 맞장구를 치는 등 관심을 나타낼 것
- 섣부른 판단은 피할 것

가족이 아동에 대한 이야기를 하는 예는 다음과 같다.

> "마크(Mark)가 태어났을 때 모든 것이 괜찮았어요. 전 제가 완벽한 아이를 가졌다고 생각했어요. 그 아인 완벽했죠. 예뻤고, 모두가 절 닮았다고 했어요. 그 말에 기분이 좋았죠. 제가 언제나 꿈꾸던 것을 이룬 거죠. 아기를 낳고 엄마가 되는 거요.
>
> 그런데 4개월쯤 지나 뭔가 다르다는 것을 알게 되었어요. 어느 날 제 친구가 가져온 커다란 냄비 박스를 떨어뜨렸는데, 마크가 아무런 반응을 보이지 않는 것이었어요. 친구랑 저는 아이가 거기 그냥 누워 있는 걸 보았어요. 아이는 여느 아기가 하듯이 반응하지 않았어요. 처음엔 청각장애인가 했어요. 그래서 아이의 머리 뒤에서 시끄러운 소음을 내기 시작했죠. 때때로 반응을 보이기도 해서 정확하게 청각장애는 아니라는 걸 알았죠. 그렇지만 뭔가 분명히 잘못된 것 같았어요. 의사에게 그것에 관해 물어보았어요. 그러나 그 여의사는 아이가 너무 어려서 알 수 없다고 하더라고요. 그리고 모유 수유가 잘 안 되고 있다는 것을 깨달았어요. 아이가 젖을 물고는 있지만 계속 빨지 않더군요. 그래서 우유병으로 바꿔서 먹였지만, 여전히 문제들이 있었어요. 그리고 두 달 후, 마크와 비슷한 무렵에 태어난 아기를 가진 제 친구를 만났습니다. 그 아기는 혼자서 앉기 시작했지만, 마크는 그렇게 하지 못했어요. 그리고 그 아기는 마크가 하지 않는 방법으로 사람들에게 반응을 하더라고요. 아기를 웃기기도 하고, 까꿍 놀이 같은 것도 할 수 있었죠.
>
> 이런 상황이 절 슬프게 했어요. 저는 제 아이와 그런 재미있는 시간을 가질 수 없었어요. 그리고 뭔가 잘못됐다는 생각을 하게 되었죠……."

이 이야기의 구체적 사항(아이의 지체와 무응답)은 차치하고, 중요한 부분은 아이에 대해 말해 주는 어머니와 우리가 그녀를 지원하기 위해 할 수 있는 일에 대한 것이다. 앞에서 설명한 접근법을 활용할 때, 조기 중재자는 감정을 먼저 알고, 사실은 다음에 다루려는 한 가지 원칙을 항상 기억할 필요가 있다. 감정을 나타내는 것을 잘못 해석하지 않도록 하기 위해 확연히 드러나지 않는다면 부모가 어떻게 느끼는지를 물어보는 것이 가장 안전하다. 이 이야기는 어머니가 접수 담당 관리자에게 자신의 아이가 일반적으로 발달하고 있지 않다는 사실을 발견한 것을 다시 설명할 때 슬픔의 감정을 알게 되는 기회를 제공한다. 접수 담당 관리자는 의사가 그 어머니에게 기다려 보자고 했을 때 어떤 느낌이었는지 물어볼 수 있다. 또한 이 이야기는 접수 담당 관리자에게 어머니가 자녀의 발달에 얼마나 민감했는지, 얼마나 좋은 관찰자였는지를 인식할 기회를 준다. 이런한 가족 중심주의 행동들은 가족을 격려하고, 조기 중재가 어떠해야 하는지(정서적·물질적·정보적 지원)에 대해 말해 준다.

앞서 설명한 단계들은 접수를 수행하는 데 있어 기능적이고 가족 중심적인 방법이어야 한다는 것을 보여 준다. 4장에서는 생태도 작성에 대해 상세히 설명하고 있다.

> FINESSE 항목들
>
> 다음은 FINESSE로부터의 접수 항목이다. 가족의 요구를 확인하고, 가족과 연계하는 것에 대한 선호도를 나타낸다. FINESSE에서의 프로그램들은 그들이 일반적으로 하는 것과 그들이 이상적으로 하는 것, 그리고 가장 상응하는 기술어를 나타내는 다수의 순위 척도를 활용한다.
>
> 1. 접수는 **진적으로** 서비스, 특별히 아동의 치료와 교수에 대한 설명으로 구성되어 있다.
> 3. 접수는 **주로** 서비스, 특별히 아동의 치료와 교수에 대한 설명으로 구성되어 있다.
> 5. 접수는 주로 아동 중재에 대한 설명으로 구성되며, 가족이 답변을 원하는 질문에 관한 **몇몇** 질문을 포함한다.
> 7. 접수는 **주로** 가족이 답변을 원하는 질문에 관한 질문, 그리고 가족을 알기 위한 질문들로 구성되어 있다.

부록 APPENDIX

〈부록 3-1〉 접수 점검표

〈부록 3-1〉 접수 점검표

접수 관리자 ____________________ 관찰자 ____________________

이 점검표는 1) 접수 방문의 정의, 2) 접수 방문자를 위한 자가 점검 혹은 상기시키는 것으로, 그리고 3) 다른 전문가, 감독자 혹은 연수 강사 같은 관찰자로부터의 피드백에 관한 지침으로 활용하라. 이것은 접수 방문하는 사람들과 여러 가족에게 진행이나 유지 상황을 보여 주기 위해 활용될 수 있다.

이행(+), 불이행(−), 거의(+/−), 해당하지 않거나 관찰되지 않았으면 (NA).

전문가의 수행 여부	날짜	날짜	날짜	날짜	날짜
1. 가족에게 접수 단계의 목적은 가족의 관심사를 알아내고 프로그램을 소개하는 것이라고 말해 준다.					
2. 접수 방문의 한 가지 목적은 가족에게 더 좋은 서비스를 제공하기 위해 가족을 아는 것이라고 말해 준다.					
3. 가족에게 그들의 관심사를 묻는 것으로 만남을 시작한다.					
4. 가족에게 조기 중재가 아동만을 위한 것이 아니라 가족 전체를 위한 것이라고 말해 준다(가족 체계 설명).					
5. 가능하다면 가족에게 출생 당시 또는 그 이전부터의 아동에 관한 이야기를 해 달라고 요청한다.					
6. 조기 중재는 지원 프로그램이라고 설명한다.					
7. 지원의 맥락에서만 서비스에 대해 논의한다.					
8. 조기 중재가 아동의 기능적 상태(그리고 장애)에 대해 어떻게 정보를 제공할 수 있는지 의논한다.					
9. 조기 중재가 아동 발달에 관해 어떻게 정보를 제공할 수 있는지 논의한다.					
10. 조기 중재가 서비스를 포함하여 자원에 대한 정보들을 어떻게 제공할 수 있는지 논의한다.					
11. 조기 중재가 당신의 아이와 무엇을 할지에 대한 제안을 어떻게 제공할지를 논의한다.					
12. 필요하다면 아동의 잠재적 지체에 대해 선별검사를 실시한다(오류가 많은 프로그램에서만 필요).					
13. 생태도를 작성한다(생태도 점검표 참조).					
14. 서비스를 거부할 권리를 포함해서 가족에게 권리들에 대해 간략하게 논의한다.					

전문가의 수행 여부	날짜	날짜	날짜	날짜	날짜
15. 권리에 대한 자세한 서면 정보를 제공한다.					
16. 적절하다면 아동의 진단을 위한 가족의 허락을 받는다.					
17. 아동이 형성된 장애를 갖고 있다면 가족에게 검사가 필수적인 것은 아니지만, 일종의 다학문적인 평가가 필수적이라고 설명해 준다.					
18. 필요하다면 재정적 정보를 수집한다.					
19. 가족에게 예상되는 재정적 경비에 대해 온전히 설명한다.					
20. 가족이 아이가 받을 수 있는 모든 서비스를 수용해야 한다고 느끼지 않게 가족에게 정확한 정보를 제공한다(즉, 때로는 모자라는 것이 더 좋을 수도 있다는 것).					
21. 가족에게 올바른 순서는 평가, 목표 설정, 서비스 결정이라고 말해 준다.					
22. 적절하다면 주요 서비스 제공자 모델의 이점을 설명한다.					
23. 회의 내내 가족이 하는 말에 관심을 보인다.					
24. 회의 내내 가족을 안심시킨다.					
25. 회의 내내 아이와 가족에 대해 긍정적인 태도를 보인다.					
26. 회의 내내 가족 전체에 관심이 있음을 표명한다.					
27. 회의 내내 가족을 친절하게 대한다.					
28. 기존의 가족과 의료 기록 질문지들을 추려낸다.					
전체 이행 항목 수					
전체 이행 가능 항목 수(항목-NA)					
이행 항목 비율					

04

C·H·A·P·T·E·R

생태도(에코맵) 그리기

생태도란 가족 구성원의 **비공식적 지원**, **공식적 지원**, 그리고 **중간적 지원**에 둘러싸인 핵가족을 시각적으로 표현한 것이다. 그리고 그러한 지원들 간의 연결들은 그리는 사람이 느끼는 지원의 수준을 묘사한다. 그것은 사람들과 서비스 제공자를 나타내며, 지원의 견고성이나 스트레스적 관계를 보여 준다. 여기서 보여 주는 생태도는 다른 이들에 의해 사용된 것을 변형한 것이다(Cox, Keltner & Hogan, 2003; Hartman, 1995; Ray & Street, 2005).

생태도의 목적은 현장 전문가들이 가족에게 생태도를 완성하는 데 참여할 것인지를 물어볼 때 사용할 수 있는 다음의 소개문에 나타나 있다.

> "당신이 이미 다루고 있는 사람들을 이해하기 위해 그 사람들이 우리의 중재와 함께 도울 수 있을 경우, 당신 삶에 영향을 미치는 사람들에 관해 질문을 드리고 싶어요. 괜찮을까요? 이런 것들을 알게 된다면 제가 좀 더

관련 있는 제안들을 드릴 수 있습니다. 만약 당신이 제게 말하고 싶지 않은 것이 있다면 안 하셔도 됩니다. 끝나고 나서 사본을 당신의 조기 중재 파일에 두고 싶으신지 결정하시면 됩니다. 괜찮으시죠?"

앞에서 설명했듯이 밝히지 않는 목적은 프로그램을 설명하고, 진단평가에 대한 허락을 요구하고, 선별검사를 실시하고, 가족의 권리들에 관해 알려 주는 등으로 이뤄지는 접수 면담 중 가족에게 말할 기회를 주기 위한 것이다.

생태도를 완성하는 방법

〈부록 4-1〉의 생태도 점검표는 생태도를 완성하는 단계별 설명을 제공하고 있다. 점검표에 나와 있는 항목들은 명확한 설명과 가상의 가족을 위해 관련된 단계를 표현하는 그림들과 함께 다음과 같이 설명했다.

1. **가족에게 생태도의 목적이 가족을 알기 위한 것이라고 말할 것.** 그리고 좋은 추천을 할 수 있으며, 결과를 충족하기 위해 도와줄 사람을 알 수 있게 된다. 어떤 전문가들은 가족에게 생태도를 소개할 때 대본을 확보할 수 있도록 이것을 적어 두기를 원할지도 모른다.
2. **가족이 어떤 혹은 모든 질문에 답하기를 거부할 수 있다고 안심시킬 것.** 고지에 입각한 동의에 대한 기본적 안심이다. 이것은 간단히 말해 존중을 나타내는 것이다.
3. **아이와 함께 가정에 누가 사는지 물어보라.**
4. **그 사람들의 이름을 중앙 박스에 적어라**(그림 4-1 참조). 생태도에서 중심가족은 아동과 함께 가정에 거주하는 사람들로 구성된다. 만약 아동이 다른 집에서 거주한다면, 면담을 하고 있는 성인의 것을 사용한다. 만약 어머니와 면담을 하고 있다면, "아이의 아버지는 누구입니까?" 혹은 "당신의 남편은

누구입니까?"라고 묻지 말아야 한다. 대신 단순히 그 집에 사는 다른 사람들이 누구인지를 물어보면 된다. 만약 어떤 사람이 거론되면, "그 사람은 당신과 어떤 관계가 있습니까?"라고 물어볼 수 있다. 예를 들어, 만약 아이가 위탁가정에 있다면 생태도는 위탁부모를 중심으로 나타날 것이다. 따라서 위탁가정이 중앙 박스에 들어갈 것이다. 만약 생물학적 어머니의 이름이 나오면 그녀의 박스는 중심가족 박스의 바깥에 있게 된다. 아동이 한부모가정에서 어머니와 함께 살고 있는 경우라면 그 아버지의 이름이 나올 수도, 그렇지 않을 수도 있다(이 경우, 생태도 바깥에 있게 된다. 따라서 이것은 전형적인 인구통계학적인 것과 다르다. 이것은 누가 그 가정에 살고 있는지, 그리고 다른 사람들에 관한 것이다).

캐런
존
수전(18)
앤드루(12)
몰리(9)
알렉시스(2)

[그림 4-1] 생태도 중심가족 상자 예제

5. **아동에 대한 정보를 제공해 주는 사람의 가정에 살고 있지 않는 확대가족에 대해 물어볼 것.** 전형적으로 어머니의 부모 그리고 형제 순으로 진행하게 된다.
6. **각각 거명된 사람들에 대해 가족 구성원 중앙 박스 위에 박스를 그린다**(그림 4-2 참조). 우리의 생태도 모형에서 아동의 조부모를 시작으로 비공식적 지원의 정보원들은 생태도의 상단에 걸쳐 보인다.
7. **이러한 사람들의 지원도나 스트레스 유발을 판단하기 위해 탐색적 질문을 하라**(예: "얼마나 자주 그녀와 대화하십니까?"). 생태도를 작성하는 사람은 이러한 논지를 알아내기 위해 다양한 질문을 해야 한다. 다음으로 가족 구성원이

아닌 사람에 대해 물어볼 때, 가족은 "그 사람과 얼마나 잘 지내십니까?"와 같은 질문은 그냥 받아들인다. 중심가족 안에서의 관계에 대해서는 물어보지 않는다.

8. **각 박스의 중앙 박스(아동의 핵가족)에서 굵은 선은 강한 지원을, 중간 굵기의 선은 중간 정도의 지원을, 가는 선은 다소간의 지원 혹은 그들의 존재를, 그리고 점선은 스트레스를 나타내며**(그림 4-2 참조), **지원과 스트레스를 반영하는 선을 그려라.** 생태도를 그리는 사람(전문가)은 적당한 선의 종류를 결정하되 가족으로부터 상호평가에 대한 동의를 구하지 말아야 한다. 즉, 선의 굵기에 대한 대화로 만들지 말아야 한다. 연필이나 볼펜으로 그릴 때 선의 두께는 두 선의 평행선의 거리와 관련이 있다. 즉, 두 선 간의 거리가 멀수록 더 많은 지원을 의미한다. 선은 세 가지 굵기와 점선으로 제한한다. 점선과 함께 어떤 두께의 지속적인 선을 함께 사용하는 것도 가능하다. 그것은 어떤 사람에게는 지원이 될 수도 있으나 스트레스의 근원이 될 수도 있다. 예를 들어, 아이의 할머니는 낮 동안 아이를 돌보지만(매우 지원적인), 할머니가 어떻게 아이를 양육하는지에 대해 어머니에게 죄책감을 갖게 할 수도 있다(스트레스). 이런 경우 점선 옆에 두꺼운 선을 그릴 수 있다.

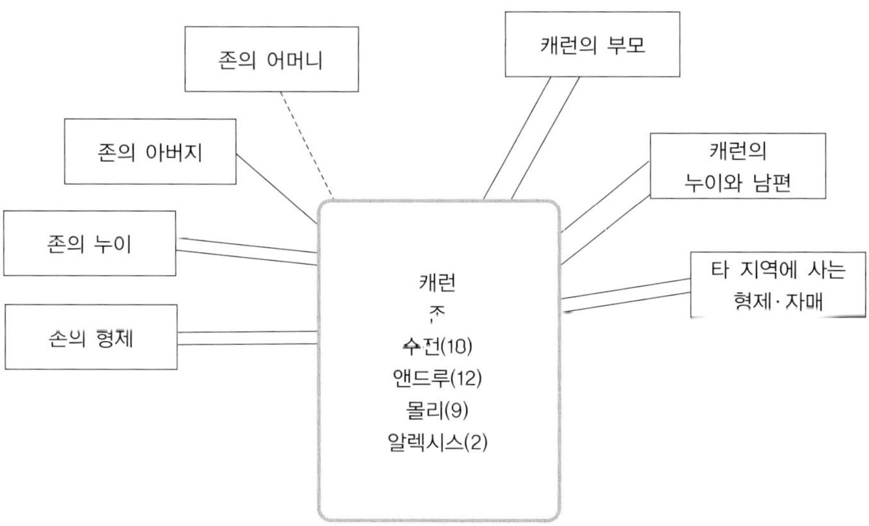

[그림 4-2] 생태도 예시: 생태도 정보를 제공하는 사람의 확대가족과 그 가족의 다른 성인

9. **정보를 제공하는 사람의 가족에 대해 질문하고 선을 그릴 것**(가족 구성원 위의 박스, 그림 4-3 참조). 어머니의 친구들(절친한 친구들)은 종종 매우 중요한 비공식적 지원이 된다.

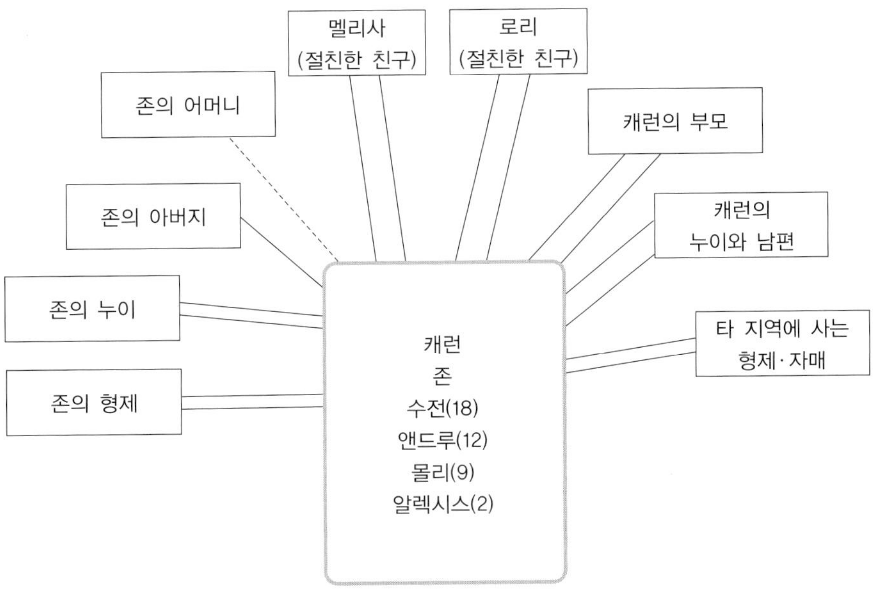

[그림 4-3] 생태도 예시: 생태도 정보를 제공하는 사람의 친구들

10. **가정의 다른 대가족인 어른들에 대해 질문할 것**(가족 구성원 위의 박스. 예: 다른 부모의 부모들). 이것은 전통적인 가족에서의 아동의 아버지 가족에 관한 것이다. 이러한 구체적인 예에서 두 성인의 대가족이 생태도에 동시에 첨부되어 있다(그림 4-2 참조).

11. **가정의 다른 성인 친구들에 대해 물어보라**(가족 상자 위의 박스. 그림 4-4 참조). 역시 이것은 대체로 아버지의 친구들에 관한 것이다. 때로는 어머니가 정보를 제공할 경우, 이러한 사람들로부터 중심가족에 지속선과 점선을 그린다. 지속적인 선은 아버지에 대한 지원을 의미하는 것이고, 점선은 어머니의 입장에서 그들을 의미하는 것이다.

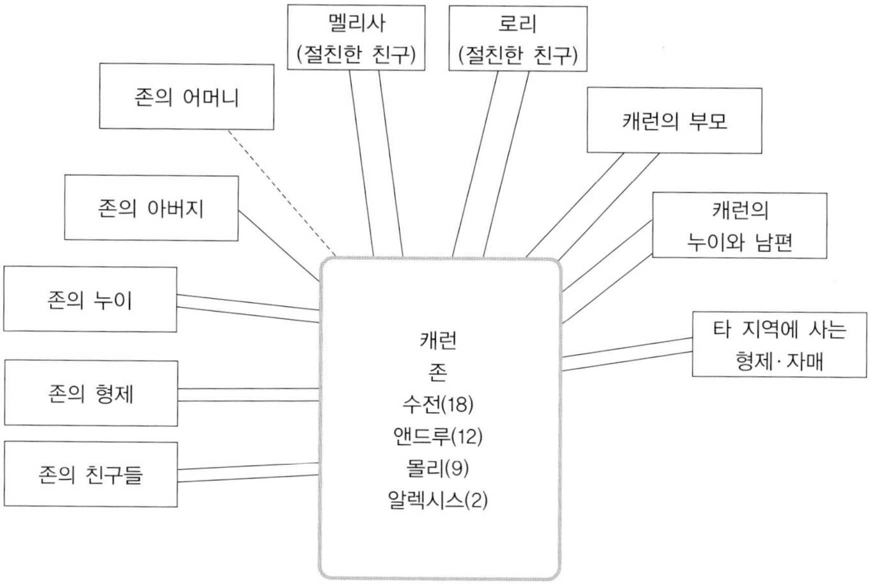

[그림 4-4] 생태도 예시: 그 가정의 다른 성인들의 친구들

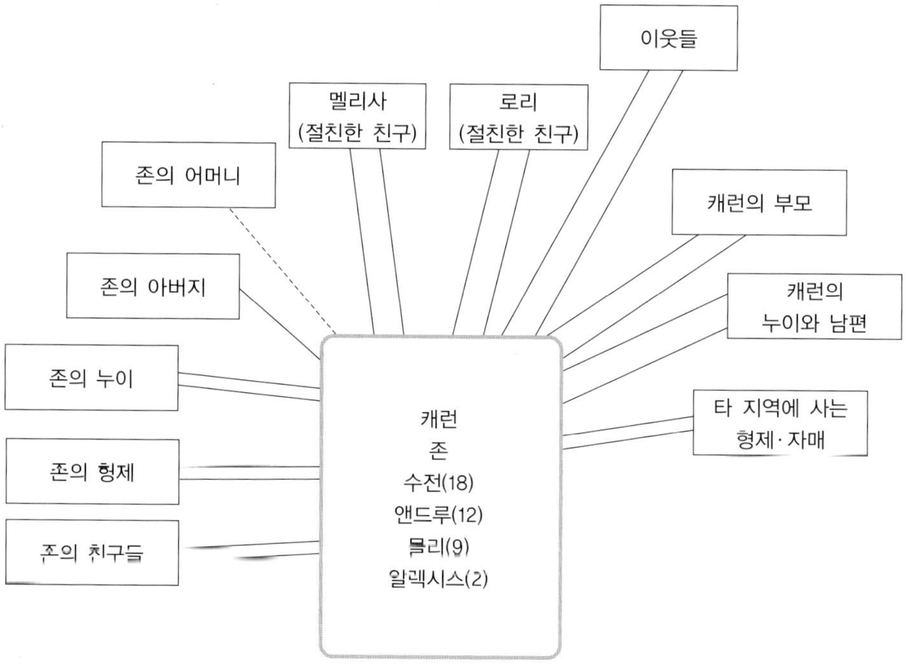

[그림 4-5] 생태도 예시: 아직 언급되지 않은 친구와 이웃들

12. **언급되지 않은 가족의 친구들이나 이웃에 대해 물어보라**(가족 박스 위의 박스. 그림 4-5 참조).

13. **일상의 일과에 대한 질문을 삼가라.** 흔히 하는 질문은 생태도가 가족의 일상적인 일과나 전형적인 하루에 관한 정보를 제공하느냐는 것이다. 하지만 그런 정보는 제공하지 않는다. 이것은 가족이 누구와 함께 생활하고 있는지, 그들이 얼마나 지지적인지에 관한 것들로 제한되어 있다.

14. **정보를 제공하는 사람의 직장 사람들에 대해 물어보라**(가족 구성원의 옆쪽 박스들). 가족에 대한 많은 지원들은 그들의 직장에서 아는 사람들로부터 온다. 이러한 것은 비공식적인 지원도, 공식적인 지원도 아니라고 여기기 때문에 이들을 중간적 지원으로 분류하여 중앙의 박스 옆에 위치시킨다.

15. **가정의 다른 성인들의 직장 사람들에 대해 물어보라**(옆쪽의 박스들. 그림 4-6 참조).

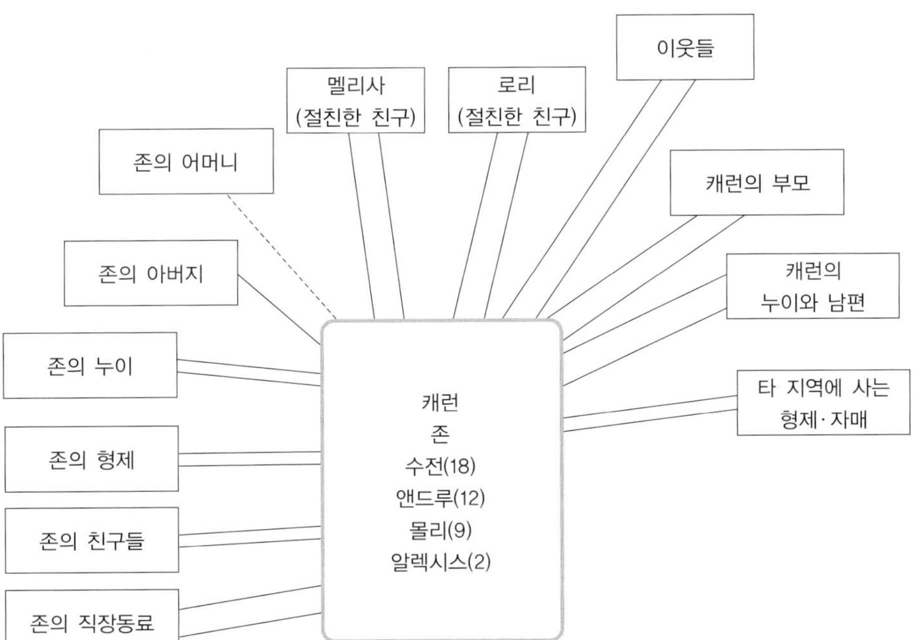

[그림 4-6] 생태도 예시: 직장 동료들

16. **종교적인 자원들에 관해 물어보라**(옆쪽의 박스들. 예: 교회, 회당, 절 등. 그림 4-7 참조). 어떤 전문가들은 가족의 종교에 관해 묻는 것이 간섭적이거나 헌법을 위배한다고 느끼고 가족의 종교에 관해 묻는 것을 꺼리는 경우가 있다. 하지만 가족의 종교적이거나 영적인 생활은 조기 중재에서 매우 중요할 수 있다(Poston & Turnbull, 2004). 대부분 가족은 자신들의 예배 장소에 관해 말하는 것을 좋아한다. 경우에 따라서는 가족이 어떤 종교적 활동들에도 참여하지 않는다는 것을 인정하는 것을 좋아하지 않을 수도 있다. 따라서 일반적인 접근과 숙달된 면담 기술이 필요할 수도 있다. 어떤 때이건 가족 구성원이 어떤 것에 대해 말하고 싶어 하지 않거나 주제에 관해 불편해한다면 면담자는 부모의 반응을 확인하고 다음 질문으로 신속하게 넘어가야 한다.

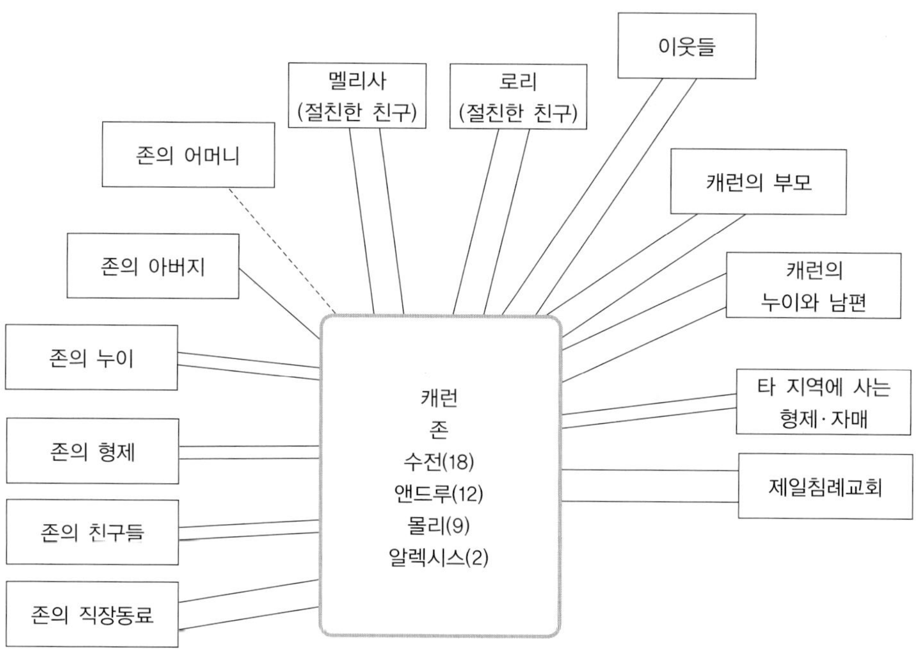

[그림 4-7] 생태도 예시: 종교적 자원들

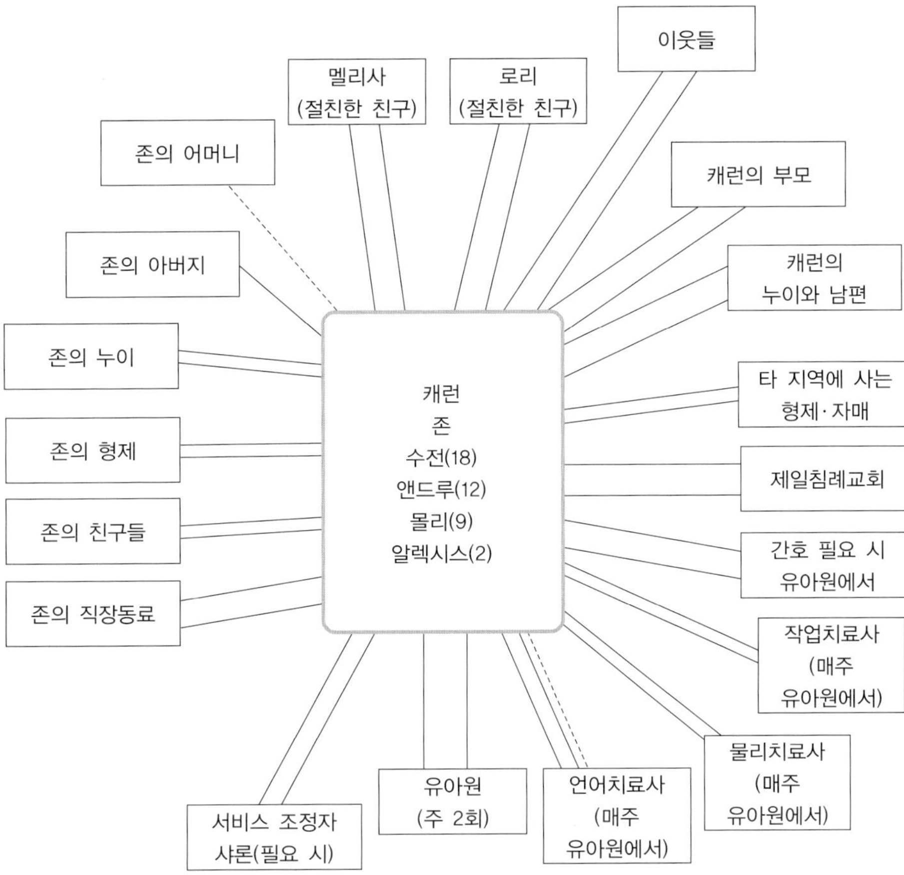

[그림 4-8] 생태도 예시: 유아원과 관련한 전문가들

17. **아이의 양육에 관련된 전문가들에 대해 물어보라**(가족 구성원 박스의 아래. 예: 의사들, 치료사들, 다른 조기 중재자들. 그림 4-8 참조).

18. **가족이 받는 다른 서비스들에 대해 물어보라**(가족 구성원 아래의 박스들. 그림 4-9 참조).

19. **가족이 받는 재정적 자원들에 관해 물어보라**(가족 구성원 아래의 박스들. 그림 4-10 참조).

20. **가족에게 그림이 제대로 되었는지, 아니면 수정해야 할 것이 있는지에 대해 물어보라.** 이 정리 단계가 중요하다. 대부분 가족은 아무것도 추가하지 않지만, 그들에게 그림에 추가하거나 뺄 기회를 제공하는 것은 중요하다. 때로는

가족에게 생태도에 대해 어떻게 생각하는지 물어보는 것도 좋다.

21. **가족에게 생태도를 가지고 무엇을 할지에 대해 말해 주라**(예: 누가 복사본을 갖게 되는지, 어디에 보관되는지). 이 단계를 통해 보여 준 단순한 존중에 더해서 법률적·후속적으로 고려사항들이 처리될 필요가 있다.

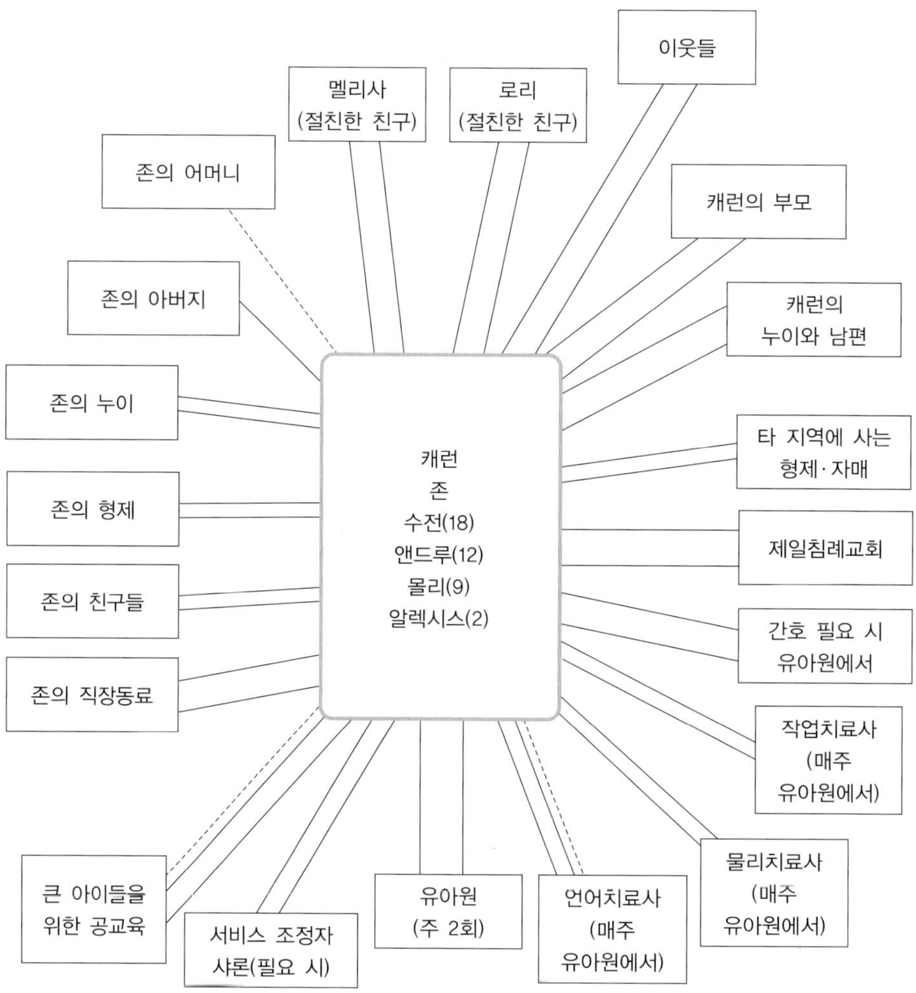

[그림 4-9] 생태도 예시: 가족들이 받은 서비스들

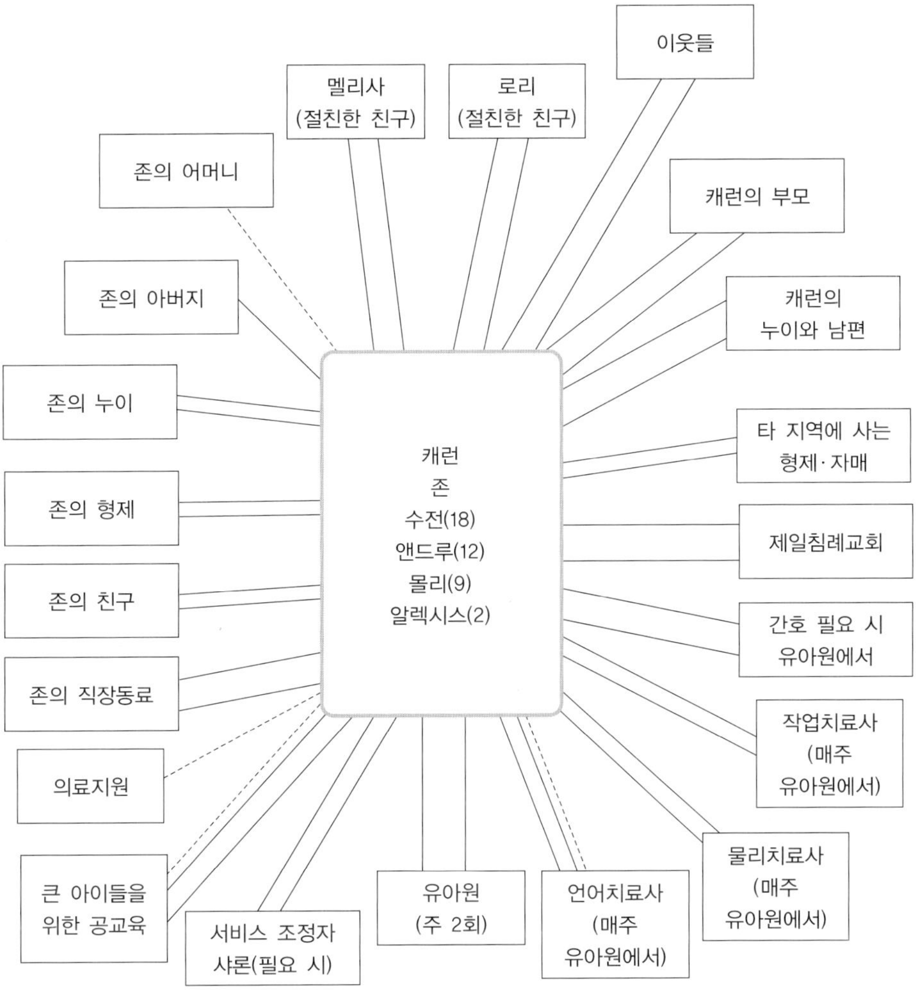

[그림 4-10] 생태도 예시: 가족들이 받은 재정적 자원

활용과 해석

생태도를 작성하는 목적 중 하나는 전문가와 가족 구성원 간의 긍정적 관계를 돕는 가족 친화적인 활동이기 때문이다. 두 번째로는(과정의 초기에 말한 목적) 중재 전략들이 개발되었을 때 추후에 활용된다.

생태도가 완성되었을 때, 전문가들은 비공식적·공식적·중간적 네트워크에 있는 사람들의 숫자와 그러한 자원들의 지지도를 살펴볼 수 있다. 만약 어떤 가족이 드물게 비공식적 지원을 가지고 있다면 전문가들은 잠재적 소외를 고려할 수 있다. 유사하게 만약 모든 가족의 비공식적 지원들이 약한 지원의 수준에 있다면 소외는 여전히 문제가 될 수 있다. 그러나 전문가들은 가족을 정신병리학적으로 다루지 않도록 유의해야 한다.

처음부터 다시 생태도를 그리는 것보다 가족과 함께 해마다 생태도를 재검토하는 것이 유용하다. 그리고 때로는 전년도의 생태도를 살펴보는 것이 도움이 된다. 가족을 위한 지원 구조가 시간을 두고 어떻게 변화했는지에 관심을 갖고 살피는 것이 중요하다. 특히 가족의 공식적인 지원 네트워크가 확장됨에 따라 비공식적 지원 네트워크와의 연결이 줄어들었는지를 살펴야 한다. 이 경우 결국 전문가들은 가족에게 그들의 자연스러운 지원을 해치고 불필요한 서비스를 쏟아 붓고 있는 것이다. 비공식적 지원과의 잠재적 관계에 비해 공식적 지원과의 관계가 약한 것은 비공식적 지원을 위기에 빠뜨리지 않게 하기 위해 중요하다. 간단히 말해서 조기 중재의 공식적 서비스가 가족에게 제공하는 자연적인 지원을 대체해서는 안 된다.

강점과 관심사

첫째, 생태도를 제작하는 것은 가족을 파악하는 좋은 방법이다. 둘째, 시간이 10~15분 정도밖에 걸리지 않기 때문에 다른 접수 과정들을 그다지 방해하지 않는다. 셋째, 시작부터 조기 중재가 전체 가족의 생태에 관심을 가진다는 것을 보여 준다. 만약 우리가 시작부터 가족 중심 접근을 취한다면, 가족은 왜 우리가 '목표 아동'이 아닌 가족 모두에게 관심을 갖는지 이해하게 될 것이다.

이러한 세 가지 강점에 대해 견제하고 균형을 잡아주는 것은 몇 사람이 염려하는 침해에 관한 것이다. 수백 개의 생태도를 만든 다년간의 경험에서 볼 때, 대부분 가정은 그 과정을 거치는 동안 적어도 고통이 없었고, 많은 도움이 되었다고 한다. 가족에게 그 과정이 침해가 되었는지 물어보면 대부분은 그렇지 않다고 한다. 어떤 부모는 "조기 중재의 모든 것은 침해적이다. 하지만 이것은 그

중 가장 덜하다."라고 말했다. 전문가들이 생태도를 만들 때 가족을 존중하고 민감하게 대처한다면 가족은 결코 침해적이라고 생각하지 않는다.

검토

생태도는 6개월 혹은 1년마다 갱신할 수 있다. 서비스 조정자들은 가족에게 생태도를 보여 주고 바뀐 것이 있는지 물어볼 수 있다.

이상적으로 서비스 제공자들은 생태도를 살펴본 후 비공식적인 네트워크의 돈독한 관계를 유지하기 위해 가능한 범위에서 모든 것을 할 수 있다. 가족에게 때때로 생태도에 있는 친척들이나 친구들에 대해 물어보는 것이 수반된다. 또한 의뢰자가 허락하면 가능할 때마다 공식적 지원 대신 비공식적 지원을 활용하는 것이 좋다. 비공식적 지원을 사용하는 것은 의뢰자들이 불편해할 수 있는 의무감을 형성한다. 따라서 전문가들은 비공식적 지원의 구성원들에게 부탁하기에 앞서 가족에게 물어보는 것이 좋다. 물론 가장 이상적인 것은 부모 스스로 하는 것이다.

검토 단계에서 서비스 조정자들은 비공식적인 지원들이 공식적인 지원으로 대체되지 않는지를 확실히 할 필요가 있다. 조기 중재가 미칠 수 있는 최악의 영향 중 하나는 비공식적 지원의 구조를 약화시키는 것이다. 왜냐하면 공식적 지원 네트워크가 강해졌고 요구가 커졌기 때문이다. 현장 전문가들은 이러한 일이 일어나는 것을 보면 가족이 서비스나 그 정도를 줄일 것을 추천할 준비를 하는 것이 좋다. 대부분 가족은 그러한 변화와는 무관하다. 하지만 합당한 이유를 제공한다면 어떤 가족은 그들의 우선순위를 바꿀 것이다. 또 다른 가족은 '내 아이를 위한 치료 때문에' 비공식적인 지원을 희생할 필요가 있다고 생각할 것이다. 우리의 도덕적 의무는 가족을 격려하는 것이고, 우리의 윤리적 의무는 그들에게 정보를 제공해 주는 것이다. 만약 우리가 그들에게 좀 더 수월한 삶을 살도록 격려하고, 서비스가 중첩되는 것이 아동을 위해 더 좋은 결과를 초래하지 않는다는 것을 알렸는데도 그 가족이 여전히 그것을 하기를 원한다면, 그것은 그들의 삶과 아동의 몫일 뿐 우리의 몫이 아니라는 것을 인식해야 한다. 그러나 그런 이유에서 그 조직이 가족을 포함한 IFSP 팀이 추천하는 것보다 더 많이 지불해야 한다는 것은 아니다.

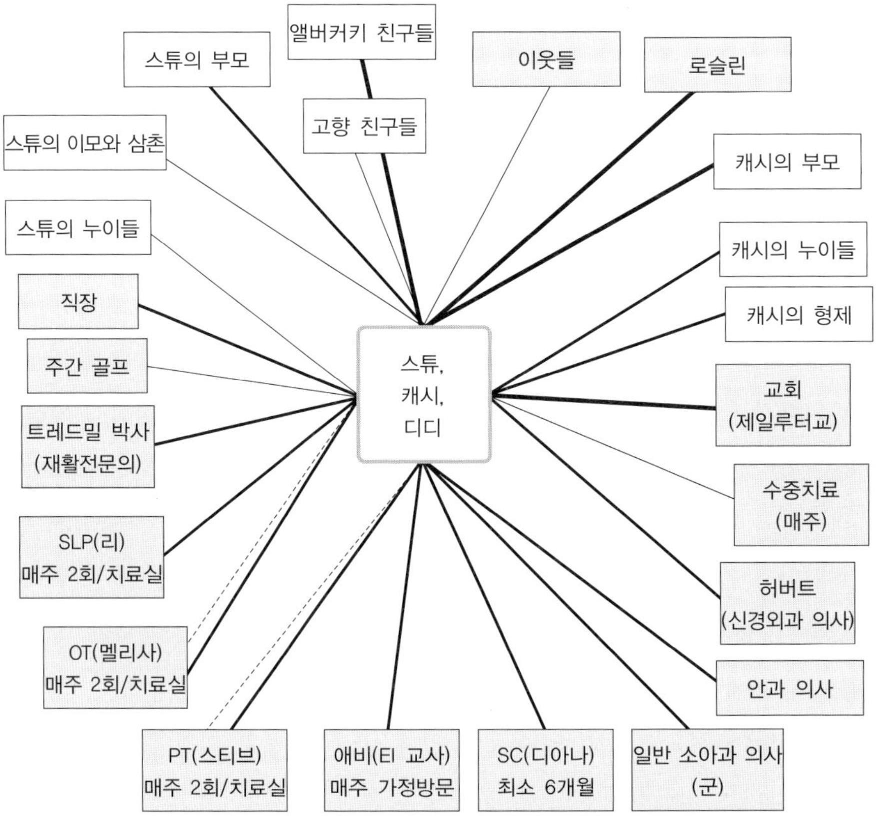

[그림 4-11] 다수의 공식적 지지와 소수의 비공식적 지지를 가진 가족의 생태도
(핵심어: SLP, 언어치료사; OT, 작업치료사; PT, 물리치료사; EI, 조기중재사; SC, 서비스 조정자)

빗나간 조기 중재의 좋은 예는 [그림 4-11]의 (개인 신상을 바꾼) 실제 생태도에서 볼 수 있다. 이 가족은 지난해에 엘버커키에서 지금 사는 마을로 이사 왔다. 굵은 선 박스 안에 교외 지원들이 나타나 있다. 나머지는 모두 현재 마을의 것이다. 아동 디디(DeeDee)는 전반적으로 다소간의 지체를 보였고, 양부모는 잘 교육받은 가족 배경과 괜찮은 수입을 가지고 있다. 이것이 '얇은' 비공식적인 지원 네트워크와 '두터운' 공식적 지원 네트워크의 예다. 어머니는 아이가

외로워한다고 말한다. 그렇다면 왜 그녀는 더 많은 사람을 만나거나 친구를 만드는 데 더 많은 시간을 쓰지 않는 걸까? 디디가 받는, 연결되지 않는 서비스들인 공식적인 지원들을 보라. 가장 안타까운 것은 (6장에 설명된) RBI 동안 어머니는 디디와 어떻게 놀아야 할지 몰라서 오후 내내 힘이 들었다고 한다. 모든 서비스 제공자들은 무엇을 하고 있었을까? 그녀의 말에 따르면 그들은 인지, 언어, 대근육, 소근육 그리고 자조기술들에 열중하고 있었지만, 그 누구도 어머니가 디디와 놀 수 있는 게임이 필요하다는 것을 다루지 않았다. 그들은 그녀에게 디디와 함께할 대근육 그리고 언어 연습을 권했다. 그러나 디디와 어머니는 그런 것들을 정말 싫어했다. 이것이 바로 생태도를 작성하는 것이 때때로 유용한 이유다.

중재 충실도 문제

어떤 사람들은 자신들이 놓친 핵심사항과 유사한 것을 하면서 생태도를 만든다고 한다. 생태도를 만드는 것은 이 책에서 설명한 다섯 가지 요소 모형 중 기본 요소다. 다른 말로, 생태도를 만들지 않는 프로그램이나 현장 전문가들은 다음 모형을 주장할 수 없다. 이 모델에서 생태도의 핵심사항은 다음과 같다.

- 전문가들은 가족에게 '좀 더 관련 있는 제안을 할 수 있고, 리소스로서 누가 있는지 알기 위해' 가족의 삶에 관련 있는 사람들과 기관원들의 그림을 그리는 데 참여할 것을 부탁한다.
- 아동과 함께 살고 있는 사람들 혹은 질문에 답하는 양육자만 중앙 박스에 포함된다.
- 비공식적 지원 네트워크에 있는 구성원들은 위쪽에 정렬된다. 공식적인 지원 네트워크에 있는 구성원들은 아래쪽에 배열되고, 중간적 지원 네트워트에 속하는 구성원들은 양옆에 배열된다.
- 지원 강도는 외부 지원을 가족의 박스에 연결하는 다양한 연결선의 굵기로

표시되고, 스트레스는 점선으로 표시된다.

- 주제와 관련이 없는 정보는 구하지 않으며, 일과에 대한 정보는 절대 수집되지 않는다.

사례

행정가

행정가 애니가 서비스 조정자인 수지에게 개별 가족에게 제공할 수 있는 자원들에 대한 질문을 했을 때, 애니는 수지가 전혀 감이 없다는 것을 눈치챘다. 애니가 자원들에 대해 물어본 이유는 수지의 IFSP들에는 종종 서비스가 과중하게 들어 있었기 때문이다. 수지는 가족에 대해 많은 정보를 갖고 있지 않은 것으로 보였다. 애니는 수지에게 가족과 함께 생태도를 그리는 전략을 소개했다. 몇 주 후에 애니는 수지에게 생태도가 어떻게 되어가는지 물어보았다.

수지는 "조금 했어요. 하지만 제가 생각하기에 그건 너무 침해적인 것 같아요. 그래서 친한 가족하고만 하고 있어요."라고 대답했다.

"로리 로드리게스의 어머니가 소외되었는지 아닌지 알고 있나요?"

"저는 그럴 거라 생각지 않아요. 지난번에 제가 방문했을 때 그 집엔 다른 사람들이 있었어요."

애니는 밝은 목소리로 물었다.

"그들이 누구였는지 아세요?"

"이웃이거나 그랬겠지요."

"당신은 로드리게스 가족의 생태도를 작성하지 않았네요. 그렇죠, 수지?"

"아니에요. 그들은 영어를 잘 못해서요."

애니는 그 주 후반에 열린 직원회의에서 모든 서비스 조정자들에게 새로운 가족과 IFSP 갱신을 검토해야 하는 가족의 생태도를 작성하라고 말했다. 애니는 생태도가 작성되었는지 확인할 수 있도록 생태도를 아동의 차트에 넣어 두도록 했다. 그것은 가족을 위해 복사본이 작성되어야 한다는 것을 의미한다.

애니는 가족과 생태도를 작성하는 것이 가족의 자연적 자원 지원계획(즉, IFSP)에 포함하는 데 도움이 됨과 동시에 서비스 관리자들에게 가족을 알아가는 방법을 제공한다고 생각했다. 생태도 작성을 하도록 요구사항을 수립함으로써 그녀는 서비스 조정자들이 생태도를 작성할 능력을 개발할 것임을 확신했다. 이것은 우주선을 만드는 것처럼 어려운 것이 아니라 단지 훈련을 요구하는 일일 뿐이다. 그녀는 한 번의 직원회의를 생태도가 어떻게 작성되는지 토의하는 데 쓰기로 계획했다. 그녀는 몇몇 서비스 조정자들에게는 직접적으로 피드백을 해 주거나 모델을 제시해야 한다는 것을 알았다.

서비스 조정자

서비스 조정자 사라는 접수 방문이 늘 지루하기만 하고, 초점은 그 가족이 아니라 서비스 자체에 관한 것뿐이었다. 그녀는 생태도에 대해 들었고, 자신과 가족에게 어느 정도 안도감을 줄 것이라고 생각했다. 처음 해 보았을 때, 그녀는 의식적으로 아이에 관한 것만이 아닌 질문을 하려고 했다. 그녀가 잠정적으로 친절해 보이는 몇몇 가족에게 질문했을 때, 그 가족은 그녀에게 자신들이 누구를 아는지 누구와 접촉하는지에 관해 기꺼이 말해 주었다. 그녀는 확신을 갖게 되었고, 그 후 자신을 이름이 아니라 '로빈슨 부인'이라고 소개하는 어머니를 만나게 되었다. 로빈슨 부인의 격식에 조금 위축되었지만, 사라는 자신만의 새로운 확신적인 접근법으로 시도했다.

"로빈슨 부인, 당신이 누구와 연관이 있으신지에 관해 질문을 좀 드려도 되겠습니까? 그러면 제가 좀 더 의미 있는 제안들을 드릴 수 있을 겁니다."

"무슨 말씀이세요? 제가 누구와 연관이 있다니요?"

로빈슨 부인이 대꾸했다.

"아, 다른 확대가족은 누구인지, 어떤 지원을 받으시는지 등이에요."

"그게 제 아이의 조기 중재와 무슨 관련이 있지요?"

"조기 중재는 가족에 관한 것입니다. 단지 아동에 관한 것이 아니고요."

자신감을 상실하여 쭈뼛거리는 말투로 사라가 말했다.

"제가 생각하기에 우리는 우선적으로 제 아이에게 집중해야 할 것 같아요, 그렇죠?"

사라는 의기소침해져서 미팅 장소를 떠났다. 그녀는 그 과정을 좀 더 잘 설명하거나 어떤 가족에게 생태도는 좋은 생각이 아니라고 인정해야 할 필요가 있었다. 하지만 그녀는 포기하지 않기로 결정했고, 모든 가족이 좋아할 것이라고는 기대하지 않기로 했다. 그녀는 계속해서 생태도 작성을 제안했고, 거의 모든 가족은 자신들의 생태도를 작성하는 것에 협력했을 뿐 아니라 실제로 생태도가 흥미롭고 도움이 된다고 했다. 사라는 간혹 로빈슨 부인 같은 경우를 만나기도 했지만, 대부분 가족에게 생태도는 성공적이었다.

서비스 제공자

서비스 제공자 프루넬라는 지속적인 가정 기반 조기 중재를 제공하기 위해 세일러 가족에게 배정되었다. 그녀는 접수 과정에 관여해 본 적이 없어서 그런 과정에 대해 거의 아는 것이 없었다. 그녀는 세일러 가족과 일하는 서비스 조정자 사라에게 그들과 생태도를 작성했는지에 대해 물어보았다. 당시 사라는 생태도에 자신이 없었을 때여서 아직 하지 않았다고 대답했다. 프루넬라는 생태도가 좋은 접수 활동이 될 것이라 생각하고는 은근히 기뻤다. 이제 그녀는 그 가족과 생태도를 작성해야 한다.

첫 번째 가정방문에서 프루넬라는 세일러 가족에게 그들의 삶과 관련 있는 사람들의 그림을 그리고 싶다고 말했다. 세일러 가족은 그녀와 함께 참여하는 것을 좋아했다. 그녀는 세일러 가족에게 자폐 증상을 가진 아이가 있고, 그 가족이 굉장한 자원(집의 위험만 봐도)을 가졌다는 것을 알았다. 그리고 프루넬라는 같은 동네에 다양한 전문직을 가진 그들의 확대가족이 산다는 것을 알게 되었다(그중 어떤 사람은 세일러 가족과 잘 지내지 못하는 듯했다). 그리고 그 가족에게는 교회가 매우 중요하다는 것을 알게 되었다.

프루넬라가 그 가족과 아이를 위해 상당히 집중적인 시간이 필요한 중재를 진행할 때, 세일러 가족에게 그들의 비공식적 지원 네트워크에 있는 다양한 사람들 중 누군가 일주일에 한 번 정도 아이를 돌봐줄 수 있는지를 물어보았다. 그들은 어떤 구성원이 그들과 계획된 중재를 실행하기에 미더운지를 의논했다. 이러한 정보는 팀(대체로 프루넬라와 세일러 가족)에게 누가 베이비시터를 해 줄 수 있는지, 세일러 가족에게 아이와 함께하는 강도 높은 중재에서 휴식을 취하게 해 줄 수 있는지, 아이에게 다른 사람들과 배운 것을 일반화할 수 있는 기회를 제공할 수 있는지에 대해 영감을 주었다. 만일 생태도가 없었다면 프루넬라는 이러한 정보를 수집하고 활용하는 데 더 많은 시간이 걸렸을 것이다.

가족

롤로 가족은 조기 중재 프로그램을 의뢰받았을 때, 그들이 받은 정보 양에 압도되었다. 양식과 브로슈어들이 우편으로 배달되었고, 친절한 서비스 조정자인 사라가 그들에게 서비스와 프로그램 평가, 법률적 권리, 그리고 다른 많은 것들을 말해 주었다. 어느 날, 사라가 그 가족이 관계하는 사람들의 그림을 그릴 것을 제안했다.

록시 롤로는 '마지막으로 사라가 정보를 제공하는 대신 질문을 하는구나.'라고 생각했다. 록시는 그림 그리기가 진행되자 매력을 느꼈다. 그녀와 남편은 솔직히 삶에서 얼마나 많은 사람들－그들을 돕는 사람들을 포함하여－이 자신들에게 고통을 주고 있는지를 깨닫지 못했다.

현재 그들은 조기 중재에 참여하는 중이고, 사라가 그들과 관련한 모든 종류의 전문가들에 대해 설명해 주었기 때문에 록시는 그 모두를 어디에 넣어야 하는지 궁금해 했다.

"소아과 의사를 제외하고 많은 사람들이 있군요. 이제 우리는 조기 중재에 들어가는 거죠?"

"한편으로는 그렇죠."라고 사라가 말했다.

"그러나 당신이 매주 만날 중요한 한 사람이 있게 됩니다. 나머지 사람들은 장면 뒤에 있어요. 그들은 당신이나 당신의 주 서비스 제공자가 필요로 할 때마다 올 겁니다".

록시는 생태도를 보면서 자신이 얼마나 운이 좋았는지, 그리고 얼마나 바빴는지 생각했다. 그녀는 그 짧은 시간에 사라가 그렇게 많은 정보를 얻었다는 것이 신기했다.

요약

가족의 생태를 이해하는 것은 맨 처음 만남으로부터 시작한다. 이러한 이해는 조기 중재를 가족 중심이 되게 하는 중요한 요소다. 여기에는 두 가지 개념이 관여하는데, 어떻게 가족에게 접근하는가(과정)와 가족에게 무엇을 말하는가(내용)에 관한 것이다. 가족과 의뢰인들은 조기 중재자에게 말하기 전에 서면 자료들을 통해 조기 중재에 관한 개념을 형성할 수 있다. 따라서 웹사이트나 브로슈어, 편지에 있는 문구 등에 신경을 써야 한다. 조기 중재자들은 아동에 대한 서비스보다 가족에 대한 지원을 강조한다. 서비스는 지원의 한 형태다.

조기 중재자들이 초기 의뢰 요청과 후속적인 접수 단계를 어떻게 다루는가는 그 프로그램의 철학이 말해 준다. 생태도를 그리는 것은 그 가족의 생태를 알아가는 전략이다. 생태도는 그들이 갖고 있는 비공식적·공식적·중간적(직장과 종교) 지원들을 보여 준다. 그것은 짧은 시간 내에 많은 정보를 제공한다. 많은 사람들은 같은 정보를 다른 방식으로도 얻을 수 있다고 생각한다. 그러나 생태도는 다른 방식보다 더 강력하게 하는 뚜렷한 요소들이 있다. 결론적으로 생태도가 즐겁고 가족 중심의 안도적인 활동이 되도록 접수 단계에서 많은 행정적 지원 활동들이 일어나야 한다.

접수에 관련한 테스트

1. 접수 방문에서는 조기 중재가 ______에 관한 것이라고 강조해야 한다.
   a. 서비스
   b. 지원
   c. 보조 기구
   d. 부모 모임

2. ______에서 조기 중재가 가족에 관한 것이라고 가족에게 소개되어야 한다.
   a. 첫 번째 방문
   b. 두 번째 방문
   c. 세 번째 방문
   d. 네 번째 방문

3. 의뢰자들이 조기 중재 기관에 관한 그들의 인식을 바꾸는 데는 오랜 시간이 걸리기 때문에 조기 중재 프로그램은 ______.
   a. 의뢰자들의 기대에 부응해야 한다.
   b. 조기 중재가 무엇인지 훈련받은 의뢰자로부터만 의뢰를 받아야 한다.
   c. 지역사회를 교육할 5개년 계획을 수립해야 한다.
   d. 가족 중심 혹은 아동 중심의 서비스를 선택할 수 있게 해야 한다.

4. 의뢰 요청은 ______만 해야 한다.
   a. 사회복지나 유사한 학위를 가진 사람
   b. 까다로운 부모들을 다룰 수 있는 사람
   c. 서비스를 상세하게 설명할 수 있는 사람
   d. 조기 중재를 지원적 측면에서 가족에게 설명할 수 있는 사람

5. 접수 단계 중 아동에 관해 가족에게 묻는 것은 ______.
   a. 사회적 · 의료적 자료를 얻는 중요한 방법이다.
   b. 상당한 시간 낭비다.
   c. 사생활 침해다.
   d. 일과 중 어떤 일이 진행되는지 알 수 있는 가장 좋은 방법이다.

6. 이상적인 접수 방문은 주로 ______(으)로 구성되어 있다.
   a. 아동 중재에 대한 설명과 가족이 궁금해하는 것을 알아내기 위한 질문들
   b. 가족이 궁금해하는 질문들과 가족을 알기 위한 질문들
   c. 서비스에 대한 설명, 특히 아동을 위한 치료와 교수활동
   d. 적격성 심사로 진행하기 위해 필요한 서류양식 검토

7. 생태도의 목적은 ______이다.

a. 가족의 스트레스 정도를 알아내는 것

b. 가족이 지원적 관계를 얼마나 잘 형성하는지를 결정하는 것

c. 가족을 알아내어 좋은 조언을 하기 위한 것

d. 위의 보기 전부

8. 생태도 작성 과정의 초기에 가족에게 ________ 말해 줘야 한다.

a. 이 정보는 조기 중재에 참여하기 위해 필요하다고

b. 누락되는 없도록 하는 것이 중요하다고

c. 서로 알아가는 재미있는 활동이라고

d. 일부 혹은 모든 질문에 답변을 거부할 수 있다고

9. 아이의 아버지가 누구인지 알아내는 것은 ________.

a. 필요하지 않다.

b. 필요하다.

c. 권장사항이다.

d. 대단히 흥미로운 일이다.

10. 생태도에서 (지원) 박스들로부터 중앙(핵가족) 박스를 연결하는 지원 선들의 두께는 ________.

a. 상호 검토를 통해 검증되어야 한다.

b. 가족의 설명을 바탕으로 전문가의 판단에 따라 결정한다.

c. 무관하며 무시해야 한다.

d. 위의 보기 전부

11. 비공식적 네트워크는 ________로 구성된다.

a. 오직 확대가족 구성원들

b. 오직 친구들

c. 확대가족 구성원들과 친구들

d. 가족이 잘 모르는 사람들

12. 생태도는 ________.

a. 일과에 관한 것이다.

b. 아동에 관한 것이다.

c. 가족의 이웃을 설명하는 것이다.

d. 위 보기 전부 해당되지 않는다.

13. 종교활동에 관해 물어보는 것은 __________(이)다.
  a. 많은 미국 가정에서 중요한 것임을 인식하는 것
  b. 사생활 침해
  c. 정교 분리를 요구하는 헌법에 위배되는 것
  d. 서비스 제공자와 가족을 연결하는 데 도움이 되는 것

14. 조기 중재를 진행함에 따라 ______________에 주의할 필요가 있다.
  a. 너무 적은 공식적 지원을 제공하는 것
  b. 공식적 지원이 확대되는 반면 비공식적 지원이 감소하는 것
  c. 비공식적 지원이 확대되는 반면 공식적 지원이 감소하는 것
  d. 공식적 지원자가 가진 비공식적 지원의 네트워크에 끼어드는 것

15. 생태도는 __________마다 검토해야 한다.
  a. 한 달
  b. 분기
  c. 6개월
  d. 1년

16. 조기 중재의 다섯 가지 구성요소 모형에서, 생태도를 그린다면 그 그림(실제 생태도)은 __________.
  a. 필요하다.
  b. 선택사항이다.
  c. 어떤 가족에게는 유효하지만 다른 가족에게는 아니다.
  d. 유치하다.

17. 이 모형에서 비공식적 지원 네트워크 구성원들은 중앙(핵가족) 박스 ______에 배치된다.
  a. 아래쪽
  b. 위쪽
  c. 옆
  d. 안

18. 지원 박스와 중앙(핵가족) 박스 사이의 점선은 _________을 의미한다.
  a. 가족이 자주 접촉하지 않는 사람들
  b. 가족의 삶에 나타나지만, 영향을 미치지 않는 사람들
  c. 가족에게 스트레스를 주는 사람들
  d. 가족이 들어는 보았지만, 실제로 만난 적이 없는 사람들

정답: 1) b 2) a 3) c 4) d 5) a 6) b 7) c 8) d 9) a 10) b
11) c 12) d 13) a 14) b 15) d 16) a 17) b 18) c

부록 APPENDIX

〈부록 4-1〉 생태도 점검표

〈부록 4-1〉 생태도 점검표

전문가 ____________________ 관찰자 ____________________

이 점검표를 자가 점검 혹은 동료, 상급자, 양성자에 의한 관찰에 활용하라.

이행(+), 불이행(−), 거의(+/−), 해당하지 않거나 관찰되지 않았으면 (NA).

전문가의 수행 여부	날짜	날짜	날짜	날짜	날짜
1. 가족에게 생태도의 목적이 가족을 알고, 그에 맞는 좋은 추천을 하며, 누가 결과를 충족하기 위해 도와줄 수 있는지 말한다.					
2. 가족이 어떤 질문이나 모든 질문에 대답하지 않아도 된다는 것을 분명히 한다.					
3. 가정에서 아동과 함께 누가 사는지 물어본다.					
4. 그 사람들의 이름을 중앙 박스에 기입한다.					
5. 정보를 제공하는 사람이 아동의 가정에 살지 않는 확대가족에 대해 물어본다.					
6. 각기 거명된 사람들을 가족 구성원의 박스 위에 박스를 그려 이름을 적는다.					
7. 이러한 사람들의 지원도나 스트레스 유발을 알아보기 위해 탐색적 질문을 한다(예: "얼마나 자주 그 사람과 이야기를 나눕니까?").					
8. 각 박스의 중앙 박스(아동의 핵가족)에서 굵은 선은 강한 지원을, 중간 굵기의 선은 중간 정도의 지원을, 가는 선은 다소간의 지원 혹은 그들의 존재를, 그리고 점선은 지원과 스트레스를 반영하는 선을 그린다.					
9. 정보를 제공하는 사람의 친구에 대해 질문과 확인을 하고(가족 구성원 위의 박스) 선을 그린다.					
10. 가정의 다른 확대가족에 대해 질문한다(가족 구성원 위의 박스. 예: 다른 부모의 부모들).					
11. 가정의 다른 성인 친구들에 대해 물어본다(가족 구성원 위의 박스).					
12. 언급되지 않은 가족의 친구들이나 이웃에 대해 물어본다(가족 구성원 위의 박스).					
13. 일상적안 일과에 대한 질문은 피한다.					
14. 정보를 제공하는 사람의 직장 사람들에 대해 물어본다(가족 구성원의 옆쪽 박스들).					

전문가의 수행 여부	날짜	날짜	날짜	날짜	날짜
15. 가정의 다른 성인들의 직장 사람들에 대해 물어본다(옆쪽의 박스들).					
16. 종교적인 자원들에 대해 물어본다(예: 교회, 회당, 절 등).					
17. 아동과 관련된 전문가들에 대해 물어본다(예: 의사, 치료사, 다른 조기 중재자).					
18 가족이 받는 다른 서비스들에 대해 물어본다(가족 구성원 아래의 박스들).					
19. 가족이 받는 재정적 자원들에 관해 물어본다(가족 구성원 아래의 박스들).					
20. 가족에게 그림이 제대로 되었는지 아니면 수정해야 할 것이 있는지에 대해 물어본다.					
21. 가족에게 생태도를 가지고 무엇을 할지에 대해 말해 준다(예: 누가 복사본을 갖게 되는지, 어디에 보관되는지).					
전체 이행 항목 수					
전해 이행 가능 항목 수(항목-NA)					
이행 항목 비율					

Routines-Based Early Intervention

03

P • A • R • T

욕구 평가와 중재 계획

옛 속담에 "계획에 실패하는 자는 실패한다."는 말이 있다. 조기 중재의 중추는 중재 계획이다. 이 단원은 기능적이고 가족 중심적인 중재 계획을 개발하는 중요한 단계를 설명한다. 이 단계는 조기 중재에 일반적이지 않은 요구 평가, 아동과 가족 목표들을 가진 좋은 계획을 작성하는 것을 포함한다.

05

C·H·A·P·T·E·R

평 가

이 장은 자연스러운 환경에서의 조기 중재(EINE)에 대한 평가를 토론함으로써 요구 분석과 중재 계획 수립에 관한 자료를 소개한다. 이는 평가 질문, 평가 가정, 파트 C에서의 진단평가, IFSP에서의 진단, 현재 기능 수준, 그리고 서비스 조정자의 역할을 설명한다. 이는 영아와 걸음마기 유아 아동에 대한 평가 점검표와 함께 결론을 내리게 된다(부록 5-1 참조).

평가 질문

영유아에게는 장애진단을 위한 평가, 적격성 결정을 위한 진단, 진도 점검을 위한 진단, 그리고 중재 계획을 위한 진단평가 등 다른 형태의 평가들이 필요하다. 이러한 다양한 형태의 진단은 진단을 실행하는 다른 방법이 요구되고, 다른 종류의 사람들이 관여할 것을 요구하기도 한다. 많은 조기 중재 조직들이 다른 평가의 목적을 혼동하거나 요구 평가의 적격성을 결정하는 방법으로 사용함으로써 문제를 야기하는 경우도 있다. 표준화된 검사는 지체 기준(delay criterion) 하에서 서비스 받을 자격이 있는 아동을 구별하는 데 성공적일지 모른다. 이러한 표준화된 평가들은 고안된 목적을 잘 달성할 항목들을 가지고 있지만, 일상생활에서 아동과 가족에게 필요한 의미 있는 항목들은 가지고 있지 못하다.

평가는 공식적인 검사, 비공식적인 검사 혹은 임상적 판단, 관찰 또는 보고를 통해 성취될 수 있다. 보고서를 이용할 때는 폐쇄형 질문('예-아니오' 질문. 예: "그녀는 혼자 앉을 수 있습니까?")이나 개방형 질문(예: "당신이 거실에 있을 때 그녀가 어떻게 노는지 말씀해 주세요.")을 할 수 있다. 면담은 이러한 질문과 보고서를 도출하기 위해 이용될 수 있다. 사실, 직접적 관찰과 면담 사이의 구별은 토론할 가치가 있다. 학교 교사 외의 전문가에 의한 직접적 관찰은 매우 작은 삶의 조각에 지나지 않는다. 맬컴 갤드웰(Malcom Galdwell)이 쓴 『블링크(blink)』(1995)의 전제와 달리, 일회적으로 아동의 행동을 관찰하는 것은 제한된 정보를 제공한다. 안정적으로 참여 자료를 산출하기 위해 필요한 관찰의 양에 대한 연구에서 빌 웨어(Bill Ware)와 나는 여러 날에 걸쳐 15분간 8회의 관찰이 필요하다는 것을 알아냈다(McWilliam & Ware, 1994).

만약 당신이 아동의 보호자, 즉 아동과 매일 많은 시간을 보내는 사람들을 면담한다면 그들이 보고하는 것은 다양한 환경, 많은 사람들과 함께, 그리고 여러 가지 사물에 걸친 긴 시간 동안의 관찰들일 것이다. 이런 식으로 아동과 그 가족이 기능하는 것에 대한 좋은 그림을 얻기 위해서는 능숙한 면담이 필요할 것이다. RBI는 나중에 관찰 보고서를 얻기 위한 평가 방식으로 제시될 것이다.

진단의 가정

조기 중재에서의 평가에 대한 세 가지 도전을 제시했다. 첫 번째로 우리는 진단평가, 특히 장애진단은 과도하게 강조하는 반면 중재는 덜 강조하고 있다. 예를 들어, 아동의 DSM-IV '장애'에 관한 기록은 종종 가족의 조기 중재 여정 중 중요한 활동으로 고려된다. 장애진단을 하기 위해서는 확실히 600달러 이상의 고비용이 든다. 이 비용에 더해 많은 전문가들은 실제로 검사를 시행할 수 있다는 전문적인 공인을 좋아하고(혹은 더 나은 시험 장치), 아이에게 무엇이 잘못되었는가를 진단한다. 아이에게 무엇이 잘못되었는지에 관한 복잡한 질문을 해결할 수 있는 사람이 될 수 있다는 것은 몇몇 전문가에게는 보람찬 일이다. 왜냐하면 많은 가족이 아이에게 무엇이 잘못된 것인지를 정말 알기 원하고, 이러한 진단평가는 도움이 되기 때문이다. 종종 이러한 진단평가가 중재 서비스의 문을 여는 것으로 여겨진다. 때로는 그것은 사실이다. 그러나 적격성을 위한 검사는 더 많은 경우에 상대적으로 더 저렴하고 신속하게 할 수 있다. 이는 조기 중재 원리에 대한 믿음보다 '치료'에 관한 특정적인 진단에 대한 강한 신념을 가진 부모와 전문가들에게는 절대적이다.

두 번째 제안은 지원(예: 중재)을 제공해야 하며, 지속적으로 진단평가하고, 중재에 전념하기보다는 진단평가에 근거한 중재를 해야 한다. 이 제안은 여러 전문가가 아동과 그 가족에게 정기적인 가정방문을 하는 일반적 이유에 근거하고 있는데, 진단평가는 지속적이어야 하고, 전문가만이 그 진단평가를 실제로 할 수 있다는 것이다. 진단평가의 빈도에 관해서는 이 책의 다른 곳에서 논하게 될 것이지만, 요점은 진단에 대해 지나치게 강조하는 또 다른 예시라는 점이다. 중점적으로 아동의 교육과 발달(예: 평가 정보)에 대해 지속적으로 정보를 제공할 수 있는 중재에 두어야 한다.

세 번째 제안은 다양한 전문가들로부터 제공되는 높은 수준의 전문성은 유아나 가족의 중재에 늘 적용할 필요가 없다는 것이다. 가족이 지속적인 지원을 제공하고 유능한 전문가가 있는 한, 아동에게 변화가 있거나 가족 또는 주 서비스 제공자가 그들의 지식과 기술 영역 밖의 상황에 직면하게 될 때만 필요하다. 하지만 이것은 교육전문가나 OT, PT 그리고 SLP를 매주 한 번 집으로 보내야 한다는 것을 의미하지 않는다.

파트 C에서의 평가와 진단

많은 지역의 파트 C에서 아동은 불필요하게 검사를 받고 있다. 심지어 어떤 주들에서는 이러한 불필요한 검사를 요구하는 정책을 수립해 두고 있다. 네 가지 아동의 유형은 잠재적으로 파트 C 서비스를 받을 자격이 있다.

1. 형성된 조건들을 가진 아이들(때때로 의학적 조건으로 알려진)은 자동으로 자격이 있다. 주마다 어떤 조건들이 적용 가능한지 정하지만, 대체로 염색체 이상이나 신체적 손상을 포함한다. 이러한 아동들은 적격성을 결정하기 위한 발달 검사를 받을 필요가 없다. 파트 C의 모든 아동은 다섯 가지 발달 영역을 포함하는 다학문적인 평가가 필요하지만, 이는 공식적인 검사 없이도 가능하다. 그럼에도 불구하고 몇몇 주와 지역들에서는 전문가에게 이러한 다섯 가지 발달 영역 정보를 얻기 위해 아동을 검사하라고 함으로써 그 과정을 '단순화'시켜 버렸다. 아마도 그들은 다른 형태의 진단평가가 필요한 '현재 기능 수준'을 제공할 수 있다는 것을 인식하지 못했을 것이다. 아동을 진단평가하는 방법으로 RBI를 활용하는 경우에 대해서는 나중에 논할 것이다.
2. 발달지체가 있는 아동은 실제로 지체가 있다는 것을 기록하기 위한 검사가 요구된다. 따라서 대부분의 주들이 몇 달간의 지체가 있는지, 평균에서 얼마나 많은 표준편차 아래에 있는지에 관한 기준을 설정해 두었다. 이러한 아이들은 형성된 조건을 알 수 없는 경우다. 예를 들어, 다운증후군을 가진 아동은 검사가 필요 없지만, 언어 지체가 있는 아이나 병의 원인을

모르는 아동은 검사가 필요하다. '검사'는 보통 표준화된 검사도구로 점수를 매길 필요가 있다. 미국의 각 주에서 허용하는 테스트의 종류는 다양하다. 몇몇 주는 베일리 영유아발달검사(Bayley Scales of Infant Development, 1993)나 바텔 발달검사(Battelle Developmental Inventory; Newborg, 2005) 같은 규준 참조 검사들로 제한하는 반면, 다른 주들은 규준 참조 검사는 아니지만 하와이 조기학습프로파일(Hawaii Early Learning Profile) 같은 표준화된 검사를 허용한다(Parks, Furono, O'Reilly, Inatsuka & Hosaka, 1997). 이는 6장에서 언급했듯이 RBI에서 얻은 정보로부터 대부분의 적격성 검사의 점수를 매길 수 있다(McWilliam, Casey & Sims, 2009).

3. 또한 지체나 형성된 위험 조건이 없더라도 비전형적 발달을 보이는 아동들은 자격이 있는 전문가의 임상적 판단이 있다면 적격성이 있다. 이러한 적격성 범주는 종종 장애와는 직접적으로 관련이 없지만 문제행동을 보이는 아동들에게 해당된다. 비록 적격성을 결정하기 위해 검사가 요구되는 것은 아니지만, 이러한 아이들은 간혹 지체인지 아닌지 확인하기 위해 검사를 받는다.

4. 마지막 적격성 범주는 발달지체나 장애 위험이 있는 아동들을 위해 서비스를 제공하는 주들에서만 사용된다. 이러한 주에서는 위의 세 가지 범주에 속하지 않는 아동들에게 적용될 위험 요인을 결정하게 된다. 이러한 위험 요인들은 대체로 환경적이거나 생물학적 위험을 포함하게 된다. 다시 말해서 검사는 대체로 발달지체를 밝혀내기 위해 사용되며, 적격성을 결정하기 위해 필수적이지는 않지만 위와 같은 대부분의 아동들은 사실상 검사를 받게 된다.

IFSP에서의 진단평가

IFSP는 아동의 인지, 의사소통, 신체, 사회정서 그리고 적응 행동의 다섯 가지 발달 영역의 현재 수준에 대한 기록을 요구한다. 목적은 목표가 설정되었는지, 그리고 각각의 발달 영역에서 수행의 필요에 합당한 서비스들이 계획되었는지를 모니터하기 위해서다.

보통 IFSP 양식은 각각의 발달 영역에 관한 정보를 기입하도록 하나의 박스로 구성되어 있다. 이는 기초적 정보를 작성하는 데 도움이 되며, 그로 인해 서류 작업이 쉬워질 수 있다. 단점은 서비스 조정자가 그 정보를 쓸모없다고 느낄지도 모른다는 것이다. 예를 들면, 의사소통 발달과 관련해서 서비스 조정자가 "다소 수용적이지만 표현언어가 필요함"이라고 썼다면, 균형적 차원에서 이러한 정보를 짧게 하는 것이 진단평가보다 중재에 더 많은 강조를 두게 된다. 몇몇 주에서는 현재 기능 수준에 관해 긴 보고를 기대하는 양식과 절차를 갖고 있다. 그 이유는 평가나 진단이 행해지고 나서 윤리적으로 보고서가 작성되어야 한다는 것이다. 이는 서비스 조정자들에게 IFSP 과정을 적절히 완료하는 데 있어서 상당한 부담을 갖게 하고, 때때로 가족 앞에서 IFSP를 작성해야 하기도 한다. 이 모델에서 가능한 한 전체적인 평가 과정이 이어져야 하고, 결과는 짧게 유지해야 한다.

불행하게도 정책은 전통적 발달 영역에 의해 이를 결정한다. 다섯 가지 발달 영역이 선택된 것은 표준화된 검사 도구가 이러한 영역에 있는 점수를 산출하기 때문인 것은 이해할 만하다. 발달지체를 결정하기 위해 주들은 서비스 적격성을 얻기 위해 필요한 발달지체의 정도에 관한 기준들을 설정할 수 있는데, 그로써 IFSP의 영역에서도 유사한 정보들을 얻을 수 있을 것이다. 이러한 표준화된 진단평가에 비추어 보는 연결은 논리적이지만, 앞으로의 목표설정에 관해서는 그렇게 논리적이지 못하다. 더 나은 방법은 기능적 요구 평가를 조직하기 위해 존재한다(6장 참조).

몇몇 IFSP에는 오직 긍정적인 언급들만 있는데, 이는 곧 긍정적인 것에 중점을 두는 것을 가정한다. 예를 들면 "앨리슨은 좋은 대상 영속성을 가지고 있다."이다. 그러나 이것은 다른 사람들이 왜 이런 목표를 선택하였는지 이해하는 데는 도움을 주지 않는다.

다른 IFPS에서는 항목에 오직 점수만 기록되어 있는데, 대체로 이는 특정한 서비스가 발달 영역의 점수에 기초하기 때문이다. 예를 들어, 아동은 언어점수와 인지점수에서 15점의 차이가 있어야만 언어치료를 받을 수 있을지 모른다. 어쨌거나 이것은 잘못된 정책인데, 왜냐하면 이런 정책은 인지적 결함이 있는 아이들은 서비스를 받을 자격이 없게 만들기 때문이다. 또 다른 예는 불일치 기준이 아니라 절대 점수나 기본 점수가 사용되는 경우다. 예를 들어, 어떤 아이가 25%의 지체를 보이면 언어치료 서비스를 받을 자격이 있다. 이는 나이에 대비한 점수가 정확하고, 이러한 발달지체가 기능적 필요와 관련이 있다는 것을 의미한다. IFSP의 이런 부분과 관련한 규칙과 문화가 이러한 영역에 점수를 입력하게 하는 결과를 초래하고 있다.

이러한 진단평가 결과, 항목의 정보와 목표 사이가 일치하는지 모니터해야 한다는 개념은 문제가 있다. 첫 번째로, 단지 발달지체가 있다고 해서 그 가족이 그것을 강조하도록 선택했다는 것을 의미하지는 않는다. 그 가족에게는 발달지체보다 더 중요하고 시급한 필요가 있을지도 모른다. 예를 들면 아동의 병원 치료라든지, 가족의 밀린 공과금이라든지, 결혼생활의 갈등 등에 더 중요한 필요가 있을지도 모른다. 이것은 가능한 한 빨리 발달지체를 다루어야 한다는 가족 중심의 조기 중재 철학으로 교육을 받은 전문가들에게는 어려운 생각일지 모른다. 두 번째로, 평가 정보를 얻는 방법(표준화된 검사)이 반드시 일상생활의 기능에 문제를 드러내는 것만도 아니라는 점이다. 그래서 이러한 진단평가들에 나타난 실패가 아동의 목표와 일치할 것이라고 예상하는 것은 어리석을지도 모른다.

이는 시스템이 가족에게 필요한 지원을 확실하게 거부하지 못하게 할 의도를 가진 정책이라는 좋은 의도를 가지고 있다. 그러나 제너럴리스트로부터의 지원을 통해 진단평가에서 발견되는 필요가 충족될 가능성을 설명하지는 못한다. 예를 들어, 적응 행동 수행능력에서의 지체가 인지와 의사소통 수행에서의 지체를 다루는 사람과 같은 사람에 의해 다루어질 수도 있다. OT와 SLP가 관여할 수도 있지만, 아동이 각 영역의 테스트에 별개의 전문가를 두는 이론적 해석은 허점이 많다(McWilliam, 2003; Rapport, McWilliam & Smith, 2004; Woodruff & Shelton, 2006). 그들이 필요로 하는 범위는 말할 것도 없고, 누군가는 지연에 관한 정보로부터 전문가가 필요할지 모른다고 하지 못한다. 잘못된 정보를 근거로 전문가들의 소중한 자원들을 할당하는 것은 IFSP 과정에서 가장 일반적이고 근본적인 실수 중 하나다. 그 대신에 IFSP는 아래의 질문에 답할 수 있는 진정한 기능적 데이터를 고려해야 한다.

1. 어떠한 가족과 아동의 필요가 확인되었는가?
2. 만약 주 서비스 제공자(PSP) 모델이 사용된다면, 누가 서비스 제공자인가?
3. 아동과 가족의 다음과 같은 질문 상황에서 진술된 목표를 가족이 이루는 것을 지원하기 위해 주 서비스 제공자는 어떠한 도움이 필요한지, 어떤 강도의 지원이 필요한지를 고려해야 한다.

만약 다학문적 접근 모델이 사용된다면, 기능적 평가 데이터를 이용하는 데 더 많은 어려움이 있을 것이다. 사실상 비기능적인 데이터(예: 표준화된 검사 결과들)가 자주 사용되는 이유는 그들이 다학문적 접근에 따라 다른 구성원들과 행동을 같이하기 때문이다. 만약 주어진 영역에서 발달지체가 발견되면 서비스는 표면상 연결된 IFSP의 발달 영역에 별생각 없이 들어가게 될 것이다. 예를 들어, 바텔(Battelle) 검사에서 소근육 운동 영역에서 지체가 발견될 경우, IFSP상에는 거의 자동적으로 작업치료가 들어가게 된다. 그럼에도 불구하고 다학문적인 팀에서도 기능적 데이터를 사용하는 여러 가지 방법이 있다. 가장 중요한 우선순위의 목표를 기점으로 서비스 조정자와 가족은 어떤 서비스가 그 필요를 가장 잘 충족해 줄 것인지를 결정한다. 그러나 그들은 일단 전체적인 목표의 목록이 정해지면 다시 한 번 재고해 볼 준비를 해야 한다.

다음 질문은 같은 서비스 제공자가 두 번째 목표를 달성시키는 데 있어서 가족을 지원해 줄 수 있는가 하는 것이다. 만약 그렇지 않다면, 어떤 서비스가 그것을 해결할 수 있을지 결정한다. 이 과정은 모든 목표에 걸쳐 진행된다. 두말할 필요도 없이 기능적 목표들의 매력은 각각의 다른 전문가들이 서로 소통하지 못하게 되어 의견이 나누어지면 그 목표들이 사라져 버릴 것이다. 또한 이 방법은 가족들이 많은 전문가들을 빈번하게 만나고 다루어야 하는 결과를 낳게 된다. 이러한 주제는 4부 서비스 전달 모형에서 좀 더 자세히 살펴볼 수 있을 것이다.

현재 기능 수준

IDEA는 "(1) 객관적 기준에 근거한 현재 유아의 신체적 발달 단계, 인지 발달, 의사소통 발달, 사회적·정서적 발달, 그리고 적응 행동 발달의 현재 수준을 요구하고 있다(IDEA, 636 (d) 조문)". 이러한 정보는 여러 가지 이유에서 필요한데, 첫째, 이것은 짧은 형태의 진단평가 보고서이기 때문에 모니터하는 사람은 활동 계획(예: 목표, 전략 그리고 서비스)이 평가된 필요와 잘 연관되는지를 결정할 수 있다. 이것은 진단평가 보고서를 위한 책무성이다. 둘째, 이 보고서는 아동의 발달지체로 인해 적격성이 주어지게 되는 그 지체를 기록하는 곳으로서 어떤 체계로서의 역할을 한다. 많은 시스템에서 연령과 지수 점수가 IFSP의 이 부분에 입력된다. 셋째, 어떤 사람들은 이것을 진보를 기록하는 공간으로 활용하며, 매년 데이터가 어떻게 변하는지 지켜볼 수 있다. 하지만 현실적으로는 정보가 입력되는 가장 일반적인 양식의 작은 박스로 진보를 진단하기에는 불충분하다.

그러므로 이러한 현재 발달 수준을 문서화하는 이유는 1) '발달지체'라는 카테고리 안에서 서비스를 받는 아동들의 발달 점수, 2) 특별한 강점과 약점에 대해 설명을 요구하는 것을 가정한다. 서류상의 이런 제한적인 공간에서 문서 작업의 양이 적다는 것은 축복이다. 즉, 서비스 조정자는 많은 정보를 넣을 필요가 없다(표 5-1의 네브래스카 IFSP의 현재 아동의 발달상태 참고). 몇몇 시스템은 검사 점수를 요구하기도 하지만, 형성된 (장애) 조건의 범주에서 서비스를 제공받는 아동은 진담 검사 점수가 필요 없다. 모든 아동은 법에 따라 다학문적 접근의 진단평가가 제공되어야 하며, 그 평가 결과는 현재 발달 단계의 평가를 위한 박스 내에 기입되어야 한다.

〈표 5-1〉 네브래스카 주 개별화가족서비스계획에 참여한 아동의 현재 발달 수준 부분

<table>
<tr><td colspan="2">네브래스카 개별화가족서비스계획
(네브래스카 교육부-보건인적자원부)</td></tr>
<tr><td>(________ 정기적 갱신 표시) 아동 이름 ____________________</td><td>비밀 취급</td></tr>
<tr><td colspan="2">아동의 현재 발달 수준(계속)</td></tr>
<tr><td>평가 영역/날짜</td><td>현재 능력</td></tr>
<tr><td>인지 사고 기술
___/___/___/___/년 ___ 개월

___/___/___/___/년 ___ 개월</td><td>____________________
____
____
____

....
....
....
....................</td></tr>
<tr><td>의사소통 기술
___/___/___/___/년 ___ 개월

___/___/___/___/년 ___ 개월</td><td>____________________
____
____
____

....
....
....
....................</td></tr>
<tr><td>사회성/행동 기술
___/___/___/___/년 ___ 개월

___/___/___/___/년 ___ 개월</td><td>____________________
____
____
____

....
....
....
....................</td></tr>
<tr><td colspan="2">EI-1 page 5(57060)</td></tr>
</table>

(________ 정기적 갱신 표시) 아동 이름 ____________________ **비밀 취급**

아동의 현재 발달 수준(계속)

평가 영역/날짜	현재 능력
자조/적응 기술	
___/___/___/___/년 ___ 개월	____________________ ____________________ ____________________ ____________________
___/___/___/___/년 ___ 개월	....
소근육 기술	
___/___/___/___/년 ___ 개월	____________________ ____________________ ____________________ ____________________
___/___/___/___/년 ___ 개월	....
대근육 기술	
___/___/___/___/년 ___ 개월	____________________ ____________________ ____________________ ____________________
___/___/___/___/년 ___ 개월	....
	EI-1 page 6(57060)

출처: Nebraska Department 01 Education-Department 01 Health and Human Resources. [n.d.]. *Nebraska individualized family service plan*. Retrieved October 28, 2009, http://www.nde.state.ne.us/edn/ilsplorm/ilsptable97.doc; reprinted by permission. (Key: yrs, yea rs; mos, months.)

서비스 조정자 역할

진단평가 과정에서 서비스 조정자들은 세 가지 기본 역할을 한다. 첫째, 서비스 조정자들은 가족에게 진단평가 과정을 설명함으로써 평가를 준비하고, 가족들의 의견이 평가가 이루어지는 데 반영되도록 하고, 아동을 진단평가하는 동의 서명을 얻어낸다. 어떤 제도에서는 서비스 조정자 자신이 평가자 중 하나가 될 수도 있다(법에 의하면 서로 다른 전문 영역에서 둘 이상이 있어야 한다). 다른 시스템에서는 다른 프로그램의 담당자들이 평가할 수도 있다. 또 다른 시스템에서는 개별적으로 평가하는 사람과 계약을 하기도 한다. 서비스 조정자들은 이러한 평가 일정을 정한다. 초기 IFSP들은 이 단계가 따르는 사례 접수 후에 바로 일어나게 된다. IFSP의 연간 재검토를 위해 최대한 1년에 가깝게, 그러나 IFSP보다 선행해서 일정을 정할 수 있다.

두 번째 역할은 IFSP에 정보를 기입하는 것이다. 이것은 이전 단원('현재 기능 수준' 참고)에서 언급했다.

서비스 조정자의 세 번째 역할이 가장 중요하다. 즉, 가족과 함께 그들의 필요를 결정하는 것이다. 불행히도 이 역할은 두 가지 이유에서 간과되었다. 첫째, 서비스 조정자들은 다학문적 평가로 가족과 아동의 필요를 발견한다고 가정한다. 둘째, 서비스 조정자들은 목표와 필요를 결정하는 것보다 서비스를 제공하는 것에 더 집중한다. 이 장에서 이미 살펴본 이유들처럼 전통적인 다학문적 접근의 진단평가는 대체로 기능적 필요를 결정하는 데 불충분하다. 그러므로 서비스 조정자는 아동 가족의 실제 필요를 어떻게 결정하는지를 반드시 알아내야 한다. 서비스 조정자들은 필요를 평가하는 기술과 훈련을 충분히 받아야 한다. 어떤 시스템 하에서 그들은 이 업무를 처리할 준비가 되어 있지 못하다. 다른 시스템에서 그들은 다행히도 이 업무를 처리할 준비가 갖춰져 있다. 모든 서비스 조정자들을 돕기 위해 실제 필요를 평가하고, 기능적 목표의 목록으로 이르게 할 방법을 제공하는 것이 도움이 될 수 있다.

앞선 FINESSE 항목들은 가족들의 필요를 평가하는 한 측면으로, 가족들의 희망과 꿈에 대해 반복적으로 논의하는 것의 중요성을 강조하고 있다. 곧 살펴보게 되겠지만, 또 다른 단면은 매일의 일과에서 성공적인 기능을 하는 데 있다. 많은 가족이 자신들의 상황을 하루에 하나씩 다룬다고 하지만, 가족들의 더 큰 염원들을 생생히 지켜주는 것이 중요하다. 그래서 그들이 무엇을 갈망하는지를 기억해야 한다. 그리고 가족들과 일하는 전문가들은 가족들의 그런 목표들을 지원할 수 있다. 오늘날 IDEA 때문에 전문가들이 가족의 고민과 우선순위에 대해 묻지 않는 것을 인정하는 것이 드물지만, 우리는 때때로 유치원 프로그램에서 이런 경우를 보기도 한다. 파트 B에서 IDEA법은 우려와 우선순위 그리고 자원에 대한 평가를 요구하지 않는다.

따라서 평가는 그 과정에서 중요한 부분이지만, 가장 중요한 부분은 아니다. 그것은 조기 중재라는 전체적 상황 안에서 생각할 필요가 있다. 발달지체로 오는 아동들의 적격성을 평가하는 최소한의 혼란 속에 활발하게 진행되어야 한다. 이는 필수적으로 안팎의 질문에 대한 대답이다. 프로그램 계획을 위한 평가는 그 목적으로 분명하게 행해져야 한다. 프로그램 계획을 위해 적격성 심사 과정을 활용하는 것은 대체로 바람직하지 않은 생각이다. 한 가지 목적을 위해 고안된 검사와 절차들은 다른 목적으로는 대체로 그리 유용하지 못하다. 이 모델의 관점에서 더욱 중요한 것은 RBI가 중재 계획을 위한 이상적인 과정으로 존재한다는 점이다.

FINESSE의 항목들

다음은 RBI에 구체적으로 연관된 항목이라기보다 FINESSE에 있는 평가의 한 항목이다. FINESSE는 최소한의 추천에서 최고의 추천된 실체들로 구성되어 있다(원본의 말미에 있는 부록 참조).

5. 가족의 필요 확인

1. 전문가들은 부모에게 그들의 염려사항이나 우선순위들에 대해 **묻지 않는다**.
3. 전문가들은 부모에게 그들의 염려사항이나 우선순위들에 대해 IFSP 회의 중에 **물어본다**.
5. 전문가들은 가족들과 그들의 염원에 관해 **가끔**(예: 연간 두 번 정도) 대화를 나눈다.
7. 전문가들은 가족들과 그들의 염원에 관해 **정기적으로**(예: 매월) 대화를 나눈다.

평가에 관련한 테스트

1. 다음 중 진단평가 정보의 출처에 관한 진술 중 가장 정확한 것은?
   a. 관찰과 부모의 보고는 상호 배타적이다.
   b. 부모의 보고는 복수의 관찰 보고다.
   c. 부모의 보고는 아동의 수행에 관해 과장된 관점을 만들어 낸다.
   d. 관찰만이 타당한 정보의 출처다.

2. 진단평가는 ____이다.
   a. 중재만큼이나 중요한 것
   b. 중재보다 더 중요한 것
   c. 중재보다 덜 중요한 것
   d. 진단을 위해서만 사용되는 것

3. 조기 중재는 ___________에 강조를 두어야 한다.
   a. 아동의 학습과 진보에 관한 지속적인 정보를 제공하는 중재
   b. 아동의 장애 명칭과 조건을 발견하는 것
   c. 현재 기능 수준을 기록하는 것
   d. 아동의 조기 중재 적격성을 평가하는 것

4. 가족들은 _______을(를) 필요로 한다.
   a. 자신들을 빈번하게 찾아오는 복수의 전문가들
   b. 필요에 따라 다른 전문가들이 보충해 줄 수 있는 한 명의 유능한 전문가
   c. 단 한 명의 전문가
   d. 이따금씩 한 명의 서비스 조정자와의 접촉

5. 형성된 위험 조건을 가진 아동들은 _____.
   a. 그들의 발달 연령을 알아보기 위해 검사 받을 필요가 있다.
   b. 어떠한 종류의 진단도 필요 없다.
   c. 단지 인지검사만이 필요하다.
   d. 다섯 가지 발달 영역의 다학문적 진단이 필요하다.

6. 잠재적 발달지체로 인해 조기 중재에 의뢰된 아동들은 ______.
   a. 그들의 발달 연령을 알아보기 위해 검사 받을 필요가 있다.
   b. 다섯 가지 발달 영역의 다학문적 진단이 필요하다.
   c. 검사를 위해서는 부모의 허가가 필요하다.
   d. 위의 보기 전부

7. 특정한 영역에서 지체가 확인되었을 경우 ________.
   a. 그 지체를 다루기 위한 결과목표가 결정되어야 한다.
   b. 그 영역과 가장 밀접하게 연관된 분야의 전문가가 그 아동에게 배정되어야 한다.
   c. 그 지체를 다루는 결과목표는 가족에 의해 선택될 수 있다.
   d. 그 영역과 다른 분야의 전문가가 아동을 담당해야 한다.

8. 2004년의 장애인교육법(IDEA)은 ________.
   a. 아동과 가족의 요구를 진단할 것을 요구한다.
   b. 아동의 요구만 진단할 것을 요구한다.
   c. 가족의 요구만 진단할 것을 요구한다.
   d. 해당사항 없음

정답: 1) b 2) c 3) a 4) b 5) d 6) d 7) c 8) d

부록 APPENDIX

〈부록 5-1〉 영유아 평가 점검표

〈부록 5-1〉 영유아 평가 점검표

서비스 관리자 ____________________ 관찰자 ____________________

이 점검표를 자가 점검 혹은 동료, 슈퍼바이저나 훈육관에 의한 관찰을 위해 활용하라.

옳으면 (+), 틀리면 (−), 거의 맞으면 (±), 해당사항이 없거나 관찰되지 않았으면 (NA)로 표시하라.

서비스 제공자가 한 일	날짜	날짜	날짜	날짜	날짜
1. 진단의 일부분에 면담을 포함했는가?					
2. 지속적인 지원의 일부분으로 평가를 포함하거나 평가계획을 포함할 계획인가?					
3. 아동이 의료적 혹은 형성된 위험 조건으로 적격성이 있는지, 검사가 필요한지 아닌지를 점검했는가?					
4. 불필요한 공식적 검사를 삼갔는가?					
5. 지체가 기록된 필수적인 아동들을 검사하는가?					
6. 인지, 의사소통, 신체, 사회 혹은 정서, 그리고 적응 행동 수행의 현재 수준의 묘사를 제공했는가?					
7. 아동의 필요가 어떤 부분인지 명확하게 제시했는가(긍정적인 어조로 그것을 치장하는 것에 비해)?					
8. 서비스를 배정하기 위해 아동 발달 점수나 장애 진단을 사용하는 것을 삼갔는가?					
9. 가족에게 절차를 설명하고 진단평가를 준비했는가?					
10. 진단평가가 어떻게 이루어지는지에 대해 가족의 견해를 반영했는가?					
11. 아동을 진단평가하는 데 부모의 동의 서명을 받았는가?					
12. 개별화가족서비스계획(IFSP)에 진단평가 정보(즉, 현재 기능 수준)를 넣었는가?					
13. 가족의 요구를 결정했는가?					
14. 가족들의 염원에 관해 정기적으로(예: 매월) 대화를 하거나 계획했는가?					
이행 항목 총합					
가능한 것 총합(항목-해당사항 없음)					
이행 비율					

06

C·H·A·P·T·E·R

일과 기반 면담(RBI)

진단평가의 목적은 5장에서 설명했고, 가족의 기능적 욕구를 결정하는 혁신적인 방법을 위한 사례도 살펴보았다. 현재의 표준화된 방식은 이러한 필요들을 결정하지 못한다. 첫째, 흔히 목표행동이라고 알려진 기능적 목표나 결과를 알아낼 방법들이 필요하다. 아동이 가진 목표의 기능성은 아동의 참가나 참여, 독립적 필요, 그리고 사회적 관계 필요를 강조하는 것으로 생각할 수 있다. 이 책 전반에 걸쳐 이러한 세 가지 영역의 중요성이 강조되었다. 둘째, 가족의 우선순위들이 IFSP에 반영될 필요가 있다. 셋째, 결과목표는 목표행동을 보여 주는 다양한 방법을 수용하기에 충분히 광범위해야 하지만, 실제로 강조되는 것이 무엇인지 알 수 있을 만큼 자세해야 한다. 넷째, 전략 또는 행동 단계는 기능적 문제를 직접적으로 겨냥해야 한다. 구강 운동 연습을 사용하는 전략 등은 아동에게 먹고 삼키는 것과 관련된 결과에 이용될 수 있으나, 더욱 직접적인 방법은 아동에게 씹고 삼키는 것을 가르치는 것이다. 규칙은 "먼저 가르쳐라!"이다. 다섯째, IFSP를 개발하는 과정은 가족 외의 다른 아동 보육교사(care provider) 같은 다른 보호자(care givers)들로 하여금 목표 선정에 투자를 촉진시킬 필요가 있다. 정기적인 면담(RBI)은 이 다섯 가지 필요를 다루는 방법이다.

두 모델의 합류점

RBI는 지난 10년간 꽤 광범위한 두 가지 모델의 중심점이었다(그림 6-1 참조). 이것은 가족 중심 중재 계획에서 처음 묘사되었다. 그리고 교실 기반 교직원들이 가족 우호적이 될 수 있도록 돕기 위해 쓰인 일과 기반 접근(Routine Based Approach; McWilliam, 1992)에서 설명되었다. 전제는 가족이 그들의 아이들을 위한 가정과 교실 내에서 진정한 염려를 설명하는 방법으로 가족과 함께 계획하는 것인데, 이 계획은 그들의 가정 내에서 매주 긴 시간 동안 가족을 보지 못했던 것과 가족의 텃세 같은 장벽을 극복하는 데 도움이 되었다. 이것과 다른 실제들을 시도한 협동체(co-ops)로부터 나온 수많은 원리들은 교실 중심적 모델의 개별화된 통합 모형으로 진화했다(Wolery, 1997). 이 모델은 아동의 능력과 교실 환경 사이의 생태학적 합류점의 평가로서 RBI와 연관되어 있다. 이 평가는 직접적으로 개별화 교육 프로그램이나 IFSP의 발달과 연결된다. 일단 기능적 행동들의 목록이 확인되면 모든 서비스는 교실에서 교사진과 언어병리학자, 순회 특수교육자들, 작업치료사들 그리고 물리치료사들 같은 전문가들 사이에서 팀워크를 확실히 하기 위해 제공된다. 전문가들의 책임은 중재에 관한 그들의 제안이 교실의 일과에 적합한 것이 되게 하고, 교사의 책임은 그러한 중재들을 교실 일과에 삽입하는 것이다. 그 모델은 RBI로부터 나온 기능적 결과나 목표와 관련이 있다.

또한 앞으로 RBI가 자연스러운 환경에서의 조기 중재 모델의 중심에 있다는 것이 명백해질 것이다. 다시 말해서 유아원 자문을 포함해서 가족이 가정과 지역사회 기반의 서비스를 받는 상황에서는 아동과 가족 수준의 목표가 가진 기능성은 서비스 전달체계의 모형과 가정방문, 유아원 자문 프로그램들이 더 잘 진행되게 해 줄 수 있다. 이 책을 통해 보여 주겠지만, RBI는 저자가 조기 중재에 활용할 것을 조언하는 다른 여러 실제들을 위한 핵심이다.

RBI에 관한 연구

우리는 최근에 IFSP 개발을 위한 RBI 사용의 효율성에 관한 첫 번째 연구를 완성했다(McWilliam, Casey & Sims, in 2009). 16개의 가정은 무작위로 RBI 서비스를 받거나 일반적인 과정으로 IFSP를 개발하기 위해 무작위로 배당되었다. RBI는 전통적 IFSP 개발 접근 과정보다 더 나은 결과를 창출했다. RBI 그룹의 가정들은 전통적인 IFSP 개발 접근 방식의 다른 가정보다 IFSP 개발 과정에 더 만족했다. 전통적인 IFSP 개발 과정에 있던 다른 가정은 더욱 변동이 심한 결과를 내놓았다. 예상한 대로 RBI 결과들은 표준 과정의 결과보다 더 많은 목표를 산출했다. 결국, RBI의 결과로 작성된 목표들은 표준 과정의 결과들로 작성된 목표들보다 훨씬 기능적이었다.

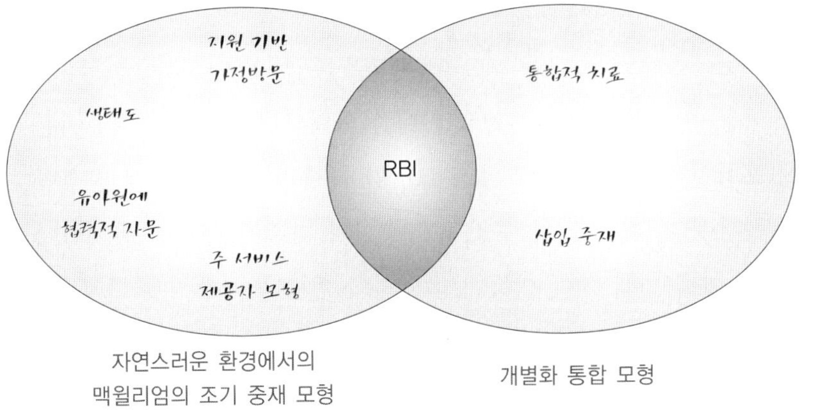

[그림 6-1] 두 모형의 융합

일과(routines)란 무엇인가?

이 모델에서 말하는 일과는 전문가들이 가족에게 하는 활동들을 의미하는 것이 아니다. 여기서 일과란 어느 정도 일관성 있고 자연스럽게 일어나는 양육활동이나 단순히 노는 일을 포함한 활동들이다. 이를 인정하기는 꺼려지지만, 모든 일이 일과에서 일어나지는 않는다. 따라서 면담 시작 즈음에 우리는 먼저 중요한 염려들을 먼저 물어본다. 실제로 일과에 관한 대화는 일상에서 일어나는 일을 초월하는 많은 염려들로 이어지기도 한다. 그러므로 일과 기반 면담은 생각만큼 제한적이지는 않다. 면담 말미에 가족들에게 다른 어떤 논의사항이 있는지 물어보는 것이 또 다른 안전장치가 될 수 있다.

일과 기반 면담

원래 매뉴얼(McWilliam, 1992)에서 RBI의 다섯 단계가 언급되었다. 그것은 다음과 같다.

가족과 스태프들의 준비

만약 아동이 유아원에 주당 15시간 이상 다닌다면 아동의 보육교사를 반드시 면담에 포함시켜야 한다. 만약 보육교사가 가족과 함께 회의에 참석한다면 이상적인 상황이 된다. 그러나 종종 보육교사와 가족이 동시에 함께하지 못한다면, 반드시 가족 면담 전에 아동 보육교사와 면담을 시행해야 한다. 이렇게 하면 면남자가 보육교사가 보고해야 할 것들을 다 전달하게 함으로써 그 가족이 결정을 내리는 데 있어서 모든 정보를 가질 수 있다.

면담을 준비하는 데 있어서 가족과 교사진에게 전해야 할 중요한 점은 그들이 갖는 일과(하루의 시간, 매일의 일들과 활동들)가 무엇인지 생각해 보게 하고, 각각의 일과에 대해 다음의 것들을 고려해 보는 것이다.

1. 가지고 있는 기대는 무엇인가?
2. 아동들이 하는 일은 무엇인가?
3. 그 일과가 가족에게 얼마나 잘되고 있는지, 혹은 교실의 일과가 아동에게 얼마나 잘되고 있는가 하는 것이다.

가족 준비 양식은 〈부록 6-1〉에서 가족의 면담을 위해 도움을 줄 것이다(Harbin, 2005; McWilliam, 1992).

다른 준비 사항들도 논리적인 것이다(어디서, 언제, 누가 등등). 가족들에게 RBI가 2시간 이상 지속되는 강도 있는 대화라는 것을 알려 주어야 한다. 그리고 이 면담은 방해되는 것이 없을 때 가장 효과적이다. 또한 가족이 부담을 갖지 않는다면 누군가가 아동을 돌봐 주어야 할지도 모른다. 이 요구는 냉정하게 이루어져서는 안 된다. RBI는 6개월마다 이루어지고, 일반적인 가정방문과는 많이 다를 것이다. 몇몇 면담자는 이러한 요구를 함에 있어 남의 시선을 의식하기도 하나, 가족은 하지 않는 것보다는 이렇게 알려 주는 것을 좋아한다. 물론 몇몇 가족은 이러한 것들을 하지 못하기도 하지만, 그래도 상관은 없다.

면담

일과 기반 면담(RBI)이 되려면 면담은 다음과 같은 중요한 요소들을 포함하는 반구조적 면담이어야 한다.

1. **주요 염려들.** 면담을 시작할 때, 가족은 자신들이 가지고 있는 문제가 무엇인지 알아야 하며, 이로써 대화가 가족의 하루하루 생활로 전환되어 가면서 열거되고 자세하게 알려지게 된다. 종종 가족의 중요한 걱정들은 아이들의 걷는 것과 말하는 것에 관한 것이다. 전통적으로 그러한 목표설정은 아동의 다른 목표행동이나 가족 수준의 목표가 아닌 아이의 걷는 것과 말하는 것에 대한 목표로 끝나곤 한다. 그러므로 주된 걱정에 관한 역사적인 답변은 목표 개발로 바로 이어지는 반면, 이 과정에서는 단순히 가족의 마음

속에 무언가가 있는지를 결정하는 시작점일 뿐이다.

2. **하루를 살펴보라.** 위에서 언급했듯이, 면담의 구성은 가족이 전형적인 하루를 어떻게 지냈는가에 관한 것이다. 가족들은 하루의 어떤 시점에서 다른 것으로 전환하기 위해 어떤 일과를 가지고 있고, 어떤 순서대로 일이 일어났는지 추측하기보다는 다음에 무슨 일이 있었는지 질문을 받게 된다. 하루의 각 시간대에 관한 논의 과정에서 면담자는 다음 여섯 가지 질문에 대한 답을 찾으려고 시도해야 한다.

   a. 다른 모든 사람들(부모, 형제, 학급의 다른 아이들)은 그 시간대에 무엇을 하는가?
   b. 아동은 무엇을 하는가?
   c. 아동의 참여
   d. 아동의 독립성
   e. 아동의 **사회적 관계**
   f. 가족의 일과에 관한 만족도

   말하자면 이 논의는 면담자가 해당 일과의 그림을 그릴 수 있도록 자세해야 하고, 가족들이 그날 그 시간에 무엇이 다르게 일어나기를 원하는지를 알아낼 수 있어야 한다. "아침식사 시간은 어떻습니까?"라는 개방형 질문에 부모가 얼마나 자세한 대답하느냐에 달려 있지만, 면담자는 그림을 그리기 위해 자세한 후속 질문들을 많이 물어볼 필요가 있다. 목적은 가족에게 그날 그 시간대에 어떤 다른 일들이 일어나기를 원하는지를 알아내는 것이다. 이는 별표를 하는 것과 같은 것이므로 다음에 설명하겠다.

3. **별표 문제**(star concerns). 가족이 a) 잘 안 되거나, b) 다르게 하고 싶거나, c) 아이가 다음번에는 할 수 있을 것이라고 생각하거나, d) 면담자에게 경고의 빨간 깃발을 드는 등의 무언가를 언급할 때 면담자는 거기에 메모를 하고, 그 옆에 별표를 한다. 이는 요점을 정리하는 과정에서 검색에 도움이 되는데, 그것에 대해서는 아래에 설명하겠다. 무언가가 잘 안 되는 경우의 예시는 부모가 "아기를 차에서 내릴 때마다 도망가요. 그럴 때면 정

말 죽을 맛이에요. 참 걱정이에요." 등일 것이다. 다르게 하고 싶은 예로는 "아기를 기게 하기 위해 마루에 충분한 장난감을 두었는지 잘 모르겠어요."일 것이다. 가족이 아이가 다음번에는 할 수 있을 것이라고 생각하는 경우의 예는 "아기는 산책 갈 때 정말 신나 해요. 재밌거든요. 아마도 아기는 길에서 한손으로 짚고 오르내리는 게 가능할 것 같아요." 빨간 깃발의 예는 "자는 시간은 문제가 없어요. 아기가 얌전하게 누워 있지 않으면 혼낼 거라고 말하거든요." 부모는 이 점에 대해 일상적인 일이라고 생각할지도 모르지만, 면담자는 이것을 취침 시간에 대한 아이디어를 제공할 기회로 볼 것이다.

4. **만족도 매기기**. 모든 가정에서 일과에 관한 논의 말미에 면담자는 부모에게 하루의 그 시간을 얼마나 잘 보내는지에 관한 판단을 물어야 한다. 부모가 그 시간에 얼마나 행복한지에 관해 1~5점 척도로 물어본다. 만약 교사 또는 보육교사와 학교 일과에 관해 논의한다면, 결론적인 질문은 하루의 그 시간을 아동이 얼마나 잘 보냈는지에 대해 1~5의 척도로 적합성 정도에 관한 질문을 한다.
5. **걱정과 질문 바꾸기**. 일단 하루 전체 일과가 끝나거나 시간이 다 되면(예: 1.5시간이 지나면) 가족은 두 가지 질문에 답해야 한다.

   a. 당신은 밤에 잠자리에 누웠을 때 무엇을 걱정하나요?

   b. 만약 당신의 삶에 바꿀 수 있는 게 있다면 어떤 것을 바꾸고 싶으세요?
6. **요점의 반복**. 이는 면담에서 도출되는 중요한 정보의 요약이다. 이것은 하루 동안 각각 다른 시간에 아동이 독립적으로 앉는 것과 같은 아동 수준의 필요, 가족이 식사하는 시간이나 놀이 시간에 아동의 선호도를 알아내는 방법을 배우기 원하는 등 아동과 연관된 가족의 필요 혹은 부모가 아동 없이 서로 시간을 보내는 등 가족 수준의 욕구를 포함할 것이다. 면담자는 재빨리 별표를 한 모든 항목을 검토한다. 아무것도 쓰지 않고, 단지 종합해 보는 단계다.

7. **가족이 목표를 선택한다.** 요점을 반복한 후에 가족은 자신들이 하고 싶은 것을 나열해 달라고 하는데, 이는 위에서 언급한 세 가지 욕구를 포함한다. 만약 필요하다면 면담자는 노트를 보여 줘야 하는데, 특히 별표를 한 아이템들을 보여 줘야 한다.
8. **우선순위.** 일단 가족이 최소한 여섯 가지 결과목표와 목적을 설정하면, 가족들에게 중요한 순서대로 그것을 나열하도록 요청하라.

RBI의 규약(McWilliam, 2009a)은 시스킨 아동연구소(Siskin Children's Institute)에서 이용할 수 있는데, 이는 면담자가 가족과 나눈 대화를 문서화하는 데 도움을 주는 도구다. [그림 6-2]와 같이 순서에 따라 일반적 질문을 제공한다. 이 목록은 복사할 수 있으며, 면담 중에 참고자료로 이용될 것이다.

결과목표 작성

일단 결과목표가 도출되면 서비스 조정자는 **RBI 결과목표**를 IFSP에 기입해야 한다. 부모의 표현이 충분할지라도 서비스 조정자는 다른 팀 구성원과 결과물의 표현에 관해 자문을 구한다. 기능적 IFSP들과 IEP들을 활용하는 것은 7장에서 다루도록 하겠다.

전략과 검토

서비스 조정자는 다른 팀 구성원과 함께 결과목표의 표현, 그리고 필요하다면 목표에 관해 토의함과 동시에 그 전략에 관해 토론을 병행하게 된다. 초기 단계에서는 각각의 결과목표를 위해 오직 한두 개의 전략이 필요하다. 아동의 기능에 대해 모르면서 교수 계획을 기대하는 것은 비이성적일지 모른다. 검토는 적어도 6개월마다 행해져야 하나, 필요한 만큼 자주 이루어져야 한다.

RBI의 구조를 검토하기 위해 가족은 그들의 일과들을 보고하고, 아동 보육교사나 교사들은 교실 일과를 보고한다. 면담자 외에 참석한 다른 팀 구성원은 일과에 대한 논의 중에 질문을 하거나 정보를 제공할 수 있지만, 그 상황과 다른 개별적인 보고 시간을 갖지는 않는다. 모든 전문가들이 조언을 제공하지는 말아야 한다. 왜냐하면 그들이 그렇게 하자마자 상황이 바뀌기 때문이다. 즉, 가족은 자신감을 잃고 자신들이 일과 동안에 한 일에 대해 재확신을 얻기 바랄 것이다. 만약 가족이 구체적인 제안을 요구하면 면담자는 "매우 좋은 질문이네요. 제가 적어 놓을게요. 그리고 또 다른 팀 구성원이나 제가 나중에 답변을 드리죠."라고 말하는 것이 좋다.

1. 오늘 모임의 목적은 조기 중재에서 당신이 진짜로 원하고 필요한 것이 무엇인지 알아보기 위해 당신의 일상 활동들을 당신 가족과 함께 살펴보는 것입니다. 이것은 우리의 생각을 정리하기에 가장 좋은 방법입니다. 괜찮으시겠죠? 만약에 말씀하고 싶지 않은 것이 있으면 말씀하지 않으셔도 됩니다! 언제든지 그만두실 수도 있습니다. 괜찮으시죠? 마지막으로 우리는 당신이 그 팀이 해 주었으면 하는 항목의 목록을 보여드릴 겁니다. 만약에 오늘 내에 끝내지 못하면 다른 시간을 찾아보겠습니다. 그러나 오늘 중으로 끝내려고 노력하겠습니다. 그래서 되도록이면 빨리 중재를 시작할 수 있도록 하겠습니다.
2. 그럼 우선 당신이 주로 걱정하는 것이 무엇인지 질문하는 것으로 시작해 볼게요.
   a. [관심을 보이고 그러한 것들을 받아 적지만, 특별히 자세히 알아보지는 않는다.]
   b. [인터뷰 중 언제라도 부모가 뭔가 문제나 요구, 아니면 목표가 될 만한 것들을 말하면 나중에 쉽게 검색하기 위해 표시하라. 나는 그 옆에 별표를 그려놓는다.]
   c. [일상을 검토하면서 이런 것에 대해 더 많이 질문할 겁니다.]
3. 당신의 하루는 어떻게 시작되나요?
   a. [아동이 아닌 부모의 하루가 어떻게 시작되는지에 대한 토의임을 확실히 하라.]
   b. 다른 사람들은 무엇을 하나요?
   c. [만약 아이가 깨어 있다면 아이가 무엇을 하는지 설명을 듣고, 만약 이른 아침의 일과가 아동과의 상호작용에 관련되어 있다면 질문 5로 가시오.]
   d. [아이가 깨어 있는 것과 상관없이] 1~5점 척도로 당신은 하루의 이런 시작을 얼마나 좋아하십니까?
4. 다음엔 무엇을 하나요?
   a. [면담 내내 전환 질문들이 있으며, 면담자는 가족이 무엇을 하는지 추측하기보다 부모에게 그들의 일상을 그들이 하는 일의 순서를 포함하여 설명하도록 허락한다.]
   b. 뒤로 가서 당신의 아이에게 일어나는 일만 말씀하세요.
   c. [보통 부모님은 완급조절을 해야 합니다. 왜냐하면 그들은 아직 요구되는 상세한 수준을 모르기 때문입니다. 이러한 이른 아침의 일과들은 얼마나 많은 정보를 각각의 일과에 제공하는지 부모에게 보여 줄 시간들입니다.]

5. 다른 사람들은 무엇을 하고 있죠?
   a. [이러한 일과를 위해 가족들이 만족할 만한 정상적 조건을 결정하기 위해 노력하세요.]

6. 당신의 아이는 무엇을 하고 있죠?
   a. [개방형 질문에 대답하도록 한 다음, 필요하다면 이러한 다음 질문들에 대해 더 알아본다.]
   b. 이 활동에 당신의 아이가 어떻게 참여하나요?
      • [아이가 활발하게 참여하고 있는지, 단순히 참여만 하는지, 아니면 참여하지 않는지 밝혀내도록 하라.]
   c. 당신의 아이가 스스로 얼마나 하고 있나요?
      • [아이의 독립심에 대해 발달상 적합한 질문을 하라. 아이의 발달 상태를 알아야 한다.]
   d. 당신의 아이는 이 시간에 다른 사람들과 어떻게 상호작용(필요하다면 단순한 용어를 사용할 것) 하고 있나요?
      • [의사소통, 자기 규제, 협동 그리고 사회적 기술에 대해 발달상 적합한 후속 질문들을 하라. 일반적으로 일과 동안 다른 사람들과 잘 지내는지에 대해 물어보라.]

7. 1~5 척도로 하루 중 이 시간이 어떻게 잘 진행되고 있다고 느끼는가?
   a. [이것은 만족도 질문의 변형이다.]

8. [질문 5~7을 각 일과에 대해 반복하라.]
   a. [필요하다면] 저녁 준비 시간으로 건너뛰어 보죠[아니면 가능한 한 나중의 다른 일과로].
      • [어느 정도의 면담 후, 대화를 옮겨 진행하는 것도 필요하다.]

9. [마지막 일과 후에] 우리가 토의해야 할 다른 전형적인 일이나 활동이 있습니까?
   a. [만약 시간이라면 주말에 대해 물어보라.]

10. 그럼 일반적인 질문 몇 가지를 할게요. 당신은 밤에 깨어 있을 때 무엇에 대해 걱정하나요?
    a. [대답을 받아 적고, 적합하다면 그것을 걱정으로 표시해 두라.]

11. 만약 당신의 삶에서 바꾸고 싶은 것이 있다면 그것은 무엇인가요?
    a. [대답을 받아 적고, 적합하다면 그것을 걱정으로 표시해 두라.]

12. 이제 당신이 언급한 염려들에 대해 되짚어 보고 상기시켜 드리겠습니다.
    a. [표시된 목록을 재검토하여 부모들이 그것들을 볼 수 있게 하라. 부모가 면담 진행자의 노트를 보고 있음. 이것은 실용적으로나 상징적으로도 중요하다.]
    b. [부모들은 때때로 자세하게 말할 것이다. 그러나 후반기에는 격려되지 않는다.]

결과목표 선택

13. [노트를 내려놓고] 이제 해야 할 일들의 실제 목록에서 당신이 되고 싶은 것이 무엇인지 듣고 싶어요.
    a. [부모가 선택한 것을 받아 적고, 만약 필요하다면 표시해 둔 항목들을 언급하라.]
    b. [만약 부모가 기능이나 상황과 관련이 없는 기술에 대해 언급한다면(예: "난 그 아이가 말을 할 수 있길 원해요."), 하루 중 어떤 시간이 그 아이가 그 기술을 하는 데 도움이 될 것인지를 물어보라.]
    c. [만약 부모가 기능과 관련이 없는 서비스에 관해 언급한다면(예: "난 단지 그 아이가 물리치료를 받기를 원해요."), 어떤 기술이 도움이 될는지, 그리고 만약 필요하다면 하루 중 어떤 시간에 그 기술이 유용할지를 물어보라.]

14. [6~12개의 우선순위가 나열되고 더 이상 나올 것이 없어 보이면] 이제 이 목록을 중요한 순서대로 정해 보죠. 이 중에서 당신에게 가장 중요한 것은 무엇인가요?
    a. [1번을 우선순위에 적고] 다음은 무엇이죠?[목록 전체를 계속하라.]

15. 이것은 해야 할 중요한 목록입니다. 제가 다른 팀 구성원들과 자문하고 다음번엔 우리가 만나서 이런 것을 다루기 시작할 전략들에 대한 그들의 의견과 당신의 의견을 적어 볼 것입니다. 그때 우리는 이러한 우선순위 혹은 결과들을 다룰 때 필요한 서비스들을 결정하게 될 겁니다.

[그림 6-2] 공통적 일과 기반 면담(순서대로)

면담 전략

바람직한 면담은 아동 발달을 인식하고, 가족 기능을 이해하고, 좋은 대인관계 기술을 가질 것을 요구한다. 이는 위에서 언급한 구조 내에서 적절한 질문을 요구한다. 다음 면담 행동들은 성공적인 RBI에 중요하다.

- 자연스럽고 비공식적인 것이 좋다.
- 부모를 자연스럽고 편안한 환경에 있게 하라.
- 부모가 말할 때 눈을 바라보라.
- 전문 용어를 피하라. 만약 부모가 전문 용어를 사용한다면 의미가 무엇인지 물어보라.
- 고개를 끄덕이거나 다른 방법으로 부모가 말하는 것을 확인하라.
- 때때로 부모가 그의 가족에게 하는 것에 관해 감탄과 존경을 표현하라.
- 부모가 어떻게 느끼는지 이해를 표현하라(예: "저는 당신이 그것을 정말 좋아한다고 확신합니다." 또는 "정말 당혹스러우셨겠어요."). 좀 더 안전하게 부모가 어떻게 느끼는지 물어보라.
- 거리가 있더라도 평평한 종이를 놓아 부모가 어떤 내용을 쓰는지 볼 수 있게 하라.
- 개인적인 연락처를 찾고, 매우 간결하게 '자기 공개'를 간결하게 사용하라(전문가에 대해 가족에게 개인적 정보를 알 수 있게 하는 어떤 행동이나 발음). 또는 '자신을 위한 치료 사용'(지식의 축적 적용하기, 전문적 교육과 훈련으로부터의 기술)
- 만약 부모가 울면 대화를 멈출지 물어보라.
- 만약 부모가 감정적이 되면 주제를 바꾸거나 다른 얘기를 해도 되는지 물

어보라.

- 만약 한 부모와 면담한다면 가능한 한 다른 부모에 대한 비판적 토론과 연계된 질문을 삼가라.
- 만약 면담이 긴 시간을 소모한다면 특정한 일과로 화제를 돌려라. 목표는 90분 안에 끝내는 것이다.
- 부모에게 얼마나 자세한 것을 요구하는지를 보여 주기 위해 면담을 시작할 때 자세한 질문들을 하라.
- 일과마다 6개의 질문 구조를 기억하라.
  1. 다른 사람들(부모, 형제, 다른 급우)은 그 시간대에 무엇을 하는가?
  2. 아동은 무엇을 하는가?
  3. 아동의 참여는 어떤가?
  4. 아동의 독립성은 어떤가?
  5. 아동의 사회적 관계는 어떤가?
  6. 하루의 이 시간과 관련해서 얼마나 만족하는가? 혹은 이 일과가 아동(교실)에게 얼마나 잘 맞는가?

놓친 질문들

만약 면담의 골격을 제공하더라도 면담을 똑같이 진행할 수는 없다. 그래서 '반구조화된 면담'이라고 부르는 것이다. 후속 질문들이 사람마다 모두 다르기 때문이다. 따라서 관찰자는 필연적으로 어떤 질문들은 하지 않았다고 생각할지도 모른다. 그렇다! 모든 가능한 질문들을 다 할 수 있는 방법은 없다. 그러나 그 정도는 수용될 수 있다. 한편으로, 이것은 과정의 힘을 보여 주는 것이다. 심지어 다른 면담자가 다른 질문을 하더라도 1) 기능적 결과목표의 목록이 드러나고, 2) 방대한 양의 관련된 정보들이 논의되고, 3) 짧은 시간에 긍정적인 관계가 형성된다.

전문가들 사이의 가장 일반적인 염려 사항

많은 전문가들은 가족이 관련 없는 우선순위를 선택하거나, 잘못된 우선순위를 선택할까 봐 염려한다. 예를 들면, 가족이 아이가 45초 안에 8개의 블록을 쌓기 원한다고 말할 때, 면담자는 아마도 마음속으로 왜 그것이 중요한지 의아해할지도 모른다.

첫째, 이러한 우려는 때때로 적격성 진단평가에서 발견된 것과 RBI에서 나온 결과목표 사이의 부조화와 관련이 있을 수 있다. 이러한 잘못된 조합은 아마도 진단평가들의 상이한 목적들을 드러내는 것일지도 모른다. 전자는 정상상태와 연관된 상태를 결정하는 것이고, 후자는 일과 내에서의 기능적 필요를 결정하는 것이기 때문이다. 서로 다른 목적으로 행해진 평가는 하고자 하는 것에 대해 다른 의견을 창출할 수 있다. 여기서 설명하는 모델은 명백하게 검사에 기초한 결점보다는 일과에 기초한 필요에 중점을 두고 있다.

둘째, 이 분야에서는 서비스를 위한 적격성과 서비스의 필요성 사이에 혼동이 만연하다. 예를 들어, 아동이 언어치료 서비스를 받을 자격이 있다고 해서 그 아이에게 언어치료가 꼭 필요한 것은 아니다. 사실, 조기 중재에서 서비스를 위한 '필요'를 결정하는 기준은 없다. 그것은 임상적 판단의 문제다. 전문가들은 '필요한 서비스'라는 단어 사용을 가능한 한 삼가야 한다. 그 대안으로 서비스가 필요, 목표, 결과목표를 달성하는 데 도움이 될지 모른다고 말하는 것이 더 좋을 것이다. 물론, 이는 서비스를 지불하는 사람들이 조기 중재가 필요 없다는 개념을 오용해서 그 서비스 비용을 지불하지 않을 것을 우려하기 때문에 대중적인 개념이 아니라는 것은 이해할 만하다. 그러나 여기서 말하는 구체적인 것은 서비스를 위한 자격을 서비스를 위한 필요성으로 해석해서는 안 된다는 것이다.

셋째, 가족이 우선순위, 결과목표 또는 목표로 발달 기술들을 지목하지 않았다고 해서 아무도 그것을 다루지 않는다는 의미는 아니다. 아이들의 IFPS와 IEP에 적혀 있지 않다고 하더라도 아이들에게 많은 학습 기회가 주어진다. 예를 들어, 의사소통 발달에 지체가 있다고 확인된 아동에게 가족이 의사소통 기술에 관한 것은 아무것도 선택하지 않고, 먹기, 기기, 장난감 가지고 놀기 같은 다양한 다른 결과목표들을 선택할지 모른다. 그러면 이 경우 팀 구성원들은 언어에 대해서는 아무것도 할 수 없다는 것일까? 아니다. 전문가들은 매 일과에서 가장 자연스러운 학습 기회를 만들기 위해 가족과 함께 일한다. 가족의 우선순위를 다루기 위해 전문가들은 가족에게 식사와 기기, 그리고 장난감 놀이와 관련된 의사소통을 촉진하고, 아이에게 함께하는 것들에 대해 이야기 나누기를 격려한다. 그래서 전문가들은 가족이 선택할 것이라고 생각했던 것을 선택하지 않았을 때 안심할 수 있다.

넷째, 가족이 더 많은 정보를 얻을수록 그들은 RBI 때 중요하지 않았던 정보들을 덧붙일 것이다. '결정적 시기'에 관해 우려하며 조기에 중재하려고 하는 조기 중재가들은 어느 정도 안심할 수 있다(여기에 이런 주제가 있다). 왜냐하면 결정적 시기에 관한 생각이 더 관용적인 '기회의 창'(Bailey, 2002)이라는 개념으로 폭넓게 대체되었기 때문이다. 경험이 도움이 되지 않는 시기는 없고, 그 어떤 것도 특정 나이대에 먼저 결정되는 것은 아니며, 그 누구도 특정 나이대에 결정되는 발달 영역(예: 아동의 지능, 성격)의 비율을 측정하지 못한다.

다섯째, 전문가들은 자신들이 가지고 있는 어떠한 정보든 가족에게 제공할 윤리적 의무가 있으나, 아동이 처음으로 서비스에 들어왔을 때 정보를 전달할 기회가 없었고, 시간이 지날수록 가족은 그들이 원래 선택하지 않았던 기술의 중요성에 관해 알게 될지도 모른다. 전문가들은 부모들에게 알려줄 것들에 대해 매우 조심스러울 필요가 있는데, 이것은 여섯 번째 관점과 관련이 있다. 그것은 부모의 아이이지 전문가의 아이가 아니라는 점이다. 그러므로 RBI의 막바지에 가족들이 밝힌 의견의 목록들은 가족들의 기능적 필요에 타당하게 반영될 것이다.

결과목표 목록 실례

다음 목록은 가족과 실제로 면담한 내용으로 작성되었다. 자세한 내용은 조금 변형했지만, 이러한 예시들은 명백한 결과목표의 기능성, 구체적 수준, 그리고 가족 결과목표의 정도를 보여 준다. 측정력을 위한 요소를 포함한 각 결과물의 목적과 그것이 IFSP나 IEP에 어떻게 반영되는지는 7장에서 논의하도록 하겠다.

메리에 대한 가족의 결과목표들(엘리엇의 어머니)

1. 엘리엇은 물건을 안팎으로 옮길 것이다(예: 계단 올라가기).
2. 엘리엇은 밖에 나가 다른 질감 위에서 걷거나 놀 것이다.
3. 가족은 왜 엘리엇이 자신이 먹을 수 있는 양보다 덜 먹는지 그 이유를 알아낼 것이다.
4. 엘리엇은 다양한 음식을 먹을 것이다.
5. 엘리엇은 손가락으로 음식을 집을 것이다.
6. 메리는 엘리엇이 교회에 참석하도록 할 것이고, 그것은 그녀가 교회에 참석하는 것을 더욱 쉽게 해 줄 것이다.
7. 엘리엇은 식사, 옷 입기 그리고 나가 놀 때 선택을 할 것이다.

크리스에 대한 우선순위(조슈아의 어머니)

1. 조슈아는 기거나 서고 걸을 것이다(독립적으로 움직임).
2. 조슈아는 예, 아니오, 엄마, 아빠를 포함하는 수화를 사용할 것이다.
3. 크리스는 치료사들과 연락할 것이다.
4. 조슈아는 몸무게가 늘 것이다.
5. 조슈아는 밤에 협동적으로 장난감을 가지고 놀 것이다.
6. 조슈아는 밤새도록 침대에 있을 것이다.

샌디에 대한 우선순위(브라이스의 어머니)

1. 브라이스는 식사시간, 아침, 밤에 의사소통을 할 것이다. 그리고 언제든지 자신의 필요나 요구를 표현할 것이다.
2. 브라이스가 맨발로 집안에서 빨리 걸을 때, 넘어지지 않을 것이다.
3. 브라이스는 스스로 셔츠와 바지를 입을 것이다.
4. 브라이스는 자신의 엄지손가락을 빨지 않고, 이야기를 듣거나 놀 것이다.
5. 브라이스는 목욕할 때 협조적일 것이다.
6. 샌디는 캘리스터(브라이스의 자매)에게 비명을 지르지 않고 대화하는 방법을 가르칠 것이다.
7. 샌디와 러스티(브라이스의 아버지)는 자녀들을 돌보기에 적합한 시설을 찾을 것이다. 그래서 부부는 자녀들 없이 함께 시간을 보낼 수 있을 것이다.

트레이시에 대한 우선순위(카바노프의 어머니)

1. 카바노프는 사회적으로 바람직해지기 위해 식사시간을 포함해 자신의 혀를 내밀지 않을 것이다(유지할 것이다).
2. 카바노프는 식사를 하는 동안 장난감을 들거나 음식을 집거나 숟가락을 잡고 있을 것이다.
3. 카바노프는 높은 의자, 목욕 의자 그리고 혼자서 아기 침대에 앉을 것이다.
4. 카바노프는 영양을 섭취하고, 숟가락으로 수유와 식사를 할 때 입술을 꼭 다물 것이다.
5. 카바노프는 혼자서 놀기 위해 장난감을 가지러 기어 갈 것이다.
6. 카바노프는 가족과 놀 때, 옹알이를 하거나 입으로 소리를 낼 것이다.
7. 가족은 발달 기구를 놓기 위한 더 많은 공간 확보를 위해 집을 개조할 것이다.
8. 카바노프는 지금 이 순간을 더 즐기기 위해 아버지인 제프가 준 주스를 병으로 마실 것이다.

스테이시에 대한 우선순위(마커스의 어머니)

1. 가족은 자신의 침대에서 밤새도록 잘 것이다.
2. 마커스는 독립적으로 걸을 것이다(집 밖, 마당에서 놀 때, 집 안에서).
3. 마커스는 병을 사용하지 않고 마실 것이다.
4. 마커스는 혼자서 놀 것이다.
5. 마커스는 더 많이, 더 분명하게 말할 것이다.
6. 마커스는 스스로 숟가락을 사용해 먹을 것이다.

니콜에 대한 우선순위(노마의 어머니)

1. 노마는 무엇인가를 당겨서 일어날 것이다(독립적 놀이).
2. 노마는 독립적으로 움직일 것이다(기어 다닐 것이다).
3. 노마는 복잡한 장난감을 독립적으로 가지고 놀 것이다.
4. 노마는 수저를 가지고 독립적으로 음식을 먹을 것이다.
5. 노마는 자신이 원하는 것을 한 단어로 말할 것이다.
6. 노마는 수건을 사용할 것이다.
7. 니콜은 교회 경험으로부터 더 많은 것을 얻을 것이다.

테리에 대한 우선순위(조니의 어머니)

1. 조니는 단어들을 말할 것이다.
2. 조니는 안정적으로 걸을 것이다.
3. 테리는 자녀들이 모두 있는 아침 또는 방과 후에 시간표를 짤 계획을 가지고 있다.
4. 테리는 조니의 발달에 관해 정서적으로 지지를 느낄 것이다.
5. 조니는 손가락으로 장난감이나 음식을 집어 들 것이다.
6. 테리는 조니와 조네시아(조니의 누이)를 위해 학교에 관한 정보를 얻을 것이다.
7. 테리는 학위를 따기 위해 공부를 지속할 것이다.

실행

중재 계획 과정에서 RBI는 언제 시행되어야 하는가? 옵션은 접수 단계, 평가 그리고 평가와 IFSP 미팅 사이, IFSP 미팅 기간 동안, ISFP 미팅 이후 등을 포함한다. 각각의 단계는 장점과 단점을 가지고 있으며, 어디에 RBI를 넣을 것인지는 지역적인 판단에 따른다. 사실, 프로그램과 지역사회가 스스로 설정하는 것이 최고의 방법이다. 다음 내용은 각 조건의 찬성과 반대에 관한 몇몇 논의인데, 이러한 결정 과정에 도움을 줄 것이다.

접수(단계)

RBI는 접수 단계 방문의 목표라고 할 수 있는, 가족을 알아 가는(가족에 대한 정보를 얻을 수 있는) 가장 효과적인 방법이다. 하지만 접수 단계에서는 가족의 권리에 대한 설명, 조기 중재에 대한 설명, 그리고 엄청나게 긴 시간이 걸릴 수도 있는 평가에 대한 동의를 얻는 것과 같이 상당히 많은 공식적인 절차들이 필요하다. 이것은 특히 높은 긍정적 오류에 대해 의뢰하는 프로그램에는 문제가 될 수 있다(예를 들면, 진단평가 결과 지체가 발견된 경우에도 10% 이상이 서비스를 위해 부적격으로 판명되는 경우가 많다). RBI는 과도하게 많은 적격성이 없는 가족에게 사용될 경우 많은 시간 낭비를 야기한다. 따라서 대부분의 경우 접수 단계는 RBI를 시행하기에는 적합한 조건이라고 할 수 없다.

평가

만약 발달지체로 의뢰된 아이들을 위해서만 필요한 적합성을 위한 진단평가가 충분히 빠르게 이뤄질 수 있다면, RBI 역시 실행 가능하다. 하지만 일반적으로는 방문을 길어지게 만든다.

점차적으로 지역사회들은 RBI 동안 제공된 정보로부터 검사도구를 채점한다. 따라서 면담을 통해 많은 테스트가 사전에 제거된다. 소수의 항목들만 면담한 후에 추가로 검사가 필요할지도 모르지만, 이것은 일석이조의 효율적인 방법이 될 수 있다. 여전히 그 방법은 단순히 상황과 분리된 것에서 벗어난 검사보다는 기능적인 면담, 필요 기반 평가가 될 수 있는 평가기간의 중요성을 강조하는 것을 의미한다. 이러한 적용은 상당히 높은 적격성을 가진 아동들에게만 효율적일 수 있다. 그렇지 않다면, 면담에 많은 비용을 요구한다. 만약 프로그램이 적합성 테스트를 거친 아동의 10% 이상이 부적합하다는 사실을 발견할 경우, 먼저 진단평가를 하거나 접수 단계에서 기관의 선별검사를 거쳐야 한다. 대부분 발달지체로 의뢰되어 적격성을 발견하게 되는 프로그램에서는 RBI 동안 검사도구의 점수를 매기는 것이 점차 대중화되고 있다.

진단평가와 IFSP 사이

평가를 온전하게 유지하기 원하는 프로그램들의 경우, 하나의 옵션은 평가와 IFSP 미팅 사이에 또 다른 회의 일정을 잡는 것이다. 의뢰와 IFSP 미팅 사이의 45일이라는 기간 제약 때문에 이것은 어려운 일이 될 수 있다(역자 주: 미국 IDEA법에서는 의뢰 후 45일 안에 평가가 이루어지도록 요구하고 있다). 하지만 진단평가를 위한 검사와 면담을 동시에 하는 것보다 공식적인 검사를 별도로 하는 것이 더 나을 수 있다. 둘 다 하루에 다 하는 것은 검사부터 먼저 시작하는 것을 의미하는데, 이것은 시작부터 전문가들이 그들의 검사도구를 가지고 있다는 것이 아동에 대한 중요한 정보를 가지고 있다는 느낌을 줄 수 있다. 그렇게 되면 가족들이 아이에 대해 설명해 주는 것에 대한 가치에 확신을 줄 수 있을 것이다.

우호적 충고

몇몇 조기 중재가들은 일과에 대한 정보를 통해 진단평가에서 나온 결과목표가 적용될 하루 중의 시간을 설정하려고 시도한다. 즉, 아동을 검사하고, 목표를 제안하고, 기술을 가르칠 일과들을 찾게 된다. 이것은 완전히 잘못된 방향이다. 목표는 일과 동안의 필요에서 기인해야 하는 것이지 검사에서 기인하는 것이 아니다. 일과들은 사후에 추가되거나 단순히 상황에 적용하는 것이 아니다. 일과들은 필요를 발견하는 최초의 시작점이다.

IFSP 회의

몇몇 프로그램은 IFSP 회의의 한 부분으로 RBI를 실시한다. 이렇게 되면 하나의 회의에서 하나 이상의 것을 하는 다른 옵션들처럼 지나치게 긴 회의가 되는 똑같은 어려움을 야기한다. 이러한 두 가지 기능을 합쳐서 하게 될 때의 이점은 RBI가 결과목표를 산출하게 되면 그것을 IFSP에 진행할 수도 있다는 것이다. 많은 전문가들은 결과목표 선택과 IFSP 미팅 사이에 몇몇 작업을 하는 것이 도움이 된다는 것을 알고 있다. 그들은 결과목표들을 더 잘 측정할 수 있도록 표현을 바꾸어 말할 수 있고, 아마도 각각의 결과목표에 대한 하나 혹은 두 가지 전략을 탐구할 수 있다. 물론, 이러한 사전 IFSP 작업은 가족이 재검토할 수 있다. 전문가들은 가족으로부터 분리되어 이러한 작업을 하는 것에 대해 걱정하지 않아도 되는데, 왜냐하면 결과목표는 가족이 정하는 권한을 가지고 있다는 데 달리 여지가 없기 때문이다. 게다가 RBI는 상황과 기능적인 필요를 제공하므로 서비스 조정자는 가족의 요구에 부합하는 전략과 표현들을 제안해야 할 것이다. IFSP 미팅에서 실황으로 해야 하는 압박 없이 하는 것이 더 쉬울 것이다.

IFSP 이후

경우에 따라 프로그램들은 IFSP 이후에 RBI를 선택하기도 하는데 이것은 문제가 많다. 가장 분명한 문제점은 결과목표가 RBI로부터 도출되는 것이므로 팀은 RBI가 끝나는 대로 바로 결과목표를 수정해야 한다. 때때로 그들은 (특별히 그들이 무시하는) IFSP 미팅에서 제안된 결과들과 RBI에서 제안된 결과목표들과 함께 그림자 IFSP와 일해야 한다.

왜 조기 중재가들은 이렇게 하는 것일까? 만약 그들이 IFSP 과정에 관한 통제 능력을 가지고 있지 않은 시스템 하에서 일하거나 RBI를 거부하는 사람들과 작업을 하게 되는 경우, 그들에게는 다른 선택 조건이 거의 없다. 또 다른 이유는 서비스 제공자들이 IFSP 미팅까지 정해지지 않았거나, 다른 사람들이 평가나 진단, IFSP 개발에 연관되어 있을 경우다. 서비스 제공자들은 RBI에서 도출한 모든 정보를 듣기 원한다. 그래서 이러한 경우에 면담자가 되기를 원하는 것이 이슈가 된다.

언제 RBI를 수행하느냐는 어디까지나 지역적인 문제다. 두 가지 가장 성공적인 방법은 평가와 IFSP 미팅 사이에 RBI를 위한 추가적인 미팅을 설정하는 것, 그리고 RBI와 평가를 혼합하여 RBI 기간 동안 검사도구로 점수를 매기는 것이라고 볼 수 있다.

RBI와 관련해서 많은 사람이 참석할 수 있다. 가족들은 가족 중 누가 참여할지 결정하게 된다. 아이가 그곳에 있어야 할 필요는 없다. RBI의 일정을 계획할 때, 전문가들은 최소한의 간섭과 함께 가능한 한 어수선하지 않은 환경 제공을 요청하도록 제안받는다. 전문가는 이것을 정규적인 가정방문 기간 동안에는 가족에게 요구하지 않지만, RBI는 1년에 한 번 혹은 두 번 정도 하게 된다. 가족에게 방해가 될 가능성을 줄이도록 요청하는 것은 바람직하다. 만약 가족이 자녀를 돌봐주거나 다른 간섭들을 다룰 수 있는 사람을 찾지 못해도 괜찮다는 것을 다시 확인해 주어야 한다. 전문가와 관련해서는 한 명도 가능하지만 이상적인 것은 두 명이다. 만약 RBI가 다학문적 평가의 일부분으로 사용되고 있다면(즉, 그 정보가 IFSP의 현재 기능 수준의 부분에 들어갈 것이라면), 다른 분야(훈련)를 담당하는 두 명 혹은 그 이상의 전문가들이 필요할지도 모른다. 두 번째 사람은 질문하거나, 메모를 하거나, 방해요인을 조절하거나, 그리고 아마도 발달 테스트를 기록하는 것을 도울 수 있다(비록 혼자서 진행해야 할지라도).

다른 이유들로는 프로그램에 참여하는 아동들을 위한 실행 문제를 검토하기 위해 무엇보다 형성된 위험(때로는 의학적 진단으로 알려져 있는) 조건들을 고려해야 한다. 파트 C에 들어오는 모든 아동들과 마찬가지로 그들은 MDE(다학문적 평가)를 제공받을 필요가 있다. 이것은 법의 별난 측면이다. 왜냐하면 적합성을 위해 필요한 모든 것은 발달장애와 관련된 아동들의 진단(서)을 언급하는 의학 보고서라고 볼 수 있다. 이미 형성된 조건을 가진 아동들은 MDE(두 가지 서로 다른 전문 영역을 대표하는 사람들에 의한 다섯 가지 발달 영역에서 현재 수준을 위한 진단평가)를 필요로 하지만, 반드시 검사를 받을 필요는 없다. 점수를 매기는 것은 이 아동들에게 더 이상 필요한 것이 아니므로 RBI는 현재 기능 수준에 대한 설명을 들을 수 있는 한 가지 방법이다.

FINESSE의 항목들

아래 언급되는 것들은 중재 계획을 위한 평가와 관련된 FINESSE에 대한 여러 가지 항목을 의미한다. 이것은 다른 평가들의 목적을 혼동하는 문제들을 다루고 있다. 프로그램의 편의상 표준화된 검사도구로 많은 아동을 테스트해야 하므로 테스트 결과들 중 아동들이 집중해야 할 필요가 있는 것이 무엇인지 결정하는 데 사용한다. 어찌되었든 간에 교육과정 기반 검사도구들은 규준참조검사나 진단검사 도구들보다 어떤 면에서는 더욱 기능적인 항목(역할)들을 가지고 있지만, 여전히 일상에서 아동들이 성공적으로 기능하는 데 필요로 하는 것이 무엇인지를 평가하기에는 부족한 면이 있다. 중재 계획을 위한 가장 기능적인 진단평가는 참여, 독립성 그리고 사회적 관계들에 초점을 둔 RBI가 되도록 고려된다.

1. 오직 **전통적 발달 영역들**에 초점을 맞춘 표준화된 도구만 중재 계획에 사용된다.
3. 전통적 발달 영역들에 초점을 맞춘 **커리큘럼 기반 도구**가 중재 계획에 사용된다.
5. 전통적 발달 영역들과 가족의 기능, 아동의 참여, 사회적 관계 그리고 독립성에 초점을 둔 커리큘럼 기반 도구들과 일과 기반 면담이 **모두** 중재 계획에 이용된다.
7. 가족의 기능, 아동의 참여, 사회적 관계 그리고 독립성에 초점을 맞춘 **RBI**가 중재 계획에 사용된다.

RBI와 연관된 또 다른 FINESSE 항목은 중재 계획 미팅에 대한 것이다. RBI는 IFSP 미팅과 분리된 별도의 미팅이라고 할 수 있지만, 이 항목은 IFSP에서 진행되는 것과 관계된 토론에 관한 것이다. 대부분의 미팅은 테스트 결과나 아동들의 진단에 상응하는 서비스를 논의하는 전문가들에 의해 많은 이야기가 있을 것이다. 어떤 미팅에서는 가족들이 논의에서 능동적인 역할을 하기도 한다. 가장 바람직한 미팅은 가족이 일상을 토론하고 전문가들은 정보와 우선순위 그리고 선호를 찾아내는 것이다.

1. IFSP/IEP 미팅 동안에는 **주로** 전문가들이 검사 점수와 프로그램에서 제공된 서비스를 논의하고, 부모들은 경청한다.
3. IFSP/IEP 미팅 동안 전문가들은 **때때로** 검사 점수를 논의한다. 미팅은 아동의 결핍과 서비스에 초점을 맞추고, 부모는 대부분 경청한다.
5. IFSP/IEP 미팅 동안 전문가들은 **아이와 가족의 필요 그리고 기능적인 중재 전략들을 논의**하고, 부모들은 토론에 능동적으로 참여한다(일과 기반은 아니다).
7. IFSP/IEP 미팅 동안 부모들은 일과와 우선순위 그리고 관심사들에 대해 논의하고, 전문가들은 **질문을 하거나 경청한다.**

RBI와 연관된 FINESSE의 세 번째 항목은 결과목표와 목적 선택에 관한 것이다. 불행하게도 몇몇 결과목표는 검사결과로 직접 선택된다. 나머지는 전문가들의 추천에 의해 얻어진다. FINESSE에 대한 적용은 그러한 추천들이 언제나 가족의 관심사에 바탕을 둔 것은 아니며, 이 항목에 대한 다른 반응 선택이기도 하다. 가장 추천하는 실제는 RBI로부터 도출된 결과를 선택하는 것이다. 왜냐하면 그 결과들은 기능적이고, 필수적이며, 가족의 삶의 질과 연관되어 있기 때문이다.

1. 결과목표와 목표는 **검사와 교과 과정, 점검표**로부터 선택된다.
3. 결과목표와 목표는 **전문가의 추천**으로 선택된다.
5. 결과목표와 목표는 **가족의 관심사**(일과 기반 면담이 아니다)로부터 선택된다.
7. 결과목표와 목표는 RBI로부터 선택된다.

RBI와 관련된 네 번째 FINESSE는 가족의 결과목표와 목표를 포함하는 것이다. 전통적인 실제에서는 오직 아동의 결과만 계획에 들어 있었다. 적어도 한 주에서는 아동과 가족의 결과목표들은 IFSP에서 따로 분리되어 있다. 아동의 결과목표는 결과목표 페이지에 있고, 가족의 결과목표는 관심사와 우선순위 그리고 자원의 선택 안에 내재되어 있다. 이는 아동의 결과목표들이 가족의 결과목표들보다 더욱 중요하다는 것을 나타내며, 달성 기준 같은 모든 결과의 구체적인 요구사항들은 오직 아동들의 결과에 해당되기 때문이다. 아동의 발달과 관련된 가족 결과목표들(예: 어머니는 아이가 혼자서 먹는 것을 가르치는 교수 전략을 배울 것이다)은 실제로 가족 구성원들의 필요에 관한 것은 아니다. 누군가는 위의 예가 아동의 결과로 언급될 수 있었다고 주장할 수도 있다. 에릭은 스스로 먹을 수 있을 것이다. 그리고 전략은 어머니가 어떻게 그를 가르쳐야 하는지를 배우는 것이 된다.
가족 참여 결과목표들은 가족의 역할이 전문가를 도와주는 것이라는 통념에 위배되는 것이다. 그것을 가족 결과목표들의 궁극적 실제와 비교해 보자. 아동과 연관되지 않은 결과목표들이 아동의 결과들에 포함되어 있다. 예를 들어, 만약 그것이 어떤 간접적인 방법으로 아동의 발달에 도움을 준다면, 새로운 직장을 구하는 아버지에 관한 결과(결과물)는 적합한 가족 결과가 될 수 있다.

1. 오직 **아동**의 결과와 목표만이 IFSP/IEP에 포함된다.
3. 오직 **아동과 연관된 가족**의 결과와 목표만이 IFSP/IEP에 포함된다(아동의 목표와 함께).
5. 가족 **참여** 결과와 목표 그리고 아동과 관련된 가족의 목표들은 IFSP/IEP에 포함된다(아동의 목표와 함께).
7. 아동과 **연관되지 않은** 가족 목표가 IFSP/IEP에 포함된다(아동의 목표와 함께).

〈부록 6-2〉에 있는 RBI 이행 점검표는 RBI를 하기 위한 필수적인 모든 과정을 제공한다. 또한 'RBI와 유사한 것'으로부터 RBI와 실제로 상응하는 연습(절차)을 분리하는 데 도움을 준다.

RBI에 관련한 테스트

1. 조기 중재에서 RBI는 _____을(를) 의미한다.
   a. 타점을 내는 것(runs batted in)
   b. 일과 기반 중재
   c. 튼튼한 가봉질을 하는 것(robust basting implement)
   d. 일과 기반 면담

2. RBI는 아이들의 기능을 _______에서 강조한다.
   a. 가정 일과들
   b. 교실(예: 유아원) 일과들
   c. 지역사회(예: 가게, 놀이터, 도서관) 일과들
   d. 위의 보기 전부

3. RBI에 관한 연구는 _________는 것을 보여 준다.
   a. 가족들은 RBI가 사용되었을 때 그렇지 않았을 때보다 IFSP 과정에 대해 더욱 만족했다
   b. RBI가 사용되지 않았을 때보다 더 좋은 결과를 냈다
   c. IFSP 과정이 RBI가 없는 것보다 있는 것이 더 신속했다
   d. 비RBI IFSP처럼 동일한 숫자의 결과목표를 가졌다

4. RBI 상황에서 일과란 _________.
   a. 조기 중재 전문가가 가족들에게 실행하라고 제안하는 절차들이다.
   b. 가족들이 전형적인 일상에서 자연스럽게 하는 것이다.
   c. 언제나 똑같이 행해지는 하루의 시간들이다.
   d. 체육관에서 여러 가지 묘기를 행하는 기구들이다.

5. RBI를 목적으로 가족들을 준비시키기 위해 전문가들은 __________ 수 있다.
   a. 아동 진단평가 결과를 가져올
   b. 가족들에게 가족 준비 양식을 줄
   c. 그들과 함께 하루를 검토하는 리허설을 할
   d. 그들에게 IFSP 양식을 줄

6. RBI는 ____________(이)다.
   a. 비구조화된 대화
   b. 구두로 진행되는 질문지
   c. 반구조화된 면담
   d. 구조화된 면담

7. RBI를 활용해 하루를 보내기 위해 면담자는 ______________.
   a. 다음에 무엇이 일어나는지 물어보아야 한다.
   b. 가족들에게 물어볼 일과들의 목록을 가지고 있어야 한다.
   c. 가족들이 원하는 어떤 순서든지 그들의 하루를 말하도록 해야 한다.
   d. 각 일과마다 10분씩 할당해야 한다.

8. 각각의 일과에 대해 토론할 때, 면담자는 아동의 ______에 대해 알아내야 한다.
   a. 독립심
   b. 사회적 관계
   c. 참여
   d. 위 보기 전부

9. 면담에서 얻어진 정보는 __________에 담아내야 한다.
   a. 일상 일과 양식
   b. 염려되는 것들을 별표로 표시한 서술적 노트
   c. IFSP의 가족 진단 섹션
   d. 녹음기

10. 가정의 일과들에 관한 가족들의 만족도는 ________.
   a. 기록되지 않는다. 면담자는 주의 깊게 경청해야 한다.
   b. 가족에 의해 1~10 척도로 평가된다.
   c. 가족에 의해 1~5 척도로 평가된다.
   d. 추측에 근거해 면담자가 1~5 척도로 평가한다.

11. 걱정과 변화에 관한 질문들은 ___________.
   a. 대부분 가족들에게 하기에 너무 침해적이다.
   b. 가족들의 감정을 다루기 싫어하는 전문가들이 해서는 안 된다.
   c. 가족들의 바람들과 관련해서 매우 중요한 정보를 줄 수 있다.
   d. 참견하기 좋아하는 면담자들의 오지랖이다.

12. 재정리는 ________.
   a. 면담 중에 떠오른 염려들의 목록이다.
   b. 면담 중에 토의된 것에 대한 주의를 환기시키는 것이다.
   c. 면담 중 선택된 결과목표들의 검토다.
   d. 병뚜껑을 바꾸는 것이다.

13. RBI에서 결과와 목표는 ________.

a. 팀에 의해 선택된다.

b. 아동에 의해 선택된다.

c. 주에서 승인한 결과와 목표 은행에서 뽑아 쓴다.

d. 가족에 의해 선택된다.

14. 면담을 진행하는 것과 관련해 다음 중 사실이 아닌 것은?

a. 적절하게 자연스럽고 비형식적이다.

b. 신뢰를 형성하기 위해 전문적 용어를 사용하라.

c. 부모가 말할 때 그의 눈을 응시하라.

d. 부모가 말하는 것에 고개를 끄덕이고 다른 방법들로 확인해 준다.

15. 만약 면담자가 어떤 것에 관해 질문하는 데 차질을 빚는다면 ________.

a. RBI를 다시 실시해야 한다.

b. 6개 미만의 결과들만 허용된다.

c. 면담 결과에 영향을 미쳐서도 안 되고 미치지도 않는다.

d. 면담자는 그것에 관해 질문을 시도하기 위해 되짚어가야 한다.

16. 만약 체증된 결여와 관련하여 부모가 결과목표를 선택하지 않는다면 ________.

a. 그 결여는 가족의 다른 우선순위를 다룰 때 여전히 다루어질 수 있다.

b. 팀이 그 결여를 강조하는 결과목표를 제안해야 한다.

c. 가족들은 사회복지사에게 의뢰해야 한다.

d. 부모에게 그 결과목표를 추가하도록 확신시켜야 한다.

17. RBI가 가장 잘 실행될 수 있는 것은?

a. 진단평가 전 접수 단계

b. 적격성이 결정된 후, IFSP가 완성되기 전

c. IFSP가 개발된 즉시

d. 서비스를 받은 지 한 달 만에 하여 가족과 라포르가 형성될 수 있게 한다.

정답: 1) d 2) d 3) a 4) b 5) b 6) c 7) a 8) c 9) b 10) c
11) c 12) b 13) d 14) b 15) c 16) a 17) b

부록 APPENDIX

〈부록 6-1〉 가족 준비 양식

〈부록 6-2〉 RBI 실행 점검표

〈부록 6-1〉 가족 준비 양식

친애하는 가족 여러분께.

귀하는 조만간 당신과 당신의 아이를 도울 수 있는 방법을 논의하기 위해 팀의 나머지 분들을 만나실 겁니다. 그 회의 동안 당신과 다른 팀 구성원들은 다음과 같은 일들을 하게 될 겁니다.

1. 당신이 가지고 있는 염려 아니면 전반적인 질문들을 논의합니다.
2. 당신 아이의 하루가 어떤지 이야기를 나눕니다.
3. 개선할 결과목표를 선택하게 됩니다.
4. 이러한 목표들에 누가 언제 하게 될지를 계획하게 됩니다.

이 양식은 당신이 회의를 준비하는 데 도움을 줄 겁니다. 어떤 유형의 정보들이 유용한지 살펴보셔도 좋습니다. 만약에 이러한 정보 기록이 도움이 되겠다고 생각하면, 시간이 있을 때 이 양식을 작성하면 됩니다. 만약에 귀하의 아이가 센터 기반의 프로그램에 참여하고 있다면 센터의 교직원이 유사한 정보를 준비할 것입니다.

이 회의의 목표는 각각의 일과—당신 아이의 하루 중 각각 다른 일과—에 관해 논의해 보는 것입니다. 우리가 이러한 일과에 관해 토의하는 동안 관련 스태프들이 질문도 하고 제안도 하게 될 것입니다. 이 회의는 굉장히 유연하게 진행됩니다. 이것의 목적은 당신에게 가장 중요한 것들에 대해 이야기를 나누어 보는 것입니다.

귀하의 생각들은 매우 중요합니다. 만약에 이 회의와 관련한 어떤 제안이나 질문이 있으시면 우리 팀 모두와 나누어 주시기 바랍니다.

계획 회의에 이 양식을 가지고 오세요.

가족의 관심과 일과들

I. 귀하의 주된 관심사(염려)는 무엇입니까? 귀하의 아동과 가족 전체를 위한 필요, 어려움 그리고 질문에 대해 생각해 보세요.

____

____

____

____

____

____

II. 귀하 가족의 주중 주요 일과는 어떤 것들입니까?

- ☐ 옷 입기
- ☐ 아침식사
- ☐ 집 나서기
- ☐ 가사 잡일
- ☐ 마당 가꾸기
- ☐ 점심
- ☐ 낮잠
- ☐ TV 보기
- ☐ 식사 준비하기
- ☐ 저녁 식사
- ☐ 목욕
- ☐ 잠자리 일과
- ☐ 친구와 어울려 놀기
- ☐ 기타 일과들 ____

____

____

✓ 주말 동안이나 주기적으로 일어나는 다른 행사들은 어떤 것이 있습니까?

- ☐ 장보기
- ☐ 쇼핑몰 가기
- ☐ 친지/친구 방문
- ☐ 공원 가기
- ☐ 손님 맞이
- ☐ 병원 진료
- ☐ 대중교통 이용
- ☐ 도서관 가기
- ☐ 종교 의식
- ☐ 기타 일과들 ____

____

____

가족 일과 정보

✓ 귀하가 표시한 각각의 일과에 대해 다음의 질문들을 생각해 보세요.
- 귀하는 이 일과 동안 무엇을 합니까?
- 귀하의 아이는 이 일과 동안 무엇을 합니까?
- 귀하의 아이가 이 일과에 어떤 영향을 미칩니까?
- 귀하는 이 일과에 대해 얼마나 만족합니까?

✓ 귀하가 원치 않으시면 이러한 질문들에 답을 쓰지 않으셔도 됩니다. 이러한 질문들은 각 일과에 대한 귀하의 생각을 돕는 것에 사용하셔도 됩니다. 각각의 일과 아래 제공된 빈칸에 필요한 메모를 하여 팀 회의 동안 토의에 도움이 되게 사용하시면 됩니다.

✓ 교직원들과 학교나 센터 일과에 대해 논의할 때 귀하께서는 아래의 질문을 하셔도 됩니다.

- 제 아이가 그 일과 동안 대체로 무엇을 하나요?
- 제 아이가 그 일과에 얼마나 잘 적응하나요?
- 제 아이가 그 일과에서 어떤 구체적인 장점과 필요를 가지고 있나요?

일과: ______________________________

일과: ______________________________

일과: ______________________________

일과: ______________________________

일과: ______________________________

일과: ______________________________

일과: ______________________________

일과: ______________________________

교직원 준비 양식

아 동: ______________________________

작성자: ____________________ 일시: ____________________

I. 당신이 아동을 돌볼 때 어떤 중요한 일과들이 있나요?

☐ 등교
☐ 자유놀이
☐ 둘러 앉아 이야기 나누기 활동
☐ 모래놀이/물놀이
☐ 야외 활동
☐ 낮잠
☐ 미술 활동
☐ 아침 식사
☐ 간식
☐ 점심
☐ 음악
☐ 작은 장난감
☐ 대근육 운동
☐ 흥미 센터 선택
☐ 역할극 놀이
☐ 스토리/책 읽기
☐ 기타 ______________________________

____

____

II. 정기적으로 대체로 다른 어떤 일과가 일어납니까?

☐ 현장학습
☐ 이동도서관 방문
☐ 산책
☐ 사무 보조하기
☐ 식당 보조하기
☐ 학급 방문객 맞이
☐ 기타 ______________________________

____

____

만약 당신이 이 아동의 가족 중심 중재 계획 모임(회의)에 참석하지 못한다면, 이하 양식을 아래로 돌려보내 주세요.

(서비스 조정자 이름) ______________________________

이 름 ____________________ 날 짜 ____________________

출처: McWilliam, R. A. (1992). *Family-centered intervention planning: A routines-based approach*. Tucson, AZ: Communication Skill Builders. From McWilliam, R. A. & Casey, A. M. (2008). *Engagement of every child in the preschool classroom*(pp. 140-142).
Baltimore: Paul H. Brookes Publishing Co.; reprinted by permission. (Also reproduced in *Routines-Based Early Intervention: Supporting Young Children and Their Families* by R. A. McWilliam; 2010, Paul H. Brookes Publishing Co., Inc.)

〈부록 6-2〉 RBI 실행 점검표

면담자 ____________________ 날짜 ____________________

관찰자 ____________________ 점수 ____________________

	+	+/−	−	비고
1. 면담자는 가족에게 최소한 면담 하루 전에 (a) 하루 일과들에 대해 설명해 달라고 요구하게 될 것이며, (b) 원하는 장소를 선택할 수 있으며, (c) (부모 중 한 명 또는 모두를 포함해서) 누가 참여할지 선택할 수 있다는 것을 말해 줌으로써 가족을 준비시켰는가?				
2. 면담자는 가족에게 인사를 한 후 회의의 목적을 검토해 주었는가(가족과 친숙해진 후 그 가족과 아동에게 지원을 제공할 가장 좋은 방법을 결정하기 위해)?				
3. 면담자는 가족에게 면담을 시작하기 전 어떤 중요한 질문이나 염려가 있는지 물어보았는가?				
4. 면담자는 잘 진행했는가(대화적이고, 필기에 너무 많은 시간을 쓰지 않았음)?				
5. 면담자는 산만함 없이 주제에 초점을 맞추었는가?				
6. 면담자는 기능의 이해를 얻기 위해 후속 질문을 했는가?				
7. 면담자는 가족 일과의 모든 부분을 다루었는가(특별히 부모의 주도에 따라)?				
8. 후속 질문들은 참여와 관련이 있었는가?				
9. 후속 질문들은 독립성과 관련이 있었는가?				
10. 후속 질문들은 사회적 관계성과 관련이 있었는가?				
11. 후속 질문들은 발달적으로 적합했는가?				
12. 일과와 기능에 대한 이해를 얻기 위해 개방형 질문들이 먼저 사용되었는가(필요하다면 폐쇄형 질문이 후속적으로 사용되어)?				
13. 면담자는 각각의 일과에서 아동 외에 가족 중 누가 하고 있는지 알아냈는가?				
14. 면담자는 각 일과의 평가순위를 물어보았는가?				
15. 면담자는 설명과 순위를 통해 가족들이 각각의 일과에 얼마나 만족하는지 알아보았는가?				
16. 일과 간의 전환을 위해 "다음에 무엇이 일어나나요?" 혹은 유사한 질문이 활용되었는가?				
17. 면담자는 좋은 정동(개인적 표현. 예: 표정, 목소리 톤, 반응성)을 사용했는가?				
18. 면담자는 확인하는 행동을 사용했는가(예: 고개 끄덕이기, 긍정적 언급이나 동작)?				
19. 면담자는 아이의 행동에 대해 부모의 관점을 가지려 시도했는가(아이가 무엇을 하는 것에 대해 왜 그가 그렇게 생각하는지)?				

	+	+/-	-	비고
20. 면담자는 능동적인 듣기 기술을 활용했는가(예: 뜻을 명확히 하기 위해 들은 것을 다시 설명하기, 명확히 하기, 요약하기)?				
21. 만약 일과에 문제가 없었다면, 면담자는 부모가 그다음에 무엇을 보기를 원하는지 물어보았는가?				
22. 면담자는 조언하기를 조심했는가?				
23. 면담자는 어떤 것이 일어나는 구체적 시간과 같이 불필요한 질문을 삼갔는가?				
24. 면담자는 무비판적 방법으로 행동했는가?				
25. 면담자는 '일과' 대신 '하루의 어떤 시간에'를 사용했는가?				
26. 면담자는 중단 후에 쉽게 면담으로 되돌아왔는가?				
27. 면담자는 가족들이 그들 자신의 의견이나 관심사를 진술하게 허락했는가(가족들을 면담자가 중요하다고 생각하는 방향으로 이끌지 않고)?				
28. 면담자는 부모의 힘든 시간에 대한 정보를 획득했는가?				
29. 면담자는 가족들이 일과에서 바꾸기를 원한다고 표시한 것 혹은 그들이 아동이나 가족이 할 수 있게 되면 좋겠다고 한 것들 옆에 별표를 표시했는가?				
30. 면담자는 염려에 대해 요약한 다음, 가족들에게 더 추가할 것이 있는지 물어보았는가?				
31. (별표 한 항목) 염려들을 요약한 다음, 면담자는 가족들에게 깨끗한 용지를 꺼내서 가족들이 착수하고자 하는 것들을 물어보았는가(새로운 목록)?				
32. 면담자는 가족들에게 결과목표들을 중요한 순서대로 우선순위를 매기도록 요구했는가?				
33. 면담자는 그 서비스가 언제-이번 회의 혹은 후속적 회의-결정될지 논의했는가?				
34. 면담자는 시간을 내준 모든 분에게 사의를 표했는가?				
35. 면담자는 "당신이 밤에 걱정돼서 깨어 있다면, 걱정하시는 게 무엇일까요?"라고 가족에게 물어보았는가?				
36. 면담자는 "만약 당신의 삶에서 무엇이든지 바꿀 수 있다면 무엇일까요?"라고 가족들에게 물어보았는가?				

목표: 85% 혹은 그 이상(총점 87 또는 번호 표시된 항목에서 그 이상의 점수)

채점: +, 3점, +/-, 2점 -, 0점

출처: McWilliam, R. A. (Ed.). (2010b). *Working with families of young children with special needs*(pp. 44-47). New York: Guilford Press; reprinted by permission. In *Routines-Based Early Intervention: Supporting Young Children and Th eir Famifies* by RA McWilliam (2010, Paul H. Brookes Publishing Co., Inc.)

07

C·H·A·P·T·E·R

기능적 IFSP와 IEP 작성하기

IFSP 연구들은 그 질이 부실하다고 밝혀졌다(Jung & Baird, 2003; McWilliam, Ferguson, et al., 1998). 많은 현장 실무자들과 행정전문가들은 **기능적인 결과들과 목표**를 활용하는 것과 관련해 도움을 요청했다.

가장 큰 문제점은 결과물(outcomes)을 쓰는 것이다. 그것들은 눈물겹게 기록되었으며(대개 3개 이하), 평이하고, 측정할 수 없는 것들이었다. 기능적 IFSP와 IEP들은 다양한 진단방법과 중재 계획의 산물이 될 수도 있지만, 이 모델은 자연스럽게 RBI 과정을 따르게 된다. 이 장에서는 목표 활용하기에 대한 방법을 논의하고, 기능적 목표들을 정의하며, 기능적 목표들의 예를 제시하고, 목표를 성취하기 위한 **개별화가족서비스계획(IFSP)의 기준**들을 논의하고, 목표의 질을 측정하기 위한 도구를 제시하려 한다. 결과(outcomes)가 가진 이중적인 모호성 때문에 이 단원에서는 '목표(goal)'라는 용어를 사용하여 개별화가족서비스계획

(IFSP; 파트 C에서 언급되는)의 결과와 개별화교육계획(IEP)의 목표에 관해 언급하려 한다. IFSP의 목표라는 의미 외에도 파트 C에서 자신의 요구사항(욕구)의 충족에서 향상을 보이는 아동들의 비율과 마찬가지로 결과는 모든 프로그램(때때로, 심지어 몇몇 주와 나라 전체에 걸쳐)의 책무성 측정에 언급된다.

아동의 목표를 작성하는 데 있어 두 가지 큰 접근은 '발달적 접근'과 '기능적 접근'이다. 앞의 접근은 전형적인 발달에 기반한 모형이며, 목표는 발달의 위계(hierarchy), 점검표 혹은 교육과정 중에서 아동이 터득하지 못한 기술들로 선정된다. 따라서 그것은 결함의 확인과 교정으로 구성된다. 일반적으로 아동의 행동 상황과는 관계가 없다. 이와 상반되게 후자인 기능적 접근법은 현재의 환경에서 아동과 가족의 성공을 촉진시키는 데 기초한다. 이 접근법은 가정과 지역사회 그리고 교실에서 필요한 기술들을 강조한다.

일과 기반 모형에서 결과목표들은 기능적 일과 기반 요구로부터 나온다. 그러한 목표들은 일과들에 걸쳐 일반화와 관련된 바람직한 행동의 지속시간(예: 참여), 일주일 안에 나타나야 할 행동의 빈도, 그리고 그 비율의 주 차수 등의 논리적 기준을 가지고 측정할 수 있게 기술된다. 사용할 수 있는 다른 기준들도 있지만, 이러한 것들이 일반적이다. 가장 중요한 기능성의 기준은 그 행동이 필요한지의 여부다. 즉, 그것 없이는 아동이 일상적 일과에서 기능하지 못한다는 것이다.

기능적 결과물/목표들

참여, 독립, 사회적 관계라는 세 가지 기능적 영역에서 아동들의 행동을 고려하는 것은 유용하다(McWillam, 2006). 이 분야들은 인지, 의사소통, 운동, 적응, 사회성 같은 전통적인 검사 영역과는 대조적이다. 전통적 영역은 아동의 수행을 구분하는 데 있어서 특별히 유용하지 않았다(Berkeley & Ludlow, 1992). 이 세 가지 대안적인 영역은 결과와 목표들이 기능적으로 유지되게 할 것이다.

기능적 목표를 위한 몇 가지 기준은 1) 가족의 우선순위를 반영하고, 2) 유용하고 의미가 있으며, 3) 실제 삶의 상황을 반영하고, 4) 은어를 사용하지 않고, 5) 측정 가능하다. 이러한 몇몇 기준을 다음에서 상세하게 논의했다. 이런 다섯 가지 기준에 추가하여 다음의 팁들은 고려해 볼 가치가 있다.

- **보통 일과나 일상 활동 중 그날의 다양한 시간대에 다양한 사람들에 의해 강조되는 목표들을 기술하라.** 예를 들어 "오귀스트는 치료실의 계단 기구에서 오르락내리락 할 수 있다."보다는 "오귀스트는 다양한 바닥 표면에서 오르락내리락 걷는 활동들을 함으로써 실외 놀이에 참여할 것이다."라고 쓰라.
- **"왜 그 아동이 이 목표를 달성해야 할까?"라고 당신 자신에게 물어보라.** 그 대답은 즉각적이고도 분명해야 한다. 위의 예에서 첫 번째 목표는 분명하다. 오귀스트는 야외 놀이에 참여하기 위해 목표 달성에 노력하고 있다. 뒤에 설명하겠지만 이것이 참여 기반 목표의 묘미다.
- **명백해야 한다.** 예를 들어 목표가 "폴라미는 하루에 5회 30초간 4지점 자세(역자 주: 두 무릎과 두 손을 바닥에 두고 네 발로 기어가는 자세)를 유지할 수 있다."인 경우는 이러한 기준을 위반한 것이다. 대부분 부모들이 4지점 자세 형태가 무엇인지 알 수 없기 때문에 이것은 명백하지 못하다. 이 목표는 폴라미가 왜 이것을 해야 하는지 알려 주지 않는다. 이것이 무엇인지 알았다면 일상적 일과에서 복수의 사람들에 의해 강조될 수 있었을 것이다.

명백하게 하기 위한 하나의 방법은 은어를 쓰지 않는 것이다. 이동하다(ambulate), 평균 발화 길이, 엄지와 집게손가락의 끝 부분을 이용하여 집는 동작(pincer grasp), 구어-동작 기술(oral-motor skill), 구두 교환(verbal exchanges), 최소 제한적 신체 보조(minimal physical assistance) 같은 용어는 목표/결과물(goal/outcomes) 진술에서는 피해야 한다. 이러한 어려운 용어 대신 걷다, 3단어 어절, 엄지와 집게손가락, 깨물다, 씹다 혹은 삼키다, 앞으로 뒤로, 조금의 도움 같은 용어는 단순하고 이해하기 쉽다.

동사는 관찰 가능해야 하고, 측정 가능해야 하고, 시간에 따른 변화를 제한해야 한다. 동사는 끝나는 지점을 확인할 필요가 있다. 이러한 것들이 목표다. 따라서 '향상시키다', '늘이다' 같은 단어들은 적합하지 않다. '이해하다' 같이 내부적 진행에 관련된 관찰할 수 없는 단어도 마찬가지다. 경우에 따라 우리는 '서비스에 참여하다'를 지칭하는 부적합한 목표를 보기도 한다. 때로는 목표가 "아이가 치료에 참여하기 등 하기 싫은 것을 참는다."라고 쓰여 있기도 하다. 이러한 유형의 목표는 두 가지 문제점이 있는데, 첫째는 윤리적으로 모호하다는 것이다. 왜냐하면 그들이 동의를 부인하고 있는 것을 거부한다는 뜻으로 아동이 그들의 말로 동의를 부인할 수 있어야 하기 때문이다. 둘째로, 목표는 치료적 활동들이 이론적으로 아동들을 준비시키는 기술이어야 한다. 예를 들어, "머리가 테라피 공 위에 엎드리는 것을 참을 수 있다."라는 목표는 "머리가 놀이시간, 식사시간, 차 타기에 고개를 들고 참여할 수 있다."와 같이 바꾸어 서술되어야 한다. 후자에서 좋은 동사 예들은 '참여하다'와 '고개를 들다'이다.

참여 기반 결과의 표기를 위한 8단계

참여 기반 결과는 거의 모든 아동의 결과에 적용할 수 있다(Campbell & Sawyer, 2009).

이것은 기술을 필요로 하는 상황이 우선시되는 것을 보장하는 방법이다. 따라서 결과(목표)를 위해 일하는 모든 사람의 희망 행동(예: 목표 기술)은 그 자체로 의미 있는 것이 아니라 아동이 가정, 학교, 지역사회에 참여하는 것을 어떻게 돕는지가 중요하다는 것을 이해하는 것이다(Wilson, Mott & Batman, 2004). 또한 이것을 성인들이 그 기술이 필요한 날의 시간대마다 기술을 위해 노력할 것을 촉진하는 것을 돕는다.

1. **기능성을 평가하라.** 기능적 결과들은 기능평가와 함께 시작된다. 그것은 단순히 가족이 전문가들을 기쁘게 하게 하기 위한 시도나 표준화검사의 실패로 인해 기존의 목표들을 다시 활용하는 문제가 아니다. 그러한 결과를 다시 활용하는 것은 단순히 잘 써진 비기능적 결과들을 산출할 뿐이다.

RBI는 일상의 독립적이고 사회적인 활동에서 아동이 어떤 것에 참여해야 할지를 평가하는 기능적 평가의 한 예다.

2. **비공식적인 기능적 결과물을 읽어라.** RBI와 다른 대화 기반 사정들(Woods & Lindeman, 2008)과 짧고 비형식적인 진술들은 "무엇을 할 것인가?"라는 가족의 선택을 보여 준다. 다음은 RBI의 예이며, 볼드체로 쓰인 부분은 아동-수준의 결과목표들이다.

   a. 가족으로서 더 많은 시간
   b. 소년들의 자기 침실
   c. **랜스가 독립적으로 먹기**
   d. 헬렌(어머니)을 위한 더욱 많은 도움; 헬렌의 일을 줄여주기
   e. **랜스가 단어(밥, 노는 시간, 놀기) 말하기**
   f. **랜스가 컵으로 마시기**
   g. 헬렌이 약을 쉽게 먹이기
   h. 랜스를 위한 수월한 취침 시간

3. **관련된 일과를 결정하라.** 기능 평가가 이뤄졌고 RBI가 사용되었다면 일과들이 명확해야 한다. 위의 랜스의 예에서 결과목표 c와 f는 주로 아침, 점심, 저녁에 적용된다. 결과목표 e는 비형식적 자구에서 일과에 특정되어 있다.

4. **"[그 아동]이 [그러한 일과들]에 참여할 것이다."라고 기술하라.** 대부분의 아동 결과목표들은 이런 식으로 시작한다. 따라서 위의 예에서 결과목표는 다음과 같이 시작한다.

   c. 랜스는 아침, 점심, 저녁식사에 참여할 것이다.
   e. 랜스는 식사, 놀이 시간, 나가 놀기에 참여할 것이다.
   f. 랜스는 아침, 점심, 저녁식사에 참여할 것이다.

5. **"~에 의해 행해지는……"과 같이 요구되는 행동을 넣어 기술하라.** 이 단계에서는 일반적으로 가족이 언급한 기술이나 가족이 결과목표들을 선택할 때 비공식적으로 기록된 방식과 거의 차이가 없다. 좀 더 구체적인 면들은 추후

과정에 포함된다. 몇몇 경우는 더 이 단계에서 구체적인 것이 추가되기도 한다. 위의 이러한 단계의 예는 다음과 같다.

c. ……스스로 먹음으로써. 이것은 '먹기'에서 다른 사람이 랜스에게 먹여 줄 때, 누구도 랜스가 먹는다(예: 씹기, 삼키기)고 생각하지 않게 하려고 '먹기'를 수정한 것이다.

e. ……낱말을 말함으로써.

f. ……스스로 컵으로 마심으로써. 이것은 원래의 마시기를 수정한 것으로, '독립적으로(혼자서)'라는 것을 추가함으로써 다른 사람이 컵을 잡고 있을 때, 누구도 랜스가 마시는 것(한 모금씩 빨기, 마시기)이라고 생각하지 않을 것이다. 헬렌은 랜스가 스스로 컵을 잡기를 원했다.

6. **"우리는 언제 그녀/그가 ____하다는 것을 알게 될 것이다." 고려하여 측정 가능한 기준을 추가하라.** 앞서 언급했듯이, 기준은 아동이 목표에 도달했다고 말할 수 있을 때를 측정하는 것이다. 이것은 우리가 그러한 행동 분류를 중단하는 것이 아니다. 기준에 구체화되었듯이 단지 그 구체적 기술을 중단한다는 뜻이다. 이런 기준은 목표의 의도 결정을 도와준다. 목표들은 다음과 같이 네 가지 주요 목적이 있다. 기술을 습득하고, 일반화하고, 유지하고, 유창하게 실행하는 것이다. 이러한 목적들은 상호 배타적인 것이 아니다. 획득의 기준은 아동이 행동이나 기술을 보여 주는 정도를 서술할 것이다(예: 주 3회, 친구 2명과 함께, 약간의 도움으로). 어떤 빈도, 지속시간 혹은 비율이 그 행동을 수용할 수 있는 수준인지 자신에게 물어보자. 당신은 일과 기반 평가 동안 가족이 제공한 정보에 근거해서 추정할 것이다. 이것은 단지 부모들이 합당한 수준이라고 확인한 추정일 뿐이다. 기존의 예를 계속해서 살펴보면 다음과 같다.

c. 우리는 그가 숟가락을 사용하거나 사용하지 않거나(숟가락이 팔에 묶여 있을 수 있다) 그의 '손'을 사용해서 10회 정도 넣었을 때 이것을 할 수 있다는 것을 알게 될 것이다(랜스는 박테리아성 뇌막염을 앓은 뒤 양손을 모두 잃었다).

e. 우리는 그가 세 가지 다른 낱말을 말할 때, 그가 이것을 할 수 있다는 것을 알게 될 것이다(나머지 기준에 대해서는 다음에서 볼 수 있다).

f. 우리는 그가 스스로 시피 컵(유아용 손잡이 컵)을 잡고 물을 마실 때, 그가 이것을 할 수 있다는 것을 알게 될 것이다.

7. **일반화 기준들을 추가하라.** 일반화 기준은 아동이 행동이나 기술을 다른 시간, 장소, 사람, 상황 혹은 재료들을 통해 할 수 있는 정도를 말한다(예: 교실 또는 놀이터에서 그의 어머니, 교사 그리고 보모 옆에서 세 가지 다른 장난감을 가지고 놀 때). 우리 모델에서는 습득 기준을 요구하는 일반화 목표들을 기술함으로써 일반화를 계획하도록 장려한다. 아동들은 기술을 필요로 하는 다양한 상황에서 새로운 기술을 배울 수 있다. 자신에게 말해보자. "만약 그녀가 그것을 단 한 번만 했다면 그것이 좋은가?"라고. 아니라면 자신에게 물어보자. "얼마나 자주, 얼마나 많은 일과에서, 얼마나 많은 사람 혹은 얼마나 많은 장소에서 그녀가 그것을 해야 그녀가 그 기술을 습득했다고 나를 확신시킬 수 있는가?" 이 모델에서 RBI가 사용되었기 때문에 대체로 우리는 그 기술이 사용되었을 다른 일과들을 알고 있다. 그래서 그것이 일과들에 걸쳐 자동적으로 일반화 기준이 되는 것이다. 기존의 예를 활용하면 다음과 같다.

c. ……아침, 점심, 저녁에……(모두 세 번의 식사시간이나 그중 하나가 아닌, 하루에 총 서른 숟가락이 된다)

e. ……하루에 각기 네 번씩……(그는 같은 세 단어를 각 일과에서 사용할 수 있다. 그러나 그는 하나의 일과에서 두 단어만 쓸 수는 없다. 그러나 많은 경우 그는 그것들을 반복했다. 이 기준을 충족하기 위해)

f. ……아침, 점심, 그리고 저녁시간에……

8. **그 행동이 나타나야 할 시간의 양을 구체적으로 나타내는 기준을 추가하라.** 랜스의 먹기나 마시기와 관련하여 지금까지의 기준들을 살펴보면, 그는 3월에 아침을 위한 기준을 충족시킬 수 있고, 점심은 4월까지, 그리고 저녁은 5월에 가능하다. 이것이 우리가 의도하는 것일까? 아니다. 다음의 시간 기준

들을 보라.

c. 일주일 안에

e. 2주일 안에

f. 일주일 안에

헬렌이 랜스에게 가진 이 세 가지 희망을 위한 전체적으로 측정 가능한 결과목표는 다음과 같다.

c. 랜스는 아침, 점심, 저녁시간에 참여하여 스스로 먹을 수 있을 것이다. 우리는 아동이 일주일 안에 아침, 점심, 저녁시간마다 숟가락을 사용하거나 사용하지 않거나 '손'을 사용해서 열 숟가락 정도를 입에 넣을 수 있을 때 그가 이것을 할 수 있다는 것을 알게 될 것이다.

e. 랜스는 단어들을 말함으로써 '식사, 놀이 시간, 놀기'에 참여할 것이다. 우리는 그가 2주 안에 하루 4회 각각 세 가지 다른 낱말을 말할 때 아동이 이것을 수행할 수 있다는 것을 알게 될 것이다.

f. 랜스는 스스로 컵을 사용하여 마심으로써 아침, 점심, 저녁식사에 참여할 것이다. 우리는 아동이 일주일 안에 아침, 점심, 저녁시간에 스스로 컵을 잡고 물 한 잔을 다 마실 수 있을 때 아동이 이것을 수행할 수 있다는 것을 알게 될 것이다.

다른 기준의 유형들

습득과 일반화 기준에 더하여 두 가지 다른 기준이 합당하다. 유지 기준은 아동이 어떤 행동이나 기술을 합리적인 기간(예: 8주간) 동안 보여 줄 수 있는 정도를 말한다. 유창성 기준은 그 아동이 어떤 행동이나 기술을 순조롭고 빠르게 수행할 수 있는 정도를 말한다(예: 2분 안에, 다른 아동처럼). 성공적인 요구평가와 중재 계획 과정의 결과에 따라 6~10개의 기능적 결과목표가 될 것이다. 아동 수준에서의 기능성 정의는 1) 매일의 활동에 온전히 참여할 수 있도록 하는 데 필요한 목표 기술, 2) 아동과 가족이 하게 될 것을 구체적으로 밝히는 결과목표, 3) 상황적 요구가 확인됨(무엇이 기능적이게 하는지), 4) 주 보호자에게 중요한 것, 그리고 5) 진행과 성취를 측정할 수 있다.

FAQs

문서업무를 줄이고자 하는 전문가들의 희망에 의해 촉진된 질문들이며, 간혹 두 가지 질문이 나온다. 이는 충분히 이해할 만한 요구들이다.

1. **같은 일과에서 일어나는 결과목표들을 병합할 수 있는가?**
   일반적으로 결과목표들은 결합되지 않는 것을 선호한다. 일반적인 원칙은 구체적인 기술에 대한 부모의 희망을 유지하고 존중하는 것이다. 기술들을 병합하는 것은 개별적 기술들에 온전한 주의를 기울이지 않는 것처럼 보일 수 있다. 하지만 그것들을 서로 격리해서 다룬다는 것은 아니다. 중재에서는 그것들이 결합될 수 있다. 다른 문제는 측정 기준들이 행동들마다 다르다는 것이다. 그래서 답은 아니오. 즉, 병합하지 말라는 것이다.
2. **상위 소수의 우선순위만을 기술할 수 있는가?**
   단지 상위 소수의 우선순위만 기술하는 것도 어느 정도 장점이 있다(Hanft, Rush & Shelden, 2004), 그러나 두 가지 이유로 권장할 만하지 않다. 첫째, 당신에게 병합되지 않은 세부적인 결과목표들이 있다면, 당신은 중재자(가족, 교사들)와 그들의 조력자들(예: 가정방문자, 자문가들)이 특별한 일과에서 다뤄질 만한 기술의 집합을 볼 것을 확실하게 원할 것이다. 위의 랜스의 예에서 만약 상위 세 가지 목표결과만 기술되었다면, 우리는 컵을 이용한 독립적인 마시기가 아니라 '독립적인 먹기'를 다루었을 것이다. 만약 그 아동이 혼자 먹기에 매우 어려움을 느낀다면 그것이 받아들여졌을 것이다. 하지만 만약 그들이 중재를 위해 병합될 수 있다면 그렇게 해야 할 것이다. 둘째, 가족은 종종 가족 수준의 필요를 그들의 우선순위 목록에서 자제심을 발휘하여 밑바닥에 놓는다. 하지만 우리는 그들의 안녕에 주의를 기울이는 것이 중요하다는 것을 알고 있다(Barnett, Clenemts, Kaplan-Estrin & Fiaka, 2003; Brimfenbrenner, 1986), 더욱 낮은 선호도의 위험성으로 인해 IFSP상에서 가족수준의 욕구들을 넣지 않는 것은 실수일 수 있다.

가족 수준 결과목표 쓰기

일반적으로, 가족 수준 결과목표들은 그 결과가 어떻게 성취되었는지 알기 위해 적어도 하나의 기준을 그대로 남겨둘 수 있다. 종종 이것은 단순하게 그 목표가 이뤄지는 기한이 될 수 있다. 〈표 7-1〉에 랜스 가족의 몇 가지 예를 기술했다.

그들의 면담에서 의도하지 않은 할 일들을 가족에게 주지 않게 조심해야 한다. 예를 들어, 팀이 아래의 첫 번째 결과목표를 보고 쓰기를 "그 가족은 한 달에 한 번 쇼핑몰이나 외식을 하러 간다." 이는 가능한 전략이지만, 헬렌은 RBI 끝에 쇼핑몰이나 가족과 외식하러 가고 싶었다고 말하지 않았다.

〈표 7-1〉 가족 수준 결과목표 쓰기

원래 문구	IFSP 결과목표로서 각색된 문구
가족과 좀 더 많은 시간	모두 네 명의 가족 구성원이 한 달 동안 일주일에 한 번 재미있는 활동을 1시간 동안 같이할 것이다.
남자아이들은 자기 침실에서	남자아이들은 일주일 동안 연속해서 밤새 자신의 침실에서 잠을 잘 것이다.
헬렌(어머니)을 위한 더 많은 도움; 헬렌의 일을 덜어주기	헬렌은 지녁식시를 준비할 깃이다. 하지만 한 딜 동안 일수일에 사흘 저녁에 집에 다른 어른이 있다면 그 시간에는 남자아이들을 돌보지 않을 것이다.
헬렌이 쉽게 약 먹이기	헬렌은 6개월 안에 약 먹아는 것을 쉽다고 말할 것이다.
랜스의 수월한 잠들기	4월 30일까지 랜스의 부모는 밤에 잠자리 일과 시작 30분 안에 랜스를 침대에 눕힐 것이다.

중점: IFSP, 개별화가족서비스계획

가족 결과목표를 IFSP의 다른 부분에 숨기기

어떤 주 혹은 지방 조직들에서는 가족 결과목표들이 아동 결과목표처럼 같은 (문서나 전자) 페이지에 나타나지 않는다. 때로는 그것들이 관심, 우선순위 그리고 자원과 함께 페이지 맨 아래쪽에 있다. 때로는 그것들이 가족 평가 페이지에 있고, 때로는 따로 떨어진 페이지에 있다. 두 가지 이유에서 그것들이 아동의 결과목표들과 같은 페이지에 있는 것이 최상일 것이다. 첫째, 모든 결과목표들은 가족 목표다. 그리고 만약 우리가 가족 수준 결과목표들과 우선순위의 중요도 순서를 찾아내는 데 어려움을 겪는다면, 그 순서는 그 결과목표에 있는 대로 보존되어야 한다. 예를 들어, 가족이 그들의 첫 세 가지 결과목표로 다음을 선택했다고 가정해 보자.

1. 부모가 함께하는 더 많은 시간
2. 아동이 옷 입을 때 팔다리를 넣음으로써 참여할 것이다.
3. 어머니는 아이를 밖에 데리고 나갈 안전한 장소에 관한 정보를 얻을 것이다.

만약 첫 번째와 세 번째 결과목표들이 일반 결과목표 페이지에 없다면, 만약 조기 중재자가 옷 입히기를 먼저하고, 그 IFSP의 같은 섹션에 있는 다른 아동 수준 결과목표들을 생각하는 것은 놀라운 일이 아닐 것이다.

가족 수준 결과목표를 아동 수준 결과목표와 같은 위치에 두는 두 번째 이유는 역사적으로 조기 중재가들은 가족 수준보다 아동 수준 결과목표에 더 많은 주의를 기울여왔던 것 같다. 가족 수준 결과목표를 아동 수준 결과목표와 같은 위치에 둠으로써 조기 중재가들의 우선순위를 바꿀 수 있을 것이다.

FINESSE의 항목들

다음의 FINESSE의 요소들은 기능적 결과목표나 목표들을 작성하는 것과 관련되어 있다. 하나의 항목은 결과목표와 목표의 목적에 관한 것이다. 이 항목은 결과목표나 목표의 목적이 명백하게 기술되었는지, 반대로 명확하지 않은지에 대해 다루고 있다. 가족을 포함하는 팀은 목표 진술에서 왜 그 목표가 필요한지를 상기해야 한다. FINESSE 항목에서 추천되지 않은 것부터 추천된 실제들 범위의 네 가지 주요 지점은 다음과 같다.

1. 각각의 결과목표에 대한 목적이 **분명하지 않다**.
3. 각각의 결과목표에 대한 목적이 단순히 일반적인 발달이나 기술 영역(예: 말하기)에 대한 **전반적인 향상**이다.
5. 각각의 결과목표에 대한 목적이 **불명확하게** 진술되어 있다(예: 우리는 우리가 왜 그것을 하는지 짐작할 수 있다.).
7. 각각의 결과목표에 대한 목적이 **명백하게** 진술되어 있다(예: "우리는 우리가 왜 그것을 하는지 명확하게 알고 있다.").

다른 하나의 항목은 목표행동의 필요성에 관한 것이다. 앞서 말한 바와 같이 기능적인 결과목표와 목표들은 일과의 참여, 독립성, 사회적 관계성을 위해 필수다. 다음의 주요 지표, 추천되지 않은 것부터 추천된 실제까지 IFSP와 IEP 상의 목표행동의 필요성과 관련된 프로그램의 실제들을 평가한다.

1. 현재 일과에서 기능적으로, 단지 **간접적으로 연관된** 목표행동들이 추천된다.
3. **다소간의 발달상 이점이 있는** 목표행동들이 추천된다.
5. 현재 일과에서 기능적으로 **유용한** 목표행동들이 추천된다. 그 행동이 없다면 아동은 그럭저럭 지낼 수는 있겠지만, 잘 지내지는 못한다.
7. 현재 일과에서 기능적으로 **필수적인** 목표행동들이 추천된다. 그 행동을 성취할 때까지 아동은 일과에서 기능을 잘하지 못한다.

세 번째, FINESSE의 기능적 결과목표나 목표들을 개발하는 것과 관련된 항목은 중재의 초점에 관한 것이다. 이 항목은 프로그램이나 개인의 실제들이 결과목표나 목표들이 일과 기반인지, 구체적으로 전문 영역에 관련된 것을 평가한다. 결과목표나 목표들을 일과에 기반하는 것은 가족중심주의와 기능성의 원칙을 따른다. 왜냐하면 일과는 가족의 자연스러운 생태문화적 둥지(Weisner, Matheson, Coots & Bernheimer, 2005)이기 때문이다. 다른 한편, 각기 다른 전문 영역의 전문가들(예: 물리치료 목표, 작업치료 목표, 언어치료 목표)에 의한 결과목표와 목표 개발의 실제는 다른 성인은 그것들을 다룰 수 없고, 그 목표들은 한정적으로 다루어지며, 발달 영역과 전문 영역들을 넘어서 전반에 걸친 기능과 관련된 필요로부터 나오는 것이 아니라 결핍적인 관점을 견지하게 된다. 네 가지 주요점은 다음과 같다.

1. 중재와 결과목표/목표들은 **구체적으로 전문 영역**이다.
3. 중재와 결과목표/목표들은 **구체적으로 발달 영역**이다.
5. 중재와 결과목표/목표들은 구체적인 상황에 따르지만, 일과에 기초하고 있지 **않다**.
7. 중재와 결과목표/목표들은 **일과 기반적**이다.

목표 기능성 척도 III

최근 한 연구(Ridgley, McWilliam, Snyder & Davis, 2009)에서 온라인상의 중재가 양질의 결과목표와 연관성을 가지고 있는지를 파악하기 위해 IFSP들을 조사했다. 이 도구는 12장에서 설명되었으며, 이 책의 마지막 부분에서 부록으로 제공되고 있다. 이 항목들은 여기서 살펴볼 가치가 있다.

1. **결과목표/목표들이 아동의 일과(예: 활동) 참여를 강조하는가?**
   참여 기능을 강조하기 위한 결과목표/목표들의 자구(단어 선택)가 왜 그렇게 중요할까? 1980년, 세계보건기구(World Health Organization)는 세계보건기구의 의료정보 국제표준분류체계의 한 부분으로서 〈국제장애분류(International Classification of Impairments, Disabilities, and Handicaps)〉를 출간했다. 최초의 분류는 옹호자/자기 옹호자들에 의해 특별히 사람들의 기능에 영향을 미치는 환경과 배경, 상황의 역할이 배제된 것에 대한 비판에 직면했다. 장애를 가진 사람들의 대표가 참여하여 장기간 일련의 수정이 행해졌다. 수정본은 '국제적인 기능적 분류(International Classification of Function, ICF; World Health Organization, 2007)'로 명칭이 개정되었다. 이 분류는 다음과 같이 네 단원으로 구성된다. 신체 기능, 신체 구조, 활동과 참여, 그리고 환경적 요인. 첫 번째 두 가지는 생리학적 수행과 손상에 관련한 것이며, 뒤의 두 가지는 우리의 기능적인 결과목표/목표들에 대한 개념화를 세계보건기구의 개념과 관련지어 제공한다. 이 분류에서 개인의 기능에 대해 장애가 있든 없든 상관없이 가장 중요한 차원은 활동(가정, 학교, 지역사회, 직장)에 참가하는 그 사람의 능력이다. 영아와 걸음마 시기의 참가는 '참여'라 한다. 이미 논의되어 온 바와 같이 참여는 조기 중재의 일과 기반 접근에서 핵심 기초다. 더욱이 ICF의 네 번째 단원은 환경적 요인들인데, 영아와 걸음마 시기에 아동의 기능을 향상시키거나 억제할 수 있는 일과들이 운용되는 방법이다. 예를 들어, 차를 타고 있는 활동에 참여하고 있는 아이가 창문을 내다보고 있고, 손으로 가리키고, 소리를 내며, 자동차의 유아용 보조 의자에 붙어 있는 인형을 가지고 놀면서 거울에 비친 운전기사와 눈 맞춤을 하고 있다. 운전기사는 도로 전방을 주시해야 하지만 그건 다른 문제다. 기능성이 낮은 수준의 코드로 분류되는 아동은 그러한 모든 행동에 참여하지 못할 것이다. 따라서 동일한 병인학(etiology) 혹은 동일한 국제적인 질병분류(International Classification of Diseases) 부호체계를 가지는 두 명의 아동은 각기 아주 다른 ICF 부호를 가질 수 있다. 현재 이러한 차이가 발생하는 이유 중 하나는 개별아동을 위한 자동차 시트의 질적인 부분일 수 있다. 자동차 시트가 불충분한 지원을 제공한다면 아동은 자신의 머리를 똑바로 세우고 있을 수 없으며, 인형을 가지고 놀기 위해 손을 자유롭게 뻗을 수 없게 된다. 따라서 우리는 참여와 수준, 환경적 요소 모두를 알게 될 것이며, 만약 다른 이유가 없다면 아동 수준의 목표들은 하나의 참가 목표로 활용될 수 있다.

2. **결과목표/목표들은 아동이 할 일(관찰 가능하고 측정한 방법으로서)을 구체적으로 진술하는가?** 기대하는 행동의 구체성은 결과목표/목표의 중요한 측면과 IFSP의 구체적 약점으로 나타난다(Jung & Baird 2003; Jung & McWilliam, 2005; McWilliam, Ferguson et al., 1998). 예를 들어, "워델은 걸을 것이다."와 같은 결과목표/목표는 충분히 구체적이지 못하다. 대신 "워델은 25야드를 한 손을 잡고 가게까지 외출하는 데 참여할 것이다."라고 고쳐 쓸 수 있다.

3. **결과목표/목표들은 가정, 학교 혹은 지역사회의 일과 참여를 위해 필수적이거나 유용한 기술을 다루는가?** 필수적인 것은 그 아동이 일반적인 활동들에 참여하기 위해 필요한 기술들로 이뤄졌다. 그것들은 잠재적으로 미래 기술을 위해 기초적이지만, 여기서는 아무런 목적이 없는 미래 기술은 제외한다. 때때로 치료사에 의해 만들어진 결과목표/목표들은 실질적인 전략들일 뿐 그 자체의 기능적인 기술이 아니다(예: 기어 다니기, 무릎 구부리기). 그러나 만약에 부모가 어떠한 이유에서 진정으로 아동이 무릎을 구부리기 원

한다면 결과목표/목표들은 "대닐로는 인형을 가지고 노는 동안 무릎을 구부리고 인형놀이에 참여할 것이다."라고 해야 한다. 어떤 사람은 아동이 서거나 앉아서 인형을 가지고 놀 수 있을 텐데 왜 무릎을 구부리는 것이 필요한지 여전히 의문을 가질 수도 있다.

4. **결과목표/목표들은 습득 기준을 진술하고 있는가(즉, 그 아동이 할 수 있는 때를 가리키는 지표)?** 첫 번째 기준은 일반화 또는 유지와 관계없이 아동이 기술을 가지고 있다는 것을 결정하는 양적 방법이다. 예를 들어 "우리는 그가 3분간 무릎을 구부리고 인형을 가지고 놀 때, 이것을 할 수 있다는 것을 알 수 있다."

5. **결과목표/목표들은 의미 있는 습득 기준(기능적 행동 측면의 향상을 보여 주는 것)을 가지고 있는가?** 예를 들어 "우리는 그가 일곱 번 시도 중 다섯 번 숟가락을 잡고 있을 때가 아니라…… 2분 동안 숟가락을 잡고 있을 때 그가 이것을 할 수 있다는 것을 알 것이다." 만약 놀 때 무릎을 꿇는 것이 주된 사안이라면 관련된 습득 기준은 아마도 지속기간이 될 것이다. 결과목표/목표를 의미 있게 만드는 또 다른 기준들은 먹고 마시는 결과목표/목표에서는 양, 기기나 걷기 결과목표/목표에서는 거리, 언어의 결과목표/목표를 위해서는 단어의 수, 그리고 조음 결과목표/목표를 위해서는 단어 비율일 것이다.

6. **결과목표/목표들은 일반화 기준을 가지고 있는가(일과, 사람, 장소, 물건에 따라 기술 사용하기)?** 예를 들면, 아동이 점심과 저녁에 2분 동안 숟가락을 잡고 있을 때. 만약 아동이 장난감을 가지고 놀 때 한 번에 3분 동안 무릎을 꿇고 있을 경우 가족이 원하는 수준으로 기술이 숙달되었다는 것을 보여 준다고 생각하지 않을 것이다. 그러나 만약 아동이 이러한 기술을 일주일에 5일, 하루에 세 번 보여 준다면 기술을 숙달했다고 여길 수 있을 것이다. 이것이 하루 중 시간에 따른 일반화가 될 것이다.

7. **결과목표/목표들은 기간을 위한 기준을 가지고 있는가?** 예를 들어, "아동이 3일 연속으로 점심과 저녁에 2분 동안 숟가락을 잡고 있을 때" 혹은 "일주일에

3일 점심과 저녁 때" 일주일에 5일? 만약 팀이 '일주일 이내(in a week)'라고 생각했다면 그렇게 쓰여야 한다. 만약 그들이 일주일이라는 기간이 숙달을 보여 주기에 충분하지 않다고 생각한다면 '2주간 연속적으로'가 될 수 있다.

단원 요약

전통적으로 조기 중재/유아 특수교육과 관련된 서비스들이 간과해 온 것은 아동과 가족의 요구(욕구)평가였다. 사정(assessment)은 아동의 발달 상황과 때때로 가족이 원하는 것에 초점을 맞춰 왔다. 그러나 그것들은 가족이 스스로 인식한 필요들과는 다른 것들이다. 기능적 평가는 자연스러운 양육자들의 심도 깊은 면담 형식을 취할 수 있다. 많은 평가들은 적격성을 결정하기 위해 행해진다. 이것은 평가나 진단의 다른 목적이다. 적격성 심사는 받거나 받지 않거나 이분법적 결과에 근거한다. 기능적 평가는 더욱 복잡한 개념으로서 아동 혹은 가족과 일과 요구들 간의 적합도로 이뤄져 있다. 이러한 적합도 결정은 그 아동을 충분한 시간을 두고 상황적 실례들을 관찰하는 사람에 의해, 그리고 가족 구성원과 아동 보육교사들에 의해 이뤄져야 한다.

RBI는 기능적 평가 같은 것을 지휘하는 좋은 방법이다. 이것은 일과에 대한 가족의 만족도 순위 혹은 교사의 교실 일과의 적합도 순위를 포함한다. 전자는 삶의 질을 위한 대리자다. 이 모델의 일과 기반 접근(McWilliam, 1992)은 매일매일의 활동들과 장소들로서의 일과라는 정의에 기초하고 있다. RBI는 반구조화된 문제해결에 초점을 둔 면담으로서, 이것은 간단한 치료와 같은 장점을 가진다. 성인과의 단기간 만남에서의 영향은 기능적인 결과목표/목표들의 목록을 산출하여 IFSP와 IEP의 요구를 만족하기 위해 쓰인다.

기능적 중재 계획들은 궁극적으로 기능적 평가에서 나온 기능적인 결과목표/목표들 위에 세워진다. 이러한 결과목표/목표들은 그것들을 측정할 수 있는 완성을 위한 기준이 필요하다.

욕구 사정과 중재 계획과 관련한 테스트

1. 중재 계획을 위해 사용되어야 할 것은 다음 중 어느 것인가?
   a. 진단을 위한 사정
   b. 적격성 결정을 위한 사정
   c. 모니터링 과정을 위한 사정
   d. 해당사항 없음

2. 다음 중 조기 중재에서 바른 진술 두 개를 고르라.
   a. 우리는 중재를 과대평가한다.
   b. 우리는 중재를 과소평가한다.
   c. 우리는 진단을 위한 사정을 과대평가한다.
   d. 우리는 진단을 위한 사정을 과소평가한다.

3. 다음 중 모든 주의 IDEA에서 표방한 파트 C 서비스를 통해 아동이 자연스럽게 적격 가능한 유형(욕구들이 테스트를 받지 않고 등록)은 어느 것인가?
   a. 발달지체에 대해 생물학적으로 위험에 처한 아동
   b. 2~3의 영역에서 의심스러운 지체를 가지고 있는 아동
   c. 설정된 환경(조건)을 가지고 있는 아동
   d. 발달지체에 대해 환경적 위험에 처한 아동

4. 다음 중 가족에게 파트 C에 등록을 제공하는 평가에 대한 연방법률 내용 중 틀린 것은?
   a. 3개 혹은 그 이상의 자격을 갖춘 전문가들이 참여해야 한다.
   b. 5개 영역의 기능이 평가될 필요가 있다.
   c. 서술식 정보는 자연스럽게 적격성을 가지는 아동에게 충분하다.
   d. 규준참조(norm-referenced) 도구 이상의 다른 도구의 조작들이 사용될 수 있다.

5. 다음 중 중재 계획의 현재 수준의 기능평가에서 가장 유용한 유형은 어느 것인가?
   a. 규준참조검사(NRT)
   b. 교육과정 중심 사정
   c. 일상생활에 기초한 사정
   d. Arena 사정

6. 다음 중 평가 과정에서 서비스 협력자로서의 세 가지 역할이 아닌 것은?
   a. 사정의 실시
   b. IFSP의 정보 입력
   c. 가족의 욕구 결정
   d. 아동 검사

7. 다음 중 Routines-Based Interview(RBI)에 관련하여 바르지 않은 것은?

a. 집단보호 혹은 학급의 환경에 있는 아동과 가정에 머무르는 아동을 위해 유용할 수 있다.

b. 단지 가정에만 머무르는 아동을 위해 사용될 수 있다.

c. 단지 집단보호 혹은 학급의 환경에서 머무르는 아동을 위해 사용될 수 있다.

d. 단지 치료(의료) 서비스를 받는 아동을 위해 사용될 수 있다.

8. RBI의 맥락에서 'routines'의 의미는?

a. 전문가가 아동과 함께 실행하는 활동들

b. 어떠한 규칙성을 가지고 일어나는 활동들

c. 스케줄상에서 일어나는 활동들

d. 아동이 잘 아는 활동들

9. 다음 중 RBI에 관하여 바르지 않은 것은?

a. 아동이 참석해야 한다.

b. 면담은 한 명 혹은 두 명에 의해 실행될 수 있다.

c. 성공적인 면담은 1.5~2.0시간 정도 걸린다.

d. 성공적인 면담은 6~12 결과목표에서의 결론들이다.

10. 다음 중에서 RBI를 실행하기 위한 합법적인 도전은 무엇인가?

a. 면담에서 중재까지의 정보 변환

b. 극도로 말이 많은 가족 구성원과의 면담

c. 말을 많이 하지 않는 가족 구성원과의 면담

d. 해당사항 없음

11. 다음 중 이 모델에서 기능적 영역의 항목에 포함되지 않는 것은?

a. 사회적 관련성

b. 참여

c. 독립성

d. 운동(영역)

12. 다음 중에서 결과목표의 의도에 포함되는 것은 무엇인가?

a. 습득

b. 일반화

c. 유지

d. 습득, 일반화, 유지 + 유창성

13. 다음 중 기능성에 대한 정의로 올바르지 않은 것은?
   a. 결과목표는 치료 혹은 교육기간 동안 서술될 수 있어야 한다.
   b. 결과목표는 아동 혹은 가족이 미래에 할 행동에 대해 서술한다.
   c. 결과목표에 대한 맥락적인 욕구가 특성화된다.
   d. 결과목표는 주된 양육자에게 중요하다.

14. 각각의 결과목표의 의도는 어떠해야 하는가?
   a. 절대적으로 진술되어야 한다.
   b. 일반적인 발달 혹은 기술 영역에서 전반적으로 영향을 미쳐야 한다.
   c. 명확하게 진술되어야 한다.
   d. IFSP 또는 IEP의 분리된 단계에서 기록되어야 한다.

15. 중재 계획상 아동의 목표행동은 어떠해야 하는가?
   a. 간접적으로 현재 일상생활의 기능성과 연관되어야 한다.
   b. 필연적으로 현재의 일상생활에서 요구됨에도 몇몇 이득(장점)을 가진다.
   c. 반드시 필요함에도 현재의 일상생활에서 기능성으로 유용해야 한다.
   d. 현재의 일상생활 기능을 위한 필요성이다.

16. 중재와 결과목표는 어떠해야 하는가?
   a. 일상생활에 기초해야 한다.
   b. 특수한 영역이어야 한다.
   c. 특수기술이어야 한다.
   d. 개념적으로 특수성을 갖지만, 일상생활에 기초해서는 안 된다.

정답: 1) d 2) b와 c 3) c 4) a 5) c 6) d 7) a 8) b 9) a
10) d 11) d 12) d 13) a 14) c 15) d 16) a

Routines-Based Early Intervention

04

P•A•R•T

서비스 전달 모형

9장에서는 주 서비스 제공자(PSP) 접근을 설명하고 있다. 그러나 이 접근법은 다음 장에서 소개될 필요가 있다. 8장의 '의사결정'이라는 주제는 PSP 접근 그리고 다학문적 접근이나 간학문적 접근과 차이를 보인다.

- 다학문적 접근에서는 각기 다른 전문가들이 자기 자신의 일만 하고 서로 의견을 교환하지 않는다. 예를 들어, 가족이 언어치료사, 작업치료사, 물리치료사 그리고 조기 중재 전문가들의 방문을 받았을 때, 각각 전형적으로 자신들이 교육받은 것과 일치하는 발달의 구체적 영역을 다룬다. 당연히 이 접근법을 활용한다면 그들은 독립적으로 일하게 되는 것이다.
- 간학문적인 접근법에서는 각기 다른 전문가들이 자기 자신의 일을 하지만 서로 의견을 교환한다.
- 초학문적인 접근법에서는 다른 팀 구성원들은 가족과 PSP에 자문을 제공하면서 한 전문가(PSP)가 지속적으로 가족과 연락을 취한다. 이 정의는 8장에서 확장하여 상세히 설명할 것이다.

08

C·H·A·P·T·E·R

서비스 결정

대부분의 서비스 결정은 아마도 결과목표들이 결정되기 전에 아동의 진단에 근거해서 결정된다. 이 모델에서는 사려 깊은 서비스 결정 과정에 관해 논의하겠다. 이 결정은 다양한 요인들을 고려해야 한다.

핵심 질문

서비스들과 그러한 서비스의 강도를 결정하기 위해 팀은 주요 질문들을 짚어보아야 한다. 일반 보호자들을 지원하기 위해 무엇이 필요한가? 지원은 1) 가족을 강화시켜야 하며, 2) 아동을 위해 학습 기회를 제공해야 하며, 3) 전반적으로 가족의 삶의 질을 향상시키는 데 목표를 두어야 한다. 왜냐하면 삶의 질이 아동의 발달에 영향을 주기 때문이다. 만약에 PSP 접근이 활용되면, 질문들은 다음과 같이 좀 더 세분화될 수 있다. PSP를 도와 보호자들을 지원하여 중재를 실시할 때, 결과들을 충족하기 위해 어떤 서비스가 필요할까? 이 질문은 그러한 서비스들의 강도에 관한 질문으로 점철된다. 이 접근법을 사용하기 위해 그 결과들은 반드시 기능적인 것이어야 한다. 의미 없는 목표를 가진 결과 근거 의사결정 과정을 거친다는 것은 결코 바람직하지 않다. 의사결정은 다학문과 초학문적(즉, PSP) 접근들에서 다르다.

다학문적 접근

이론적으로 '팀'이 서비스에 관한 결정을 내린다. 그러나 다학문적인 접근의 특징을 규정하자면 IFSP에 명단이 있는 일종의 서류상 팀일 뿐 진정한 팀은 아니다. 법적으로 서비스 관리자는 IFSP를 완성할 책임이 있다. 이것은 미국 전역에 걸쳐 어떤 면에서 좀 곤란하거나 상이하다. 어떤 상황에서는 서비스 관리자가 의사결정을 주도하는 것이 승인되지만, 또 다른 상황에서는 그렇지 못하다. 다른 팀 구성원들은 서비스 관리자와 의견이 다를 수 있다. 특별히 팀 구성원들이 생각하기에 서비스 관리자가 결정한 것보다 더 많은 서비스를 제공해야 한다고 믿는 경우가 있다.

다른 사람들이 가족과 각각 일할 때, 서비스 관리자는 "최고의 우선순위를 두고 이 결과를 다루기 위해 어떤 서비스가 필요할까?"라고 질문해야 한다. 서비스가 결정되었을 때, 서비스의 강도와 빈도가 결정되어야 한다. 다시 그 질문은 "이 결과를 다루기 위해 서비스에 어느 정도의 강도가 필요할까?"라는 것이다.

팀이나 서비스 관리자는 그 후 두 번째 우선순위의 결과를 갖고 두 가지 유사한 질문을 해야 한다. "PSP를 도와 보호자들을 지원하여 중재를 실시할 때 결과들을 충족하기 위해 어떤 추가적인 서비스가 필요할까?" 그리고 "이 결과를 다루기 위해 이 서비스에 어느 정도의 강도가 필요할까?"이다. 이 과정은 결과까지 우선순위대로 계속된다. 이것은 서비스의 중복과 가족에게 과중한 부담을 주는 것을 줄이기 위해 매우 중요하다. 우리가 이미 적어도 하나의 서비스에 대해 결정을 내린 것을 고려하면 두 번째 그리고 후속 결과들을 위해 어떤 추가적인 서비스가 필요한지를 묻는 것은 부가적인 것이다.

초학문적 접근

초학문적인 접근에서의 의사결정은 다학문적인 접근보다 매우 순조롭다. 그리고 PSP의 기술과 지식, 확신에 달려 있다. 이 과정은 '의사결정의 증가 접근'이라고 불린다. 왜냐하면 서비스들이 필요할 때만 추가되고, 장애나 진단에 상응해서는 추가되지 않기 때문이다. 이러한 의사결정 과정은 [그림 8-1]의 개념도에 나타나 있다. 초기 IFSP와 관련된 부분인 "누가 PSP가 되어야 할까?"에 관한 질문은 다음 장에 설명되어 있다. 이 장에서는 "PSP가 가족의 결과 1을 도울 수 있을까?" 하는 질문으로 시작한다.

누가 PSP가 되어야 하는가에 대한 결정은 9장에서 다뤄진다. 이것이 결정되면 어떤 곳에서는 PSP일 수 있는(필수적이진 않지만) 서비스 관리자가 "PSP가 가족의 결과를 지원하기 위해 도움이 필요한가?"를 묻는다. 만약 대답이 "그렇다."이면 질문은 "누구로부터 얻는가?"이다. "어떤 개별 기관이나 전문성의 유형이 PSP의 결과를 위해 필요한가?" 예를 들어, 만약 첫 번째 결과가 "아이를 위한 것, 옷을 입힐 때 아이가 설 수 있는가?"라면 서비스 관리자는 "PSP는 가족이 이 결과를 다루는 것을 어떻게 지원할지 알고 있는가?" 하는 것이다. 만약 PSP가 안다고 하면, 그녀가 이런 일과에서 아이가 서 있는 것을 가르칠 때 필요한 것에 대한 확신이 있으면 그 결과를 위한 추가적인 서비스는 필요하지 않다. 그러나 만약 PSP가 근육 긴장이나 균형 때문에 아이가 스스로 서 있을 수 있는지에 대해 확신이 없다면, 그녀는 가족이 이 문제를 모두 다루는 것을 지원하기 위해 도움이 필요하다고 할 것이다. 이런 경우에는 PSP와 서비스 관리자(이 경우, 그들이 다른 사람이라고 가정하고)는 이런 문제를 지원하기 위해 누가 필요한지를 결정해야 한다. 아마도 물리치료사가 필요할 것이다.

다음 질문은 추가적인 팀 구성원이 얼마나 자주 PSP와 가족을 도와주어야 하느냐다. 많은 경우에서 PSP는 팀 구성원으로부터 아동에 대한 몇몇 평가와 관련된 상담을 원할 수도 있다. 지속적인 팀 구성원으로 이뤄진 상담의 빈도와 강도는 평가를 진행한 후에 결정하게 된다. 그래서 IFSP에서 빈도는 처음에는 한 번이다. 초기 혹은 평가 후의 어떤 시점에서 팀은 지속적인 빈도와 강도를 결정해야 한다. 놀랍게도 이것은 아이나 가족보다 PSP의 지식, 기술 그리고 확신에 달려 있다. 만약 PSP가 상황을 알고, 이런 종류의 결과에 대한 경험이 있고, 특수교육 아동들에 대한 경험이 있으면 덜 빈번하게 도움이 필요할 것이다. 만약 이러한 결과나 장애(특별한 필요)가 PSP에게 익숙하지 않다면 더 잦은 도움이 필요할 것이다.

옷을 입힐 때 서 있는 것이 목표인 위의 예를 계속해서 살펴보자. 아동은 균형감각이 매우 빈약하지만 근육긴장도는 정상이라는 평가 결과가 나왔다고 가정해 보자(이비인후과에 아이를 의뢰해야 한다). 만약 PSP가 균형감각에 문제가 있는 아동과 많은 경험이 있고 분명히 아이가 서는 것을 가르친 경험이 있다면, 아마도 그는 단지 석 달에 한 번 정도 균형감각에 관해 도움을 줄 수 있는 누군가로부터의 자문이 필요할 것이다. 이러한 자문은 물리치료사 혹은 작업치료사 아니면 균형감각에 문제가 있는 아동을 가르치는 데 전문성을 가진 다른 전문가들일 것이다. 만약 PSP가 균형감각 문제가 있는 아동과 일해 본 경험이 거의 없다면(혹은 갓 학교를 졸업해서 독립적으로 서 있는 것을 가르친 경험이 별로 없는 경우), 그는 매달 혹은 자주 자문을 받아야 할 것이다. PSP의 지식과 확신이 다른 서비스들의 빈도와 강도를 결정하는 데 가장 중요한 요소다.

왜냐하면 PSP가 얼마나 많은 도움이 필요한지를 모르기 때문에 다른 팀 구성원들은 자문을 받아야 한다. 이와 같이 서로 아는 사람끼리 자문할 필요는 조기 중재에서 임시 팀보다 기존에 있는 팀들과 하는 다른 이유다. 기존 팀은 같은 기관에서 일하는 전문가들이지만, 설사 그들이 다른 기관 출신이거나 개인 회사들이라도 팀으로 함께 일하기로 동의한 사람들이다. 임시변통한 팀은 아동의 IFSP에 관여하게 된 사람들로, 때로는 이질적 기관들이나 개인 회사들에서 온 사람들이다. 기존 팀은 IFSP를 개발하는 동안 의사결정에 관여할 수도 있는 반면, 임시 팀은 IFSP가 만들어진 후에야 구성된다. 서비스를 미리 정하지 못하는 것에 대한 집착은 조기 중재에서 좋은 의사결정을 내리는 데 중요한 도전이었다. 이것이 지금까지 IFSP 개발에 제공자들의 참여를 막아 왔다.

서비스 관리자는 다른 팀 구성원들에게 다른 서비스들의 필요와 빈도에 관해 PSP에 동의하는지 아닌지를 물어봐야 한다. 위의 예에서 PSP는 아동이 혼자서 서는 것을 학습하는 것에 대한 많은 경험이 있기 때문에 도움이 필요 없다고 결정할 수 있다. 아동에게 반고리뼈관이 없다는 보고서를 본 물리치료사 등의 다른 팀 구성원은 이 목표가 특별히 도전적이 될 것이라고 생각할 수 있다. 따라서 물리치료사는 PSP가 적어도 석 달에 한 번 이 목표를 위해 균형감각과 관련한 자문이 필요하다고 제안할 것이다.

반대 견해 또한 가능하다. 즉, 다른 팀 구성원은 PSP가 생각하는 것처럼 많은 자문이 필요 없다고 제안할 수도 있다. 예를 들어, 다운증후군을 가진 영아와 일하는 PSP는 물리치료사로부터 매달 자문이 필요하다고 생각할 수 있다. 그러나 물리치료사는 그것이 너무 빈도가 높다고 제안할 수 있다. 어떤 지역에서건 치료사가 덜 빈번하게 자문을 구하라고 제안한다는 것을 들어본 적이 거의 없다. PSP 모델이 잘 형성된 지역에서는 치료사들이 명백히 필요하지 않을 때조차 가족에게 너무 헌신적이어서 다른 사람들이 그들을 필요로 할 때 소용이 닿지 않는다는 것을 안다.

PSP가 다른 팀 구성원들로부터 첫 번째 우선순위의 목표를 위해 도움이 필요한지를 물었으니 서비스 관리자는 이제 두 번째 우선순위 목표를 위해 그 질문을 한다. 이 과정은 나머지 목표들에 걸쳐 계속된다.

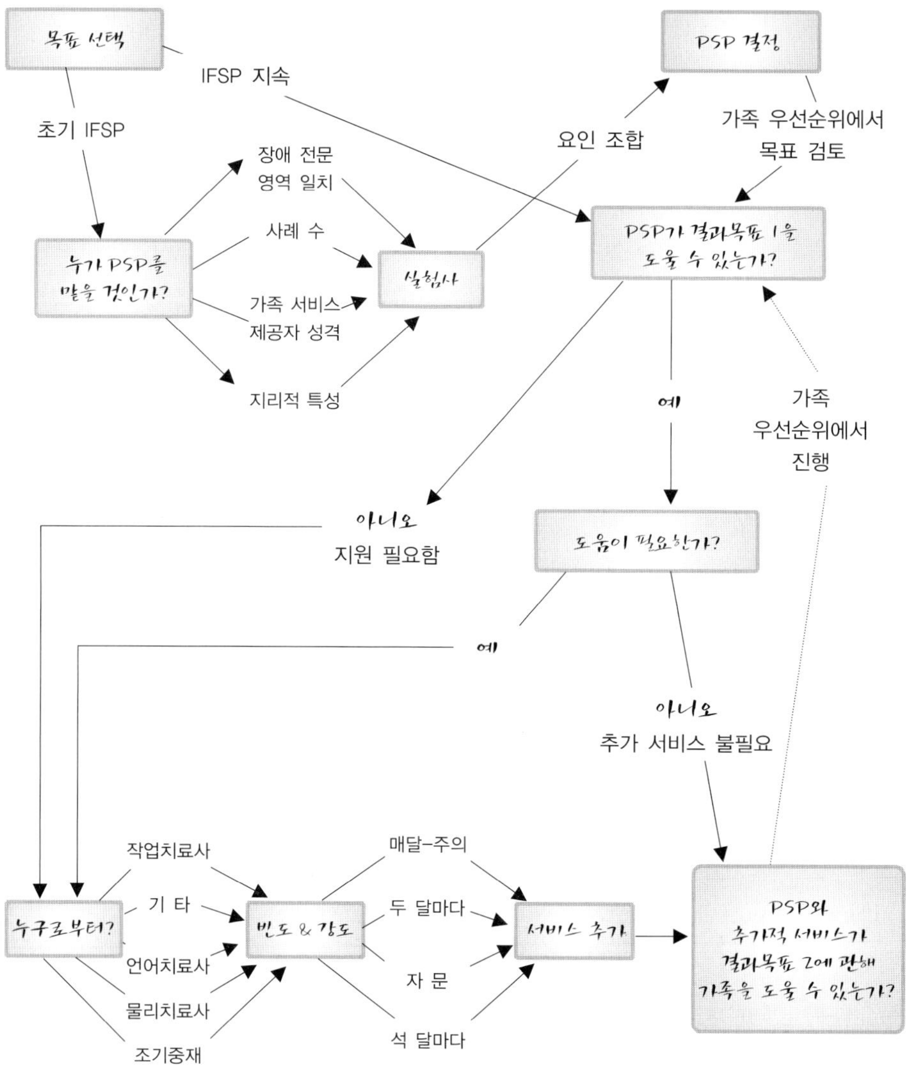

[그림 8-1] 서비스 결정을 위한 증가 진행도(핵심어: PSP, 주 서비스 제공자)

FINESSE의 항목들

다음 FINESSE의 항목은 서비스를 결정하는 것과 다소 관련된 유일한 것이다. 이것은 중재의 초점에 관한 것이다.

1. 중재와 결과목표는 **훈련 구체적**이다.
3. 중재와 결과목표는 **영역 구체적**이다.
5. 중재와 결과목표는 상황 구체적이다. 그러나 일과 기반은 **아니다**.
7. 중재와 결과목표는 **일과 기반적**이다.

훈련 구체적인 중재 결과란 "미카가 혼자 앉을 것이다."(그것 자체로 나쁜 결과는 아니다.) 치료사는 미카를 치료 공에 앉히는 전략만으로 아이의 몸통 조절을 훈련한다. 만약 결과가 비공식적으로 PT 목표나 교사 목표라고 알려진 목표라면 FINESSE를 완성하는 사람은 영역 구체적인 중재와 목표를 찾는 데는 어려움이 없다.

영역 구체적인 목표들은 인지 목표 혹은 운동 목표와 유사하게 알려진 것들이다. 몇몇 지역에서는 목표를 결정하기 위해 다섯 가지 영역의 현재 기능 수준 보고를 요구한다. 다른 지역에서는 지체가 기록된 각 영역을 위한 목표가 요구된다. 예를 들어, 만약 아이가 의사소통에 지체가 있다는 것을 알았다면 의사소통 목표를 요구한다. 이 요구는 이해할 만한 것이고, 목표가 다학문적 평가 결과와 맞아야 한다고 규정한 IDEA를 뒷받침해 준다. 그럼에도 두 가지 다른 조건은 기능적이고 가족 중심적인 중재의 초점에 남아 있다.

상황 구체적이지만 일과 기반이 아닌 목표들과 중재들은 목표행동이 보일 때 관여되는 장소, 시간, 사람을 구체적으로 밝힌다. 예를 들어, 목표가 "아이가 장난감을 작동하기 위해 눈-손 협응을 해야 한다."이면 그런 행동과 중재가 유치원 교실에서 작은 장난감 영역에서 일어난다고 IFSP에 구체적으로 밝힌다. 목표를 위한 필요는 지속적인 일과로부터 나오지 않았고, 사실 성인이 지속적인 일과 밖의 이것을 적당한 장소에서 다룰 수 있었을 것이다. 성인이 아이를 개별적으로 미술이나 작은 장난감 영역에서 눈-손 협응 훈련하는 곳으로 데려갈 수 있을 것이다. 이것은 상황 구체적이지만 일과 기반이 아닌 중재다.

따라서 일과 기반 목표와 중재는 일과와 연관된 것으로 생각되는 개별적 기술이라기보다는 일과 목표와 관련된 것이다. 일반적으로 목표행동이 독립적이거나 사회적 관계를 포함한 일과 참여를 다룬다면 그것은 일과 기반적인 것이다. 따라서 일과 기반적이기 위해서는 장소를 넘어서야 한다.

결과 표본 목록

다음 목록은 RBI에서 나온 비형식적인 결과물들이다.

샌디(브라이스의 어머니)를 위한 우선순위들

1. 브라이스가 식사시간마다 아침, 저녁 그리고 자신이 필요하거나 원할 때 언제나 의사소통을 할 수 있다.
2. 브라이스가 실내에서 맨발로 넘어지지 않고 빨리 걸을 것이다.
3. 브라이스가 셔츠를 혼자서 입을 수 있다. 그리고 자신의 바지를 올릴 수 있다.
4. 브라이스가 엄지손가락을 빨지 않으면서 놀거나 이야기를 들을 수 있다.
5. 브라이스가 목욕을 할 때 협조적일 수 있다.

6. 샌디가 캘리스터(브라이스의 누나)와 소리 지르지 않고 의사소통할 수 있다.
7. 샌디와 러스티(브라이스의 아버지)가 아동을 위한 괜찮은 유치원을 찾을 수 있어 아동 없이 부부가 함께 시간을 보낼 수 있다.

브라이스의 PSP는 글로리아다. 그녀는 유아특수교육을 전공했고, 영아와 걸음마기 유아들과 6년 동안 일해 왔다. 그 과정은 글로리아가 "브라이스의 의사소통 영역의 필요들에 관해 그 가족을 도울 수 있는가?"라는 질문으로 시작된다. 그녀는 할 수 있으며, 아무 도움도 필요하지 않다. 왜냐하면 브라이스는 단순히 지체가 있을 뿐 구조적 이상(그의 입, 혀 등은 아무런 이상도 없다)은 제외되었기 때문이다. 글로리아는 브라이스가 앞으로 6개월 동안 어떤 의사소통도 성취하지 못한다면 다른 사람, 특히 언어치료사로부터 자문이 필요하다는 것을 알 만큼 경험이 많다. 그러나 지금으로서는 그녀가 제공하는 특수교육 외에 다른 서비스가 필요하지 않다. 가족은 두 번째 목표를 선택했는데, 왜냐하면 그들은 브라이스가 매우 서툴다고 생각했기 때문이다. 글로리아가 생각하기에 만약 그것이 부모의 두 번째 관심사라면, 걸음마기 유아의 걸음걸이치고는 불안정할 수 있어서 그녀는 물리치료사로부터 자문을 원했다. 그래서 물리치료가 서비스로 추가되었다. 그러나 한두 번의 자문 정도로만 추가되었다. 만약 물리치료사가 글로리아가 추천하는 것보다 더 중재할 필요가 있다고 판단하면 추가적인 서비스 빈도는 늘어날 것이다. 하지만 글로리아와 그녀의 슈퍼바이저들은 물리치료사가 우연히 혹은 의도적으로 가족이 물리치료사와의 빈번한 접촉이 필요하다고 주장하는 그런 상황이 일어나지 않게 주의할 것이다. 달리 말하면, 물리치료사는 부모의 면전에서 PSP의 역량을 강화함으로써 이 모델을 지원할 필요가 있다. 그럼에도 물리치료사가 추가되었다. 따라서 세 번째 목표인 옷 입는 것과 관련한 질문은 "글로리아와 물리치료사는 브라이스가 혼자서 셔츠를 입고 바지 올리기를 가르치는 것을 도울 수 있는가?"이다. 글로리아는 물리치료사와 둘이서 부모를 도울 수 있다는 확신이 있다.

글로리아는 "브라이스가 엄지손가락을 빨지 않으면서 놀거나 이야기를 들을 수 있다."는 네 번째 목표와 관련해서 가족을 도울 수 있을까? 이것은 놀거나 이야기를 듣는 행동으로 대체하는 행동 감소 목표다. 글로리아의 배경은 다른 행동의 차별 강화를 활용하는 프로그램을 부모에게 충분히 설명할 수 있을 것이다. 모든 유아특수교육 교사가 이런 배경을 가진 것은 아니다. 그러나 글로리아는 우연히도 그런 배경을 갖고 있다. 그래서 그녀와 물리치료사 사이에 다른 추가적 서비스는 없다(증가 접근법을 활용할 때는 이미 선택된 서비스를 추가한다).

다섯 번째 목표를 위해 글로리아는 물리치료사와 둘이서 가족이 브라이스가 목욕할 때 협조적일 수 있도록 가르치는 것이 도움이 될 수 있다고 생각한다. 가족의 여섯 번째 목표는 어머니 샌디가 브라이스의 누나에게 소리 지르지 않고 의사소통하는 것을 가르치는 것이다. 글로리아의 배경(기술적으로 이미 계획에 포함된 물리치료사의 지원으로)은 그녀가 이 목표에 관해 어머니를 도울 수 있다고 확신하게 한다.

가족이 괜찮은 유치원을 찾는 것을 돕는 일곱 번째 목표를 위해서는 글로리아의 도움은 필요하지 않다. 따라서 서비스 목록은 단지 특수교육(유아특수교육 교사에 의해 제공되는)과 물리치료로 구성되어 있다. 만약 헌신적 서비스 관리자가 없는 체계였다면, 유치원을 찾는 서비스 관리자가 따로 있었을 것이다. 만약 이것이 혼합된 서비스 관리 접근 체계였다면, PSP 역시 서비스 관리자인 같은 사람에 의해 제공되는 두 가지 서비스가 여전히 목록에 있었을 것이다. 때때로 혼합 서비스 관리자는 서비스 관리로 분류된 방문 비율과 다른 서비스(특수교육)로 분류된 비율을 보고해야 한다. 왜냐하면 서비스의 급여 재원이 각기 다르기 때문이다. 예를 들어 메디케이드, 의료보호제도(역자 주: 미국의 제도로서 저소득층 및 장애인에 대한 지원의 한 종류)와 관련이 있다면 서비스 관리는 선별 대상 관리로 청구될 것이고, 중재는 다른 분류로 청구될 것이다.

사려도 없고 단순한 체계에서는 한 가족이 언어치료사(목표 1), 물리치료사(목표 2), 작업치료사(목표 3, 4, 5), 가족 상담 교육(목표 6) 그리고 서비스 관리자(목표 7)의 지원을 받게 될 것이다. 하지만 가족 상담 교육 같은 경우 대부분 일상적으로 제공되는 서비스가 아니기 때문에 목표 6은 다뤄지지도 않을 수 있다. 대개 가족 수준의 필요들은 IFSP에서 다뤄지지 않는 경우가 많다.

RBI와 서비스 증가 결정 접근법의 조합은 조기 중재에서 가족을 위한 프로그램에 도입된 강력한 전략이다. 이 접근법은 RBI로부터 나오는 복수의 목표에서 아동과 가족의 폭넓은 필요를 강조하는 한편, 능률적인 서비스로 가족의 시간과 역할을 빼앗지 않을 것을 명확히 한다. 〈부록 8-1〉에 있는 서비스 결정 점검표가 이런 과정을 도와줄 것이다.

서비스 의사결정에 관련한 테스트

1. 초학문적 접근이란?
   a. 복수의 전문가가 아동과 가족을 위해 각자 따로 일하는 것이다.
   b. 한 명의 전문가가 아동과 가족을 위해 일하는 것이다.
   c. 복수의 전문가가 아동과 가족을 위해 일하며, 서로 의사를 교환한다.
   d. 주로 한 명의 전문가가 아동과 가족을 위해 일하고, 다른 전문가 팀의 지원을 받는다.

2. IFSP 서비스는 다음에 근거해서 추가된다.
   a. 아동의 장애
   b. 아동이 가진 지체의 심각성
   c. 주 서비스 제공자를 돕는 데 필요로 하는 사람
   d. 지역사회에서 제공하는 서비스들

3. 다음 상황 중 어떤 것이 문제인가?
   a. 가정방문자가 가정방문 시마다 매번 다른 전문가를 데리고 간다.
   b. 가정방문자가 네 번째 가정방문 시에 다른 전문가를 데리고 간다.
   c. 가정방문자가 가족에게 다른 전문가가 자문을 제공할 것을 제안한다.
   d. 가정방문자가 엄격히 규정된 자신의 전문분야 이외의 제안을 가족에게 제공한다.

4. 경험 많은 가정방문자는?
   a. 일반적으로 비경험 가정방문자보다 다른 전문가들과 함께 더 많은 연합 가정방문이 필요하다.
   b. 일반적으로 비경험 가정방문자와 같이 다른 전문가들과 함께 똑같은 연합 가정방문이 필요하다.
   c. 일반적으로 비경험 가정방문자보다 다른 전문가들과 함께 더 적은 연합 가정방문이 필요하다.
   d. 일반적으로 가정방문을 할 때 집을 찾는 데 더 많은 시간이 필요하다.

5. 주 서비스 제공자에 대한 추가적 서비스의 결정은?
   a. 서비스 관리자에 의해 결정된다.
   b. 서비스 제공자에 의해 결정된다.
   c. 프로그램 행정가에 의해 결정된다.
   d. IFSP 팀에 의해 결정된다.

6. 아동 수준의 결과목표는?

a. 그들이 강조하는 발달 영역(예: 인지, 의사소통, 운동)에 의해 명확히 발견된다.

b. 최소한 10단어 이상이다.

c. 가장 관련 있는 사람의 전문성 영역(예: 물리치료 목표, 작업치료 목표, 언어치료 목표)에 의해 명확하게 확인된다.

d. 일반적으로 아동의 참여, 독립성, 사회적 관계성 등과 관련이 있다.

정답: 1) d 2) c 3) a 4) c 5) d 6) d

부록 APPENDIX

〈부록 8-1〉 서비스 결정 점검표

〈부록 8-1〉 서비스 결정 점검표

서비스 관리자 ____________________ 관찰자 ____________________

이 점검표를 자가 점검 혹은 동료, 슈퍼바이저나 훈육관의 관찰에 활용하라. 옳으면 (+), 틀리면 (−), 거의 맞으면 (±), 해당사항이 없거나 관찰되지 않았으면 (NA)로 표시하라.

서비스 제공자가 할 일	날짜	날짜	날짜	날짜	날짜
1. 목표들을 기능적이게 했는가?					
2. 아동의 일반 보호자들을 지원하는 데 필요한 서비스들을 강조했는가?(단순히 아동의 잠재력을 극대화하는가와 비교해서)					
3. 가족이 정한 우선순위의 중요도 순으로 기능적 목표를 다루었는가?					
4. 주 서비스 제공자는 각 목표와 보호자를 보호하기 위해 어떤 서비스들을 필요로 하는지 물어보았는가?					
5. 확인된 각 서비스의 목표를 위해 필요한 서비스의 강도를 물어보았는가?					
6. 주 서비스 제공자가 얼마만큼의 지원이 필요한지 각 서비스의 강도에 근거했는가?					
7. PSP가 얼마만큼의 도움이 필요한지 PSP와 다른 팀 구성원들의 관점을 평가했는가?					
전체 이행 항목 수					
전체 이행 가능 항목 수(항목−NA)					
이행 항목 비율					

09

C·H·A·P·T·E·R

초학문적 서비스 조직

이 장에서는 초학문적 접근방법과 같은 뜻인 주 서비스 제공자 모형(PSP; McWilliam, 2003)의 실행에 대해 설명하고자 한다. PSP 모델에서는 한 명의 전문가가 가족에게 매주 지원을 제공하며, 공동 가정방문(JHVs)을 통해 해당 아동과 가족에게 서비스를 제공하는 다른 전문가들로 구성된 팀이 도와주게 된다. 공동 가정방문의 강도는 아동과 가족 그리고 PSP의 필요에 달려 있다.

이 모델은 다학문적 모형이 갖고 있는 네 가지 문제점에 대응하기 위해 개발되었다. 첫째, 아동을 위한 중재들은 중재와 중재 사이에 일어나기보다 가정방문 동안에 일어난다는 것을 반영한다. 그러나 모든 서비스를 높은 강도로 받고 있다면－특히 중재자가 아동을 직접적으로 중재하고 있다면－그 가족과 다른 사람들은 그러한 직접적인 강도 높은 중재가 그 아동을 위해 일어나고 있는 것이라고 생각한다.

둘째, 다학문적 모형은 아동의 기능을 일상생활에서 타당하지 않은 영역들로 분리시킨다. 각기 다른 전문가가 아동을 위해 상이한 개별적 프로그램을 제공하게 되면, 그 아동은 소근육 또는 '감각' 프로그램, 대근육 운동 프로그램, 의사소통 또는 섭식 프로그램, 그리고 '인지' 또는 사회성 프로그램 서비스를 받게 될 것이다. 왜냐하면 실제 중재는 이러한 모든 것을 일상의 일과 상황에 통합해야 하기 때문이다. 하지만 앞서 말한 다학문적 모형은 실제로는 조금도 유용하지 않다.

셋째, 다학문적 모형은 가족에게 많은 시간을 요구한다. 가정방문(개별적으로 지역사회에 있는 클리닉을 방문하고 – 정책 및 권장사항임에도 불구하고 – 여전히 그런 방문을 제공한다)은 가족의 하루 시간을 전문가를 접대하는 일에 맞춰야 한다. 젊은 세대 가족의 일상은 분주한데, 중재는 가족이 일상적인 활동을 할 때 일어난다. 가정방문은 그만큼 가치가 있겠지만, 가족의 일상적인 시간을 방해한다. 심지어 몇몇 가족은 중재를 위해서가 아니더라도 아동을 '치료'받게 기관에 데려가거나 아동을 위해 '치료사'를 가정에 오게 하기 위해 시간을 내야 한다고 믿고 있다.

넷째, 다학문적 모형은 부족한 자원들을 부적절하게 배분한다. 조기 중재 서비스가 충분한 재원을 제공한다고 믿는 사람은 많지 않지만, 시스템은 여전히 비용적 측면에서 비효율적인 방식으로 서비스를 제공하고 있다. 다학문적 모형이 사용되는 한 조기 중재에 대한 재정 지원을 옹호하는 호소는 사라져야 하고, 반드시 사라질 것이다.

원칙

이 책에서 설명하는 초학문적 접근의 원칙들은 다음과 같다. 이들 원칙은 1장에서 설명한 것들을 강화한다.

모든 중재는 전문가들이 방문하는 동안 발생한다

영아기와 걸음마기 아동은 단시간의 과도한 시도가 아닌 오랜 시간을 두고 반복되는 환경과의 상호작용을 통해 가장 잘 배운다. 따라서 아동과 많은 시간을 보내는 사람이 아이를 가르칠 기회를 가진다. 이것이 바로 아동이 부모와 보육교사들에게서 배우는 이유다. 이러한 사실은 매주 아동에게 중재를 제공하고 단번에 할 수 있다고 믿는 전문가들과 가족을 각성시키는 요인이다. 일반 양육자의 역할이 마치 숙제를 떠안은 학령기 아동의 부모처럼 몇몇 지원적 활동들을 따라가는 것으로 규정되면, 양육자들은 자신들의 역할이 아이의 학습에 중점을 두기보다 부수적이라고 생각하는 것이 용납될 수 있다. 사실 전문가들이 방문하는 기간 동안 성인과 아동의 모든 상호작용에서 학습이 일어나고, 아동이 물건을 가지고 하는 상호작용에서 일정한 학습이 일어나는 것도 전문가들의 방문하는 기간 동안 일어나는 일이다. 실제로 어디에서 중재가 일어나는지를 파악하는 것은 전문가들의 역할이 실제로 무엇인지에 대해 재고하게 하는데, 그 결과 복수의 전문가가 가족과 규칙적이고도 잦은 접촉을 할 필요가 없다는 것을 깨닫게 된다.

치료와 교육은 골프 레슨이 아니다

최근 나의 능력 부족으로 골프를 망치고 있다. 쇼트게임에서 헤매면 전문 프로 골퍼에게 레슨을 받는다. 레슨 동안 나는 많은 공을 치며 수많은 시도를 할 것이다. 이것은 성인이 학습하는 바람직한 방법이다. 왜냐하면 성인은 각각의 시도에서 정보를 처리할 수 있기 때문이다. 아동들은 그렇게 빨리 많은 정보를 통합하여 함께 처리할 수 없다(반복적이고 많은 시도를 해야 하는 운동 학습에서 훈련의 역할과는 조금 다르다는 것은 유념해야 하지만, 여기에서는 아동이 그 기술을 연습하기 전의 학습 습득 단계에 대해 말하고 있다). 더욱이 레슨 중에 프로 골퍼가 가르치면 나는 그것을 골프 레슨 시간 외에도 적용할 수 있다. 성인은 그렇게 일반화할 수 있다. 그러나 아동들은 그렇게 쉽게 일반화하지 못한다. 다학문적 접근이란 영아와 유아에게 적용하기 부적합한 골프 레슨(사실은 재활)과 같은 사고방식에 근거를 두고 있다.

정기적인 보육자(즉, 부모와 교사)는 스스로 목표를 가질 필요가 있다

결과목표는 그것을 만드는 전문가보다는 그것을 결정하는 양육자의 소유가 되어야 한다. 결과목표들은 IFSP의 중추가 되는데, 거기에서 서비스에 대한 결정이 나온다. 결과들은 중재의 초점으로서 적절하고 기능적인 것이어야 한다. 결과목표가 양육자들이 주장해야 할 가장 중요한 이유는 양육자들이 가장 중요한 중재자들이기 때문이고, 결과목표의 필요성과 중재가 일어나는 일과에 대한 상관성을 알 필요가 있기 때문이다.

중재는 방문하는 동안 일어나고, 하루 전체에 걸쳐 분산된 여러 가지 시도를 통해 아동에게 학습이 일어난다. 양육자들이 결과목표를 가질 때 중재가 일어난다는 개념을 이해한다면 다학문적인 모형 적용이 불가능하다는 것이 명확해진다. 그 대신 아동이 실제로 어떻게 배우는지를 강조하는 방법이 필요하다. 그것은 가족의 기능적 필요를 배경으로 통합되며, 가족과 PSP의 친밀한 관계 형성을 활용하고, 가능한 한 전문가들을 효율적으로 활용하며, 제한된 자원들을 가장 효과적으로 사용하는 것이다.

프로그램 조직하기

대부분 조기 중재 서비스는 '프로그램'을 통해 제공되지만, 모든 조기 중재가 그렇지는 않다. 개별적인 서비스 제공자들보다 프로그램들은 PSP 모델을 활용할 더 많은 기회가 있다. PSP 모델은 팀을 필요로 한다. 이번 장의 '지역사회와 협력하기' 부분에서는 지역사회에서 팀의 형성을 강조하고 있다. 프로그램 조직에서 중요한 주제는 1) 사례와 시간 배분하기, 2) 큰 그림 다루기다.

담당 건수와 시간 배분

한 프로그램에서 시발점은 75/25의 규칙을 따르는 것일 수 있다. 제너럴리스트(일반 중재자)는 75%의 시간을 자신의 담당 가족을 방문하는 데 쓰고, 나머지 25%는 다른 팀 구성원의 담당 가족을 방문하는 데 활용한다. 반면에 전문가는 75%의 시간을 다른 팀 구성원의 담당 가족을 방문하는 데 쓰고, 25%는 자신의 담당 가족을 방문하는 데 사용한다. 실제로는 비율이 문제가 되는 것은 아니지만, 초학문적 서비스 전달의 개념을 유지하고 가족이 다양한 영역에 걸쳐 자신들의 필요 충족을 보장받기 위해서는 여기에서 10% 이상 벗어나지 않아야 한다.

제너럴리스트와 전문가

조기 중재 서비스에서 서비스 제공자들을 제너럴리스트와 전문가로 분류하는 것이 도움이 될 수 있다. 〈표 9-1〉은 이 두 가지 부류로 나누는 배경의 예를 보여 주고 있다. 한 가지 배경을 가진 조기 중재자들이 때로는 반대 부류의 기능을 할 때가 있다. 예를 들어 가족의 모든 필요를 지원하며 PSP의 역할에 대부분의 시간을 할애하는 언어치료사는 제너럴리스트로서 기능할 수 있다. 일반적으로 제너럴리스트들은 발달, 행동, 가족 필요 등 폭넓고 다양한 영역을 다룰 수 있도록 훈련받는다. 그에 비해 전문가들은 집중된 영역의 아동 기능을 다루도록 훈련받는다.

〈표 9-1〉 제너럴리스트와 전문가의 배경 예

제너럴리스트	전문가
조기 중재 교육(일반 또는 특수)	작업치료
심리학	물리치료
아동 발달	언어치료
사회복지	
아동과 가족 전반의 행동과 발달을 목표로 한 다른 전문 영역	

75/25 규칙 하에 제너럴리스트의 주간 계획을 예시하면 [그림 9-1]과 같다. 모든 제너럴리스트가 하루 4회 가정방문을 하는 것은 아니다. 단지 가족을 방문하여 담당하는 분포에서 누가 주 제공자인지, 누가 제2의 제공자인지를 보여주기 위한 것이다. 그림에서 볼 수 있는 것처럼 다른 사람의 가족을 방문하여 담당하는 것은 주 제공자와 함께하는 JHV(공동 가정방문)를 통해서다. 더욱이 자신의 담당 가족을 방문하는 경우 중 몇몇 회기도 자문을 제공하는 다른 팀 구성원들과 함께한다. 25/75(숫자가 의도적으로 바뀌어 있다) 규칙 하에서 전문가의 주간 계획은 [그림 9-2]와 같다.

월요일	화요일	수요일	목요일	금요일
담당 가족	다른 가족(JHV)	서류작업 및 직원 배정 회의(사무실)	담당 가족	담당 가족
담당 가족	다른 가족(JHV)		담당 가족	담당 가족
담당 가족(JHV?)	담당 가족		다른 가족(JHV)	담당 가족(JHV?)
담당 가족	담당 가족		다른 가족(JHV)	담당 가족

[그림 9-1] 주 서비스 제공자 모델을 사용하는 제너럴리스트의 주간 일정 계획. PSP의 담당 가족 방문 중 일부는 자문가와 함께하는 방문 일정 알림(중점: JHV, 공동 가정방문)

큰 그림 운영하기

프로그램 관리자는 PSP가 다른 사람을 데리고 지나치게 잦은 방문을 함으로써 PSP 모델의 장점을 상실하는 과도한 JHV가 이뤄지지 않도록 해야 한다. 그러한 경우에는 왜 과도한 활용이 발생했는지 모니터하는 것이 중요하다. 예상할 수 있는 몇 가지 이유는 다음과 같다.

- PSP는 자신감이 부족하다.
- PSP는 지식과 기술이 부족하다.
- 전문가들은 프로그램을 실행할 때 가족을 지원하는 역할이 노출되는 것을 꺼린다.

월요일	화요일	수요일	목요일	금요일
담당 가족	다른 가족(JHV)	서류작업 및 직원 배정 회의(사무실)	다른 가족(JHV)	다른 가족(JHV)
담당 가족	다른 가족(JHV)		다른 가족(JHV)	다른 가족(JHV)
다른 가족(JHV)	다른 가족(JHV)		다른 가족(JHV)	담당 가족(JHV?)
다른 가족(JHV)	다른 가족(JHV)		다른 가족(JHV)	담당 가족

[그림 9-2] 주 서비스 제공자 모델을 사용하는 전문가의 주간 일정 계획. PSP의 담당 가족 방문 중 일부는 자문가와 함께하는 방문 일정 알림(중점: JHV, 공동 가정방문)

운용자들은 PSP의 실행을 제너럴리스트, 전문가 그리고 가족의 세 가지 관점에서 운용해야 한다. 각각의 제너럴리스트는 대부분의 방문을 혼자서 완수해야 한다. 개별 방문과 연합 방문의 적절한 주별 계획은 [그림 9-3]과 같다.

월요일	화요일	수요일	목요일	금요일
담당 가족	다른 가족(JHV)	서류작업 및 직원 배정 회의(사무실)	담당 가족	담당 가족
담당 가족(JHV)	다른 가족(JHV)		담당 가족	담당 가족
담당 가족	담당 가족		다른 가족(JHV)	담당 가족(JHV?)
담당 가족	담당 가족		다른 가족(JHV)	담당 가족

[그림 9-3] 제너럴리스트에 합당한 주간 일정(중점: JHV, 공동 가정방문)

JHV를 받는 '담당 가족'은 매주 바뀐다. 예를 들어, 월요일 두 번째 방문을 받는 가족은 [그림 9-3]에서 보듯이 그 주에 JHV를 받게 된다. 그리고 그 가족은 지금부터 다음 달까지 다른 JHV를 받지 않고, 다음 달 네 번째 월요일에 JHV를 받게 된다.

제너럴리스트가 다른 사람의 담당 가족을 방문하는 것은 자문가로서이며, 빈도는 그다지 많지 않다. 따라서 제너럴리스트가 이번 주에 방문하는 다른 사람이 담당하는 네 가족은 제너럴리스트가 그다음 주에 방문하는 가족과 같지 않다. 왜냐하면 JHV는 가족과 PSP, 다른 팀 구성원들의 조정을 계획하는 것이 도전적이기 때문이다. 이는 매주 같은 시간 영역에 일어나는 것만은 아니다.

유치원 자문을 위한 특별한 고려사항

얼마나 자주, 또 얼마나 많은 사람이 아동의 유치원 보육 담당자들에게 자문을 구해야 할까? 여전히 가족 자문과 관련된 – 복수의 전문가보다 한 명의 전문가, 한 팀보다는 통합된 프로그램을 제공하는 – 원칙들이 적용된다. 한편, 아동 보육 제공자들은 서비스 제공에 대한 비용을 받는다. 아동이 유치원에 있을 경우에는 개별 방문이 아닌 연합 방문을 하는 데 있어 어떤 여지가 요구된다. 왜냐하면 교실에서의 여러 가지 활동 때문에 가정방문과는 자문의 분위기가 사뭇 다르다. 따라서 자문 팀 구성원들은 개별 방문을 해야 한다. 이 경우 가장 중요한 원칙은 아동을 치료나 수업을 위해 교실 밖으로 데리고 나오지 말아야 한다(McWilliam, 1996). 그 대신 치료사들은 '일과 안에서의 개별화'라고 불리는 서비스 전달 접근을 활용해야 한다(그림 9-4 참조).

보육원에 대한 자문의 일과 내 개별화된 접근방법

1. 교실에 들어갈 때, 현재 활동과 대상 아동이 참여하고 있는 것을 관찰하라.
2. 아동의 활동 참여에 방해 없이 아동과 함께하라.
3. 교수진이 당신(자문가)을 관찰할 수 있게 확인하라.
4. 우발적 교수를 활용하라.
   a. 개별화된 목표를 다룰 것
   b. 보다 세련된 참여를 불러일으킬 것
   c. 보다 긴 참여를 불러일으킬 것
5. 중재에 관해 교사진과 의사소통할 것

[그림 9-4] 보육원에 대한 자문의 일과 내 개별화된 접근방법

출처: McWilliam(1996).

한 가지 옵션으로 한 명의 전문가는 가정방문을 하고, 또 다른 전문가는 유치원을 방문하는 것이 될 수 있다. 그들은 같은 IFSP로 하지만, 다학문적인 접근이 통합된 것을 확실히 할 필요가 있다.

프로그램 안에서 개별 전문가가 다수의 팀에서 일하는 복수의 개별화된 IFSP 팀이 존재한다. 각각의 팀에는 한 사람이 PSP가 될 수 있다. [그림 9-5]에서 볼

수 있듯이 모든 팀이 하나의 행정적 프로그램 하에 있을 때는 어느 정도의 행정적 조절이 가능하며, 결과적으로 하나의 팀 문화가 생겨날 수 있다. 나중에 전문가들이 하나의 공통된 프로그램에 의해 연합되지 않으면 어떤 일이 일어나는지 설명하겠다.

지역사회와 함께 일하기

일부 지역에서 조기 중재는 극히 소수의 프로그램에 고용되지 않는 소수의 서비스 계약을 포함하여 주로 프로그램들을 통해 제공되고 있다. 지금 이 글을 쓰는 시점에 테네시 주의 다른 지역들에서는 많은 서비스가 독립적인 업체들에 의해 제공되고 있다. 오하이오 주에서는 88개 시·군에서 다른 영역의 전문가 팀들과 독립적인 업체들인 'MM-DD위원회'를 두고 있다. 가족이나 가족으로 구성된 단편적인 팀들에게는 초학문적 팀으로 서비스를 제공하기 위해 직면하는 도전이 상당하다.

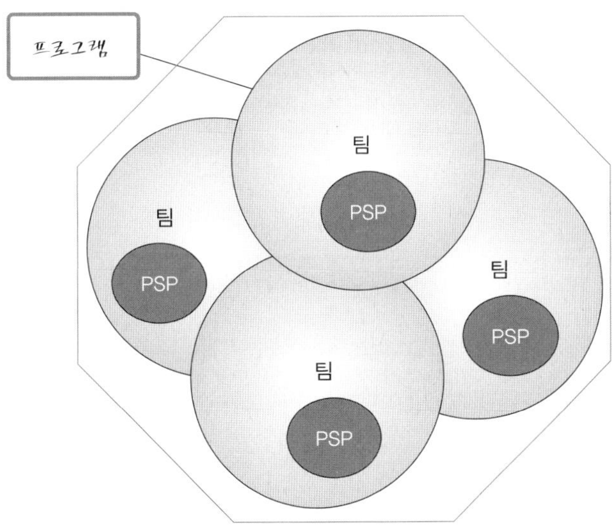

[그림 9-5] 프로그램으로 운영되는 주 서비스 제공 모형(중점: PSP, 주 서비스 제공자)

팀 구성하기

조기 중재 팀에게 무슨 일이 일어난 것일까(그림 9-6 참조)? 프로그램이 제공되는 지역들에서는 [그림 9-6]에서 볼 수 있듯이 조기 중재 프로그램에 구성원으로 고용되어 있는 서비스 조정자에게 의뢰가 가게 된다. 다른 지역들에서는 서비스 조정을 제공하는 데 전념하는 서비스 조정자가 또 다른 기관에 고용되어 있다(Dunst & Bruder, 2006). 이런 것과 상관없이 전통적인 서비스 조정자는 아동과 가족을 프로그램에 의뢰하고, 프로그램은 조정자와 서비스들을 주선하게 된다. 가족은 이 팀의 구성원이었다. 두 종류의 팀이 있는데, 하나는 전문가들이 조기 중재 프로그램 안에서 함께 일하는 팀이고, 하나는 개별 아동과 가족으로 구성되어 그들의 IFSP를 개발하는 팀이다. 뒤에 언급한 팀은 법에 의해 존재하지만, 전자의 유형은 종종 그렇지 못하다.

조기 중재에서 팀의 개념을 없애 버린 서비스 전달체계의 요소들은 독립적인 업체의 접근, 그리고 서비스 수임료를 받는 '전담' 서비스 조정자들(즉, 서비스 제공자가 아닌 서비스 조정자)의 도래를 의미한다. 이러한 문제들은 종종 서로 관련되어 있다.

다행히도 전문가들이 서로 협력하려는 의지만 있다면 이러한 늪에서 빠져나올 방법은 있다. 탈출구는 가상 팀을 활용하는 것이다.

가상 팀

조기 중재가 독립적인 업체(서비스 전달이 상업주의적 성향을 보이는 무신경한 용어)에 의해 단편적인 방법으로 제공되는 미국의 많은 지역에서 가상 팀은 그러한 팀의 개념을 극복할 방법을 제공할 수 있다. 전문가들이 각자 자신의 서비스 요금 청구서를 구비하고 같이 일할 것을 합의하되, 여전히 자신들의 서비스 요금 청구 기관과의 연계를 유지하는 것이다.

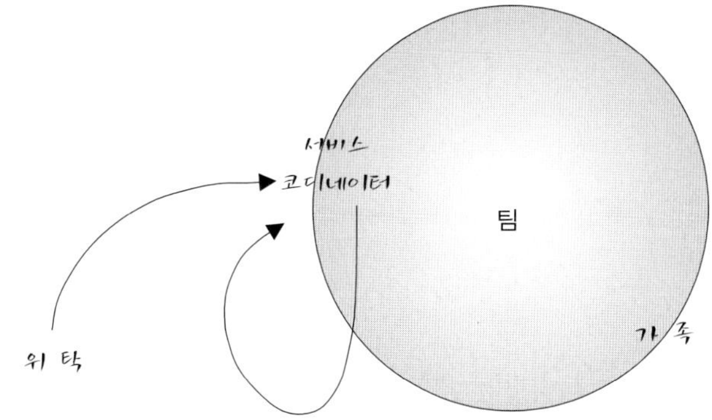

• '전담' 서비스 조정자
• 개별 업체
• 무상 서비스

[그림 9-6] 조기 중재 팀에서 일어나는 일

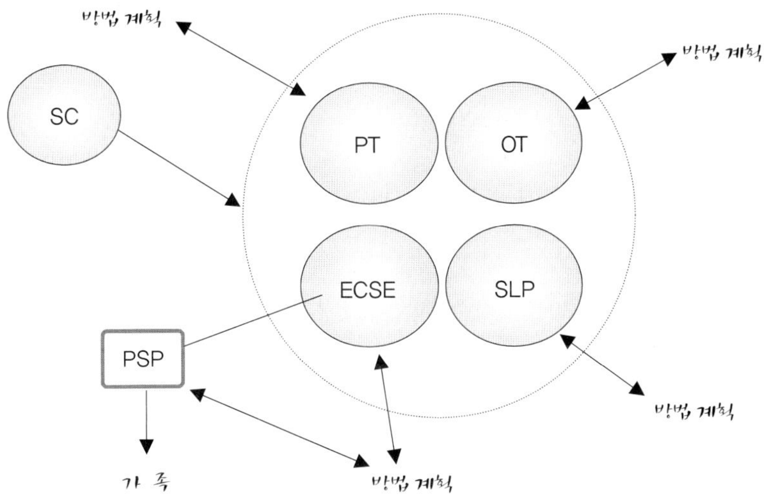

[그림 9-7] 개별 업체 모델에서 하는 일[중점: SC(서비스 조정자), PT(물리치료사), OT(작업치료사), SLP(언어치료사), ECSE(유아 특수교사), PSP(주 서비스 제공자)]

[그림 9-7]에서 볼 수 있듯이 서비스 조정자는 독립적으로 일하는 전문가들이 팀에 의뢰하면 이 상황에서 그들 중 누가 PSP가 될 것인지를 결정한다. 그 사람은 가족의 주요 동역자가 되고, 정기적인 서비스 요금 청구 방법으로 해당 서비스료를 지불한다. 팀의 다른 구성원들이 JHV를 통해 서비스를 제공할 때, 자

신의 요금 청구 방법을 활용한다. 예에서 보듯 유아 특수교사가 PSP다. 그러나 팀의 다른 구성원들이 PSP가 될 수도 있다. 의뢰가 들어올 때 번갈아 가며 맡음으로써 가상 팀의 구성원들은 자신들의 활동 수준을 유지할 수 있다(즉, 손해를 보지 않는다). 그리고 이러한 과정에서 조기 중재 체제는 모든 독립적 서비스 제공자들보다 팀에 속한 서비스 제공자에게 더 많은 의뢰를 제공함으로써 보상할 수 있을 것이다. 업체 주도 모델에서는 제공자들이 대체로 서비스 제공자들이 아니라는 것에 주의해야 한다. 즉, 전담 서비스 모델이 적절하다. 따라서 가상 팀은 팀워크를 자극하는 한 가지 방법이다.

PSP 모델 운용하기: PSP 선택하기

PSP는 어떻게 선택되었는가? 앞서 가상 팀에 의한 모델 적용에 대해 설명했다. 가상 팀들은 가족을 분배하는 데 있어 공정성을 보장할 방법으로 순서대로 혹은 다른 방법으로 PSP를 정할 것이다. 그러나 팀 내에서 가족을 맡으려고 경쟁하지 않는 전문가들에게는 PSP가 1) 지리(가족이 살고 있는 지역에 이미 서비스 제공자가 있는 경우), 2) 담당 건수의 크기, 3) 제공자의 관심이나 전문성, 가족의 주 관심사 간의 일치성에 의해 배정될 수 있다. 많은 제공자들은 마지막 기준을 선호하는데, 전문가들은 아동과 직접적으로 일하는 그들의 도식(생각)과 일치하기 때문이다. 보살핌은 보장되지만, 조기 중재에는 다른 어떤 필요보다 언어치료를 필요로 하는 아동이 더 많다. 언어치료사들은 충분하지 않기 때문에 '언어치료가 필요한 아동' 모두가 언어치료사를 PSP로 가질 수는 없다.

공동 가정방문

앞서 설명했듯이, JHV는 PSP와 다른 팀 구성원이 가정을 함께 방문하는 것이다. 다른 팀 구성원의 역할은 다양한 방법을 통해 평가를 진행하거나, 중재에 관한 제안을 제공하거나, 필요에 따라 모델이나 피드백을 제공하는 것이다. PSP의 역할은 자신과 가족의 이익을 위해 다른 팀 구성원이 제공한 정보를 가족이 이해하고 있는지 확인하고, 다른 팀 구성원이 가족이 원하는 것과 말하는 것을 이해하고 있는지 확실히 하기 위해 질문을 하고, 메모를 하고, 방해되는 요인을 없애는 것이다. 따라서 JHV는 상황과 분리된 기술을 수행하는 것이 아니라 일과 안에서 기능과 관련된 필요를 위주로 전문가들로부터의 자문에 중점을 둔다. 이러한 방문들의 목표는 일과 기반 필요에 관련된 문제를 결정하고, 가정방문 동안 중재를 향상시킬 정보를 제공하고, 다른 정보들을 제공하고, 양육자(예: 부모)와 PSP 모두의 유능감과 자신감을 향상시키는 것이다.

JHV가 진행되는 사례는 다음과 같다. 에드윈과 그 가족을 위한 언어치료사이자 PSP인 루시아는 에드윈의 개별화 팀(IFSP) 교사 넬과 함께 JHV 일정을 잡았다. 이러한 JHV는 IFSP에 따라 3개월마다 행해진다. 넬은 에드윈의 팀에서 그가 삼키는 문제를 제외하고 다른 사람을 물거나 입에 음식을 잔뜩 넣어 구역질하는 것에 대해 가족에게 지침을 제공한다. 다행히도 루시아와 넬은 에드윈의 집에 가정방문을 함께 다닐 수 있게 되었다. 그들은 차를 같이 타고 가는 데 동의했다. 루시아는 에드윈의 어머니에게 넬이 같이 올 것이라고 말했다. 그리고 어머니에게 넬이 오기를 원하는지 물어보았다. 루시아는 가족에게 자신의 의견을 강요하지 않았다. 루시아와 넬은 에드윈의 집에 도착하여 에드윈과 어머니에게 일상적인 인사를 나누었다. 넬은 에드윈이 다른 사람을 무는 행동이 줄어들었는지에 대해 질문하는 것으로 시작했다. RBI 동안 에드윈의 어머니가 제시한 두 가지 우선순위가 먼저 다뤄졌다. 넬과 어머니가 이야기하는 동안 루시아는 거실 바닥에 앉아 에드윈과 놀면서 그를 돌봤다. 루시아는 아동을 중재하고 있지는 않았고, 이따금씩 아동이 하는 말을 들으며 더 할 말이 있으면 하는 정도였다. 무는 것에 대해 약 십여 분 정도 이야기가 지속되었다. 에드윈이 가정방문 중에는 무는 행동을 보이지 않았기 때문에 넬은 아무런 시범을 보일 여지가 없었다. 넬은 무는 행동을 관리하는 것에 대해 몇 가지 지침을 더 알려 주었는데, 에드윈의 어머니는 모든 자세한 단계를 아는 것은 원하지 않았고 그런 행동을 다루는 방법을 이해하고 있는 것 같았다.

그리고 넬은 에드윈이 음식을 입에 잔뜩 넣는 것에 대해 물어보았다. 루시아는 어머니가 말한 것처럼 그다지 나아지지 않았다고 주의를 환기시켰다. 넬은 어머니로부터 아동이 삼킬 때마다 강화시키는 방법은 삼키는 비율(횟수)이 너무 낮아서 효과가 없다는 것을 알아냈다. 넬은 "그럼 아이에게 어떤 방법으로 충분한 영양분을 공급하나요?" 하고 물어보았다.

"입안에 음식물이 가득 차서 더 넣을 수 없으면 아이는 음식을 더 이상 먹으려 하지 않아요. 더 넣을 데가 없어요."

"그럼 어떻게 하세요?"

"뱉어 내게 하거나 아이의 입에 손가락을 넣어서 빼내요. 그러고 나서 아기 음식을 주면 에드윈은 행복하게 먹어요. 아기 음식은 뭉쳐질 만큼 단단한 것이 아니라서요."

"그걸로 만족하세요?" 하고 넬이 물었다.

"아니면 여전히 적당한 고형식을 주길 원하세요?"

"저는 여전히 아이가 고형식을 적절히 먹길 원해요."

넬은 아기 음식을 활용해 음식의 양을 점차 늘리는 '형성' 절차에 관해 논의했다. 에드윈의 어머니는 아기 음식을 사용할 적절한 시점에 대해 확실히 모르는 것 같아서 넬이 시범을 보였다. 정확히 식사 시간은 아니었지만 거의 식사 시간에 가까웠고, 다행히 남은 고형식이 있었다. 넬은 에드윈에게 아기 음식을 보여 준 다음 고형식을 조금 주고는 씹어서 삼키라고 했고, 그러고 나면 아기 음식을 주었다. 넬은 아기 음식을 먹기 전에 고형식의 양을 늘리는 대략적인 그림을 그려주었다. 그러나 에드윈의 어머니는 아이가 지난번 양만큼 연속적으로 세 번을 먹어야만 그 양을 바꿀 수 있다(변동 기준 설계)고 강조했다. 넬은 어머니가 이해했다고 생각하고, 이번에는 루시아에게 이 절차가 어떻게 작동하는지 이해하도록 했다. 넬은 루시아에게 어머니가 너무 빨리 포기하지 말게 하고, 만약 아이가 적은 양의 고형식이라도 거부하면 그 상황을 다루는 법(오반응 촉진)을 말해 주라고 자신의 노트에 적었다.

그리고 나서 넬은 어머니와 루시아에게 또 다른 도울 것이 있는지 물어보았다. 별다른 것이 없어 조기 중재자들은 에드윈의 집을 나섰다. 사무실로 돌아오는 길에 넬과 루시아는 가정방문에 대해 돌아보았다. 루시아는 섭식 프로그램과 관련해서 몇 가지 일어날 수 있는 일들에 관해 질문했다. 넬은 중재 계획(즉, 실행 단계와 전략)을 앞으로 수일 내에 루시아에게 참고하고, 에드윈의 어머니에 전하라고 했다.

변화에 대한 두려움 다루기

PSP 모델은 몇몇 사람에게는 매우 위협적이다. 추천된 실제(McWilliam, 2000a; Rapport, McWilliam & Smith, 2004; Workgroup on Principles and Practices in Natural Environments, 2007)로 지지되었음에도 이 모델은 조기 중재자들의 전통적 역할과 실제에 근본적인 변화를 촉구한다. 어느 전국 규모의 전문가 조직에서 "조기 중재 행정가들과 제공자들이 PSP 접근법으로 바꾸는 바람에 가족에 대한 치료를 부정하고 있다."며 치료사들이 불평을 토로하고 있다고 연락해 왔다. 종종 "PSP 모델이 자격 없는 사람들(대체로 가정방문 교사나 조기 중재 전문가들)이 치료를 제공하기 위해 교육받는 것을 의미하느냐?"고 묻기도 하였다. 이러한 두려움을 갖는 이유는 무엇일까? PSP 접근은 자격 없이 치료하는 것이고 치료사들의 영역 밖이라고 생각하여 자격 요건을 위반하고 치료사들의 역할을 간과하는 것은 잘못된 신념이다. 초학문적인 서비스 전달 체계에 대해 전문가 기관들은 어떤 조언을 해야 할까?

미국 언어청각협회는 새로운 의견 일치에 따라 "자연스러운 환경이 중재의 환경으로 사용되어야 하며……, 서비스들은 중재 전략들이 전형적인 환경과 활동의 지속적인 흐름 안에서 실행될 수 있는 자연스러운 환경에 통합되어야 하며……, 서비스의 고안과 전달은 가족과 다른 전문가, 지원 인력의 협력이 있어야 한다."고 서술하고 있다(Wilcox & Shannon, 1996). 비록 표면적으로는 PSP 접근을 지지하지 않지만, 이 진술은 같은 생각을 전하고 있다.

CEC 분과인 DEC의 추천된 실제의 한 영역은 '간학문적'인 모형이다. 명칭은 간학문적이지만 초학문적 접근을 설명하고 있다(McWilliam, 2000a). 이러한 모형들을 통해 각 팀은 가족 구성원을 포함해서 함께 결정을 내리거나 협력하게 되고, 전문가들은 학문의 영역을 넘나들며, 중재는 서비스가 아니라 기능에 초점을 두며, 주 양육자들과 함께하는 정기적 일과들은 아동이 다른 중재들을 잘 받고 아동의 학습에 가장 적합한 기회들을 제공해 준다.

전문가협회뿐만 아니라, 구글에서 '초학문적 유치원'을 검색하면 44,000개 이상의 결과가 나오는데, 아마도 이것이 일반적 접근임을 보여 주는 것이다. 이러한 접근에서는 다음 세 가지 함정에 주의해야 한다.

1. **자신감이 결여되어 있거나 치료사들에게 자주 도움을 요청함으로써 환심을 사려고 시도하는 주 서비스 제공자**(예: "난 늘 이런 사람들이 필요해."). 이 경우, 모든 PSP 방문이 JHV로 끝나 버릴 수 있다. 빈번한 JHV는 문제의 소지가 있다. 1) 만약 방문 때마다 다른 팀 구성원에게만 초점을 맞추게 되면 가족이 자신들의 PSP와 관계를 형성할 기회를 거부하게 된다. 그리고 그렇게 되면 2) 가정방문당 두 사람의 비용을 지불하게 됨으로써 조기 중재의 비용이 두 배로 늘어나게 된다. "누가 무엇을 위해 비용을 지불하는가?"가 아니라 사회에 끼치는 전체 비용적 측면에서 조기 중재의 경제성에 관해 생각해야 한다. 현재 생각으로는 만약 다른 사람이 추가 서비스들에 대해 지불한다면 중첩된 서비스도 수용할 수 있다는 것이다. 예를 들어 파트 C는 조기 중재 제너럴리스트의 가정방문에 대한 비용을 지불하는 반면, 보험회사는 JHV를 하는 치료사의 비용을 지불한다. 그러나 보험회사나 의료보호 체계가 빈번한 JHV의 비용을 지불한다고 해서 파트 C 당국이 잦은 JHV에 대해 걱정할 필요가 없다고 할 수는 없다. 이러한 지나친 비용은 결국 보험 가입자나 납세자인 평범한 시민이 부담하게 된다.
2. **자신의 역할을 방출(자신의 역할을 다른 사람에게 떠넘기는 것)하지 못하는 전문가들**(예: "나 말고는 아무도 이러한 가족을 지원하는 중재를 실행할 수 없다."). 이들은 빈번하게 방문해야 한다고 주장할 것이다. 그런데 사실은 직접적 서비스 접근을 자문적인 접근과 혼동하는 것이다.

3. **중재를 서비스로 혼동하는 전문가**(예: "이 아동은 한 달에 한 번 이상 치료가 필요하다."). 이들은 중재가 아동이 일상의 상황에서 일상의 양육자로부터 받는 것이라는 것을 이해하지 못하고 있다. 전문가가 제공하는 빈번한 서비스는 아동이 얼마나 중재를 받는지와는 관련이 없다.

이러한 세 가지 상황에 유의함으로써 조기 중재 팀이나 프로그램은 PSP 접근에 대한 방해를 막아낼 수 있다. 이러한 접근을 지지하는 또 다른 자료는 '자연스러운 환경에서의 원칙과 실제에 관한 협력그룹(the Workgroup on Principles and Practices in Natural Environments)'의 여섯 번째 원칙인 "가족의 우선순위, 필요, 관심은 팀과 지역의 지원을 받고 대표하는 주요 제공자들에 의해 가장 잘 강조될 수 있다."(2007, p. 2)를 들 수 있다. 이 원칙은 자연스러운 환경에서 조기 중재 전문가들에 의해 합의된 일곱 가지 사항 중 하나다. 조기 중재에서 자연스러운 환경 원칙에 주의를 기울이는 것은 당연히 IFSP의 서비스 페이지에 영향이 있다.

IFSP의 서비스들

PSP 모델이 채택되었을 때, IFPS의 서비스 페이지에 어떤 일이 발생할까? 첫째, PSP가 주간 서비스가 될 것이라고 가정해야 한다. 하지만 이 장의 다른 곳에서 논의되었듯이 이 추측은 항상 지지되는 것은 아니다. 이것은 기본적인 빈도로 대부분 가정들을 위해 추천하고, 프로그램의 예산을 위해 사용되는 것이다. 종종 '가정방문을 통한 서비스의 강도' 혹은 '가정 기반 서비스의 강도'라는 용어는 기술적으로 옳은 용어다. 반면 '가정방문의 강도'라는 용어는 옳은 용어가 아니다. 왜냐하면 가정방문은 서비스가 아니고 서비스가 제공되는 환경을 의미하기 때문이다. 가정방문을 통한 서비스 전달의 강도는 방문당 1시간 정도다. 일주일에 1시간 정도로 조정하는 것이 적합하다. 예를 들어 중재 제안을 이해하고 실행하는 가족에게 중요한 문제가 없다면 주마다 방문하는 것이 너무 빈번하다고 생각할 수 있다. 다른 한편으로 중재를 이해하지만 중요한 문제를 가진 가족은 더욱 빈번하거나 장시간의 방문들을 필요로 할 수도 있다.

팀이 아동과 가족을 자세히 알기 전인 초기 IFSP로는 왜 그 아동이 진단에서 결여를 보였는지 알아가는 동안에는 치료의 강도가 더욱 높아질 수 있다. 이것이 효과적인 중재를 추천하는 데 도움을 준다. 목표들을 개발하기 위해 몇 주간의 시간이 필요한 것이 아니라 좋은 RBI가 필요할 뿐이다! 그러나 좋은 전략들을 개발하는 데는 몇 번의 방문이 소요될 것이다. 그 기간이 지나면 PSP를 제외한 모든 팀 구성원의 빈도는 1~3개월마다 한 번으로 줄어들게 된다. 이 모델은 자문적 모델이라는 반경 안에서 유연하게 운용된다. 이것은 전문가들이 일주일 내내 가족의 주간 계획을 가득 메우고 있어서 빈도나 강도를 늘릴 필요가 있어도 그러지 못하는 일반적인 방법과는 대조적이다. 만약 가족이 위기에 처해 있거나, 주별 방문을 통해 중재를 배우는 데 어려움이 있을 경우에는 더 자주 방문해야 할 필요가 있다. 하지만 대부분의 가족은 일주일에 1시간이면 충분하다.

PSP 모델의 이점

PSP 모델의 이점은 다음과 같다.

- 가족은 여러 사람을 알 필요 없이 한 사람으로부터 강력한 지원을 받는다.
- 아동과 가족을 위한 프로그램은 단편적이 아니라 조직화되었다.
- 가족은 복수의 방문이 아닌 한 주에 한 번 가정방문을 받는다.
- 서비스 제공자, 특히 치료사들은 많은 가족에게 서비스를 제공할 수 있다.
- 제도에 대한 비용이 경감되어 간접적으로 가족에게 도움이 된다.

서비스 전달의 어떤 모델을 지지하기 위해서든 연구가 절실히 필요하다. 책임은 PSP 접근의 장점들만을 위한 것이 아니다. 사실 상식적으로나 이론적으로 보아도 다학문적 접근보다는 PSP 접근이 좀 더 우위에 있다. 그래서 다학문적인 모형을 옹호하는 이들은 치료사들과 재활사들이 치료실에서 독립적으로 일하면 더 많은 돈을 번다는 것이 사실이 아니라는 데 대해 논쟁한다.

자폐는 특별한 상황인가?

전국연구위원회(The National Research Council)는 아동들을 위해 주당 25시간의 '교육적 서비스'를 추천하고 있다(Lord & McGee, 2001). 이러한 용어를 쓴 것은 유감이다. 왜냐하면 아동에게 더욱 설득력 있는 필요는 특히 걸음마기 아동의 경우 자연스러운 양육자들로부터 오는 집중적인 중재이기 때문이다. 그것은 전문가들로부터 제공되어야 할 필요가 없다. 사실, 어떤 사람은 아동과 자연스럽게 일어나는 자극(전제 현상이나 후속적 결과)이라는 환경 밖에서 전문가들보다 부모나 보육교사로부터 제공되는 것이 낫다고 주장할 것이다. 중재란 학습 기회들로 여겨질 수 있다. 자폐를 가진 아동에게는 이러한 것들이 후속적 조건과 차별 자극에 대한 합당한 반응을 배우는 기회일 수 있다. 이러한 학습 기회들은 가능한 한 자연스럽게 일어나는 일과 안에서 하루 전체에 걸쳐 제공되어야 한다. 반드시 비용을 지불하는 전문가나 상황 밖에서 일어나는 수업의 직접적 교수를 의미하는 것은 아니다. 만약에 주 양육자들이 이러한 강도의 교수를 제공하지 못한다면, 팀은 어떤 합리적인 자원들이 있는지를 결정할 필요가 있다. 전문가로부터 충분한 자문을 받을 수 있는 훌륭한 아동 보육 프로그램이 하나의 선택이 될 것이다. 다른 하나는 통합과 발달상 적합한 실제를 실천하는 특화된 프로그램이다(Sexton, Snyder, Lobman & Daly, 2002).

PSP 모델의 경제학

PSP 접근의 실행 비용이 미치는 영향은 누가 PSP 역할을 맡게 되는지, 치료사들이 이 모델로 인해 얼마나 일을 잃게 되는지와 관련이 있다. PSP 접근은 수정되거나 순수한 초학문적 접근에서 사용될 수 있다. 수정된 접근에서는 대부분의 PSP가 영유아교육이나 유아특수교육에서 연수받은 일반 조기 중재자들이다. 치료사들은 대부분 이차적 팀 구성원으로서의 역할을 맡기 때문에 대부분의 시간을 다른 사람들의 가정을 방문하는 데 쓴다. 순수한 초학문적 접근에서는 모든 사람이 자신이 PSP인 가정들을 가지고 있고, 때로는 다른 가정을 위한 이차적인 역할을 하게 된다. 일반적으로 치료사들은 공급이 모자라는 경우에는 수정된 초학문적 접근법을 활용하고, 치료사들이 충분한 곳에서는 순수한 초학문적 접근법을 사용한다.

이러한 초학문적 접근은 처음 생각했던 것보다 치료사들의 재정에 미약한 영향을 미친다. 제3자 변제 제도는 사례 담당에 따른 것이 아니라 개별 방문들에 근거한 것이다. 서비스마다 비용을 받는 모형에서 일하지 않고 기관에 고용되어 월급을 받는 치료사에게는 다른 이야기다. 예를 들면, 계약직 치료사나 재활 클리닉을 통해 일하는 사람들에게 비용 청구 시간은 특별히 중요하다. 치료사들은 매일 다른 가족을 보지만, 주마다 늘 같은 일정을 처리하는 치료사에게는 다학문적 접근의 시간 배당에서 매일 네 가정을 본다고 가정하면, 일주일에 20명의 아동을 볼 수 있다(그림 9-8 참조).

월	화	수	목	금
×	×	×	×	×
×	×	×	×	×
×	×	×	×	×
×	×	×	×	×

[그림 9-8] 한 치료사가 아동을 볼 수 있는 시간

치료사들이 PSP인 다섯 가정을 매주 보는 초학문적인 접근의 시간 배당에서는 다른 가정들에 자문하는 것으로 채워져 있다. 치료사가 자문하는 가족은 매주 바뀐다. 잠정적으로 한 달마다 다시 순환하게 되는데, 치료사는 여전히 그 주간에 20곳을 방문하게 된다. 서비스마다 비용을 받는 치료사들의 수입도 여전히 같다. 다학문적 접근의 치료사들은 한 달에 20명의 아동을 보는 반면, 초학문적 접근의 치료사들은 PSP로서 다섯 가정을 보고 다른 15가정을 각 4주에 보게 되는데, 이렇게 되면 총 60가정이 된다. 따라서 초학문적 접근에서 치료사가 한 달에 볼 수 있는 총 가족 수는 다학문적 접근에서 치료사가 볼 수 있는 20가정에 비해 훨씬 많은 65가정이나 된다. 그리고 치료사는 주마다 20회의 방문에 대해 똑같은 비용을 지불받게 된다(그림 9-9 참조).

월	화	수	목	금
P	P	P	P	P
C	C	C	C	C
C	C	C	C	C
C	C	C	C	C

[그림 9-9] 치료사의 방문 구역 중 어떤 것이 주 서비스 제공자(P)와 자문가(C) 역할을 하는지 보여 주는 일정

서비스 전달의 경제학에 대해 살펴보는 또 다른 방법은 전형적인 아이의 경우를 보는 것이다. 예를 들어 다운증후군을 가진 두 살짜리 아이는 초학문적인지 다학문적인지 하는 문제에 덧붙여 서비스 협력 모형이 고려되어야 한다. 혼합적인 모형이 쓰이는가, 아니면 전담 모델이 쓰이는가? 앞의 5장에서 설명했듯이 혼합 모형은 서비스 제공자의 역할에 서비스 협력이 더해진 것으로, 서비스 제공자가 서비스 조정자가 된다. 전담 모델은 서비스 조정자가 서비스 제공자와 다른 경우이기 때문에 서비스 조정자들은 오직 서비스 조정만 한다. 다운증후군을 가진 두 살짜리 아이의 경우, 전담 서비스 조정의 다학문적인 모형을 선택할 때 다음과 같은 서비스들을 받을 것이다.

- 작업치료: 일주일에 한 번(65달러)
- 심리치료: 일주일에 한 번(65달러)

- 언어치료: 일주일에 한 번(65달러)
- 특별지도: 일주일에 한 번(45달러)
- 소계 × 50주 = 12,000달러
- 서비스 조정: 연 2회(1년에 280달러)
- 총 합계: 연 12,280달러

물론 서비스 비용은 미국 전역에서 각기 다르다. 이것은 모델들 간의 비교를 위해 표준화한 것이다. 독자들의 지역에 해당하는 현실적인 비용을 대입해야 하는데, 요점은 같다.

현재 두 살짜리 다운증후군 아동이 혼합 서비스 조정의 PSP 모델을 선택한다면 다음과 같은 서비스를 받을 것이다.

- 서비스 조정자/중재자: 일주일에 한 번(65달러)
- 관대한 또 다른 전문가: 한 달에 두 번(한 달에 130달러)
- 총 합계: 4,810달러

전용 서비스 조정 모형을 활용하는 것에 비해 PSP 모델이 좀 더 비싸다.

- 중재자: 일주일에 한 번(65달러)
- 또 다른 전문가: 한 달에 두 번(한 달에 130달러)
- 서비스 조정: 연 2회(연 280달러)
- 총 합계: 5,090달러

확실히 아동에게 서비스를 제공하는 이론적으로 타당한 방법의 비용은 다학문적 방법에 비해 여전히 많이 낮다. 그러나 한 가지 잠재적 도전으로 JHV는 각각의 전문가들에게 시간 전부를 지불하지 않을 수도 있다. 그 대신 각 사람이 방문한 시간의 절반만 지불하거나, 방문한 두 사람 중 한 사람에게 지불하게 될 것이다.

그럼에도 PSP 접근의 활용을 지지하는 중요한 결론들을 내릴 수 있다. 이 접근법으로 제너럴리스트들은 그들의 담당 가족을 보는 데 대부분의 시간을 보낼 수 있고, 전문가들은 그들의 대부분 시간을 다른 사람의 담당 가족을 보는 데 쓸 수 있다는 것이다. 제너럴리스트들은 때때로 다른 PSP들에게 자문을 하는 반면, 전문가들은 때때로 PSP가 된다. 전용 서비스 조정의 한 가지 문제는 서비스들이 산발적이고, 일반적으로 다학문적인 접근(예: 대체로 그 둘이 함께 가지만)만 활용한다는 것인데, 이것은 비용이 비싸다는 것을 의미한다. 비용을 절약하는 것은 PSP 모델의 중요한 논쟁이 아니지만, 비용을 절약하면 아마도 다음과 같은 것을 기대할 수 있을 것이다.

- 담당 PSP의 시간을 좀 더 필요로 하는 가족을 위한 서비스 강도의 증대
- PSP가 될 더 많은 사람의 고용
- 제공자에게 좀 더 후하게 지불하는 대신 그에 비례하는 수행을 기대할 것
- 활동하는 동안 그 모델을 수용할 훈련을 제공하라.
- 가족들이 이 접근의 가치와 목적을 이해하도록 의뢰 자원들과 가족을 위해 교육자료를 제공하라.

> FINNESS의 항목들
>
> 초학문적 접근 서비스에 관한 FINESSE의 세 가지 항목은 중재 삽입성, 중재의 초점, 그리고 가정 기반 서비스 전달 모형이다.

중재 배태성

중재 배태성과 관련된 쟁점은 중재 전략들이 일반적 가족의 일과들 안에 어느 정도로 포함되는가 하는 것이다. 만약 전략들이 클리닉 환경 같은 특별한 장소나 상업적으로 만든 베개 받침대 같은 특별한 장치를 필요로 한다면 일과에 삽입되지 못한 것이다. 때로 전략들은 가족이 가진 것들로 가정에서 수행되도록 고안되어 있다. 조기 중재자들이 가족에게 특별한 시간을 정해 놓으라고 하고, "아동과 하루에 한두 번 그들의 목표와 관련된 것을 하라. 조기 중재를 하

라. 혹은 치료를 하라."고 추천한다면 그들 역시 중재를 삽입하지 않은 것이다.

전적으로 삽입된 것은 아니지만, 보다 더 삽입된 접근에서는 기존의 일과 활동들에 대해 상당한 수정을 가하기를 권유한다. 예를 들어 가족 안에서 어른과 아이가 주고받기 놀이를 개선하려고 하고 그것을 밤에 자기 전에 마지막으로 하기로 정했다면, 조기 중재자는 그것을 침실에서 하지 말고 거실에서, 잠자리 일과로 흔들의자에서 까꿍놀이를 하는 대신 특수 의자를 활용해서 '코코코 누구 코?' 놀이를 할 것을 제안한다. 이 경우에 일과는 상당히 조정된다. 더 많은 삽입이 있을 경우는 기존의 일과에 소소한 변형을 가하는 것이다. 앞서 소개한 예에서 조기 중재자는 가족에게 잠자리에 들기 전 침실 흔들의자에 앉아 아이가 어른을 마주보며 까꿍놀이를 하면서 아이에게 차례로 하기, 모방하기 등을 가르치는 활동을 계속하라고 제안할 것이다. 이러한 중재는 모든 면에서 주거니 받거니 하는 게임이 이 가족의 잠자리 일과에서 기능적이라고 가정한다(즉, 이러한 목표행동을 위한 필요는 일과 기반 요구 평가에서 나온 것이다).

중재 초점

중재 초점의 중요한 점은 중재와 목표결과가 일과들과 관련이 있다는 정도다. 가장 가벼운 일과 기반적 중재와 목표결과는 전문(치료) 영역별로 정해져 있다. 그런 목표결과들은 예컨대 '물리치료 목표' 혹은 '언어치료 목표' 같이 서술되어 있다. 때때로 IFSP에서는 그런 목표들이 치료 영역별로 구체적으로 나타나 있는데, 다른 글씨체에서 볼 수 있듯이 그것은 그런 목표들이 상이한 전문가들에 의해 작성되었기 때문이다. 어떤 기관들이나 지역에서는 이러한 비추천적 실제가 다른 결과목표들이 그것을 담당하는 전문가들에 의해 작성되어야 한다고 정책적으로 마련되어 있기도 하다(만약 이 책의 앞선 장에서 이 주제를 간과했다면 영역 구체적 목표결과들과 관련된 문제들은 다른 전문가들이나 가족이 그러한 목표결과에 대해 책임을 지지 않는다는 것이고, 그렇게 되면 그런 목표결과들은 다른 결과들과 분리되는 경향이 나타나며, 일상적 기능과 무관한 목표결과들이 되어 버린다는 것이다).

이와 유사한 비일과 기반 접근은 중재와 목표결과들이 발달 영역별로 정해져 있다. 그러한 목표결과들은 예를 들어 '대근육 목표결과' 혹은 '인지 목표결과'와 같이 서술되어 있다. 전문 영역 제한적 중재와 목표결과처럼 발달 영역이 제한적인 경우, 일상의 일과와 관련이 있거나 일과로부터 추출되지 않는 경향이 있다. 이것은 그들 스스로 그것을 할 개연성을 감소시킨다. 설사 그렇다 하더라도 만약 목표행동이 일과에서 성공적 기능을 위해 필요한 기술이 아닐 경우에는 이 기술들의 유용성은 의문의 여지가 있다. 대부분 영역 제한적 목표결과들은 검사나 교육과정들로부터 뽑아오기 때문에 영역 제한적 중재들은 상대적으로 비기능적 행동들을 목표로 한다.

좀 더 기능적인 접근은 설사 일과에 기반한 것이 아니더라도 상황에 제한해서 중재와 목표결과를 선택한다. 이 경우 평가 결과가 기술적인 측면에서 아동이 취약한 부분을 보일 때, 조기 중재자가 이 기술을 특별한 상황이나 일과에서 중재할 것을 제안한다. 예를 들어, 작업치료 평가에서 아이가 손끝으로 집는 것이 부족하다는 것을 발견했을 때, 작업치료사는 이런 기술을 아침식사 시간 동안 치리오(시리얼) 잡기를 하게 하라고 제안할 수 있다. 그 가족은 아침시간에는 중재가 필요하다고 생각하지 않았다. 왜냐하면 아이는 치리오를 손바닥으로 집어 먹고 있었기 때문이다. 확실히 손끝 집기 활용으로 아침 시간을 좀 더 효율적이고 청결하게 보낼 수 있다. 따라서 이러한 중재 상황은 매우 기능적이라고 할 수 있다. 그러나 만약 기술과 중재가 평가를 통해 확인된 필요에서 나온 것이었다면 그 기능성은 더욱 커졌을 것이다. 이 경우 일과 기반이 된다.

가정 중심 서비스 전달 모형

가정 중심 서비스는 네 가지 근본적인 방법으로 제공될 수 있다. 다학문적 접근, 간학문적인 접근, 수정된 초학문적 접근 혹은 순수한 초학문적 접근이 그것이다. 이들 중에서 가장 권장하지 못할 것이 모순되게도 가장 일반적인 다학문적인 접근이다. 의심의 여지가 있는 실제적인 보편성 때문에 실제의 효과성과 인기를 혼동해서는 안 된다. 다학문적 접근이 활용되는 지역들에서는 한 가정이 한 주에 두 번 혹은 그 이상 다른 전문가들의 방문을 받게 된다. 그 전문가들은 대개 서로 의사소통을 하지 않는다. 사실 가족은 종종 그 중간에 끼게 된다.

좀 더 통합적인 접근은 두 명 혹은 그 이상의 전문가가 가정을 방문하여 서로 의사소통하고 자신들의 전략들을 통합하기도 하는 경우다. 이것이 '간학문적 접근'이라고 하는 것인데, 의사소통과 통합의 정도가 그만큼 충분하지는 않다. 하나의 통합적인 접근은 초학문적 서비스 전달 모형이다. 순수한 초학문적 접근 모형에서는 주 서비스 제공자들이 다양한 전문 영역에서 온다. 수정된 초학문적인 모형에서 더 많은 시간이 있는 제공자들은 가장 일반적인 주 가정방문자들이어서 비용이 덜 비싼 반면, 시간이 적은 제공자들은 대체로 팀 동료들의 자문 역할을 수행하며 더 비싼 비용이 든다.

점검표

〈부록 9-1〉에서 〈부록 9-3〉까지는 초학문적 접근의 조직 및 실행을 위한 세 가지 점검표를 제공한다. 이 접근에서는 조직의 팀을 위한 것(초학문적 접근 제공 점검표), 주 서비스 제공자를 위한 것(주 서비스 제공자 점검표), 그리고 나머지 하나는 자문 팀 구성원을 위한 것(자문 팀 구성원 점검표)이다.

사례

관리자

관리자 앤디는 가족에게 직접적인 서비스와 서비스 조정을 제공하는 소기 중재 프로그램을 운영한다. 몇 해 동안 앤디와 그의 팀은 간학문적인 접근을 사용한다고 주장해 왔다. 왜냐하면 대체로 그들은 팀 평가를 실시하기 때문이다. 그러나 서비스가 시작되면 각각 다른 제공자들이 독립적으로 가족을 보게 된다. 매주 수요일 오후에 그들은 스태프 모임을 통해 세 명 혹은 네 명의 아동에 대해 매우 짧은 논의를 한다. 이것이 간학문적인 협력의 전부다. 간혹 복도에서 자문이 일어나긴 하지만, 그것은 어디까지나 급한 문제들에 대해 제한적 논의가 되곤 한다.

앤디는 서서히 서비스 전달 모형의 변화가 전문가의 발전을 돕고, 가족에게 좀 더 조직적인 서비스를 제공할 수 있으며, 수익을 늘려줄 수 있다는 것을 깨닫게 되었다. 한 직원이 결사반대하기도 했고 몇몇 가족도 중재를 덜 받을 것에 대해 우려하고 있기 때문에 그는 아직 이런 변화에 적극적으로 달려들지는 않았다. 그러나 그 자신(솔직하게 말하면 그 역시)은 동료와 가족들이 서비스의 양과 중재의 양을 착각하고 있다는 것을 깨달았다. 다학문적인 접근은 서비스가 과중하지만, 실제로 아동과 가족을 위해서는 매우 작은 중재 결과를 초래한다. 지금까지 많은 서비스 사용과 전문가들이 할애하는 많은 시간이 무조건 아동에게 좋은 것이라고 생각하도록 사람들을 속여 왔다. 그래서 방문들 사이의 모든 시간(즉, 아동의 일상 대부분의 시간)에 중재가 있어야 했지만 실제로는 전혀 없었다.

앤디는 이러한 모순에 대해 최근 물리치료사인 프리실라와 논의했다. 그러자 프리실라는 "그렇게 되면 가족에게 그들의 즐거운 시간을 더 많이 치료로 바꾸라고 하는 것이 아닌가요?"라고 물었다.

"나는 그게 이 접근이 할 일이 아니라고 봐."라고 앤디가 대답했다. "만약 우리가 모든 종류의 일과를 학습 기회들로 본다면, 우리는 그것들을 굳이 전문화할 필요가 없는 거야."라고 그는 허공에 물음표 두 개를 그렸다.

"그래서 각 가족은 하나의 서비스만 받게 되나요?"

"아니, 각 가족은 아마도 여러 개의 서비스를 받게 될 거야. 그건 주마다 하나의 서비스 강도를 말하는 거야. 다른 것들은 덜 빈번해지겠지."

프리실라는 앤디를 회의적인 눈빛으로 바라보았다. "아이에게 물리치료가 필요한데, 주 서비스 제공자가 단지 교사라면요?" 그녀는 '단지 교사'라고 말하는데 조금도 주저하지 않았다.

"우리는 아동이 특정한 서비스들을 '필요로' 한다는 개념을 재고해야 해. 어쨌든 그 아이는 여전히 물리치료를 받을 거야. 하지만 3개월마다 받겠지."

"그건 충분하지 않아요."

"만약 좋은 치료사라면 부모에게 어떻게 할지를 가르칠 수 있지. 그러면 PSP는 거기서 매주 물리치료사가 가르쳐 준 것을 강화할 수 있을 거야."

"어떤 아동은 매 3개월보다 더 많이 필요로 하잖아요."

"그건 실제로 PSP가 얼마나 많은 지원을 필요로 하는가에 달려 있지."

"만약 아동이 정형외과 수술을 방금 하고 나왔거나 그와 유사한 상황이라면, 직접적인 물리치료를 필요로 하지 않나요?"라고 프리실라가 물었다.

"그런 경우는 물리치료사가 주 제공자가 될 수 있지."라고 앤디가 말했다. 그는 잠시 자신의 결정이 섣불렀다고 생각했다. 프리실라는 아직 준비되어 있지 않았다. 그러나 그 변화에 대해 얼마나 오랫동안 심사숙고했는지를 기억했다. 프리실라는 이 새로운 접근을 배우거나 아니면 이 프로그램에서 계속해서 일하지 않거나 할 것이다. 초학문적인 접근을 활용하는 대담한 행정적 자세를 취하지 않는 다음에야 이것을 선택하지는 않을 것이다.

서비스 조정자(코디네이터)

사만다는 서비스 제공이 아닌 조정만 하는 전담 서비스 조정자로 일한다. 그녀는 담당하는 사례가 많아서 힘들지만, 자신의 지역사회에서 시범 프로젝트에 참여하고 있다는 것에 신이 나 있다. 작은 그룹의 제공자들은 그들이 여태껏 해 왔듯이 독립적으로 하기보다 그룹들을 조직해서 영구적인 팀 같은 기능을 하게 되었다. 이러한 '가상' 초학문적 팀의 구성원들은 다른 기관들에서 왔거나 독립적인 서비스 제공자들이다. 그들은 언어치료사, 작업치료사, 물리치료사 그리고 유아특수교육 전문가들이다. 사만다는 의뢰를 받으면－특히 아동에게 많은 서비스가 유용할 것 같으면－하나의 개별 서비스가 아닌 팀에 의뢰한다.

지난주에 그녀는 가상 팀이 어떻게 작동하는지를 보여 줄 표본적인 의뢰를 했다. 그 팀은 가족이 어디에 사는지, 팀원 중 누가 다른 주 가족을 수용할 사례 수를 가졌는지, 의뢰된 가족과 아이의 상황에 누가 가장 관심이 있는지 등 다양한 고려사항에 기반하여 누가 PSP가 될 것인지를 정했다. 작업치료사인 올리브를 선택했는데, 그녀는 이미 이웃에 있는 다른 아이를 맡고 있었다. 서비스 조정자인 사만다가 IFSP를 책임지고 있었지만, 가상 팀 덕분에 서비스들을 결정하는 것이 용이했다. 가족이 기능적인 목표결과를 선택하면 사만다가 가상 팀의 올리브에게 그 가족의 최우선순위 목표결과를 위해 일해 줄 수 있는지 요청할 것이다. 올리브는 두 번째 목표가 언어와 관련된 것이긴 하지만, 자신이 가족의 세 가지 가장 중요한 목표결과를 다룰 수 있다고 확신하고 있다. 그것은 아이가 일상의 일과에서 볼 수 있는 다양한 일반적인 사물 이름 대기 같은 단순한 것으로, 그녀가 가족에게 조언할 수 있는 것들이다. 이것은 언어치료사에게 요구되는 그런 목표결과는 아니었다. 그러나 네 번째 우선순위의 목표결과와 관련해서 올리브는 자신보다 좀 더 아이의 장점에 대해 많이 알고 있는 누군가의 도움을 원했다. 그 목표결과는 아이가 안아달라고 하기 전에 좀 더 멀리 걷는 것이었다. 행동적 측면을 제쳐두고, 올리브는 가상 팀에 자문을 제공할 물리치료사가 관여해 주길 원했다. 물리치료사도 좋은 생각이라고 동의했으므로 사만다는 두 달에 한 번씩 제공되는 이 서비스를 가족에게 추천했다. 이러한 의사결정과정이 나머지 IFSP에도 활용되었는데, 이것은 사만다와 그 가족에게 쉽고도 기능적이었다.

서비스 제공자

교육자 에밀리는 초학문적인 접근을 활용하는 프로그램의 가정방문자로, 완벽한 직업에 정착했다. 에밀리는 4년 동안 조기 중재에 종사해 왔는데, 그전의 모든 시간보다 지난 1년간 더 많은 것을 배웠다. 자문 팀의 구성원들과 JHV를 갈 때마다 그녀는 다른 전문 영역으로부터 중재에 대해 더 많은 것을 배운다. 그녀는 또한 자신의 시간 중 1/4을 프로그램에 있는 치료사들에게 자문을 제공하는 데 활용한다. 이 역할은 그녀에게 많은 자신감을 주어서 스스로 가치 있게 느끼게 한다. 또한 에밀리는 PSP로 있는 가족과 아주 긴밀하게 협력하기를 좋아한다. 그 가족은 에밀리를 자신들의 전문가적 도움의 중요한 자원으로 여긴다. 그녀 자신이 답을 알고 있거나 답을 알고 있는 사람을 알고 있다. 에밀리는 이 프로그램에 오랫동안 머물 것으로 예상한다.

가족

메기는 화요일을 학수고대하고 있는데, 왜냐하면 그날은 에밀리 교사가 집에 오는 날이기 때문이다. 그녀는 다른 주에 살 때 매주 네 명의 각기 다른 사람이 오는 가정방문을 두려워하곤 했다. 크리스토퍼는 여러 가지 발달상 문제가 있어 작업치료사, 언어치료사, 물리치료사 그리고 교사 등이 모두 관여했다. 그녀가 살던 곳에서는 서비스 조정자도 별도의 방문을 하곤 했다. 처음에 메기는 이런 모든 도움이 기뻤다. 그래서 그녀는 크리스토퍼를 위해 여러 가지 서비스를 받는 것을 자신의 부모에게 자랑스럽게 말했다. 메기가 문제를 인식할 때까지는 모두 기뻤다. 첫째, 그녀는 이러한 모든 방문을 맞이하는 데 지쳤다. 둘째, 전문가들은 때로 서로 간에 의견이 상충되었다. 셋째, 각각의 전문가들은 다른 사람들이 어떻게 하는지 모르는 채 그녀에게 숙제를 내주었다. 그녀는 가정방문을 받는 동안 점점 지쳐 갔다. 그런 후 메기는 이러한 전문가들의 많은 방문에서 크리스토퍼와 '일하는' 것을 보았다. 그녀는 숙제하기를 멈췄는데, 힘이 들어 지치기도 했거니와 자신감을 잃었기 때문이기도 했다. 오랜 훈련을 받은 전문가들이 들어와서 크리스토퍼에게 직접 중재했다. 그녀는 아이의 진보가 그들의 직접적 중재 때문이라고 생각했다. 그 숙제들은 그녀가 전적으로 자신의 아이에게 관여하지 못하더라도 아마도 그녀 자신이 관여되었다고 느끼게 하기 위한 무언가라고 생각했다.

그런데 이 새로운 프로그램은 달랐다. 처음에는 그 사람들이 그동안 받던 네 명의 전문가 대신 단지 한 명에게만 받을 거라고 말해서 두렵기도 했다. 그러자 에밀리는 크리스토퍼가 이러한 접근으로 실제로는 더 많은 중재를 받게 될 것이라고 설명해 주었다. 에밀리가 중재를 일과에 포함하는 것을 메기와 협력함으로써 다른 전문가들의 주 4회 방문에 의존하는 대신, 매일 하루 전체가 크리스토퍼를 위한 학습 기회로 가득한 것을 보았다. 그것은 앞서 제공된 네 번의 치료나 수업들보다 더 많은 중재였다.

단원 요약

조기 중재에서 서비스 전달 체계가 변화하고 있다. 억제되지 않은 과도한 전문화의 험난한 시간이 흐른 후에야 많은 주들이 지나침은 모자라는 것만 못하다는 것을 알게 되었다. 서비스들의 간소화는 실제로 아동과 더 많은 중재로 귀결될 수 있다는 것이다. 서비스들의 기능적인 목표결과들의 목록을 시작으로 그러한 목표결과들이 충족되는 것을 보장할 수 있도록 제공되어야 한다. 이 순서를 혼동하지 않는 것이 중요하다(즉 아동의 진단에 맞춰서 서비스를 정하는 것이 아니라 서비스 제공자들이 합당하다고 생각하는 목표결과를 산출하는 것이 바람직하다). 서비스들을 결정하는 데 있어 추천되는 실제는 필요하다면 다른 전문가들의 팀으로 뒷받침되는 한 사람의 PSP를 정하는 것이다. 이는 중재의 통합된 접근을 제공해 주고, 가족에게 한 사람의 주된 연결을 제공하며, 비공식적 서비스 협력이 서비스 전달의 일부로 일어날 기회들을 확대해 준다.

초학문적인 접근을 성취하기 위해서는 프로그램이나 지역사회가 조직화되어야 할 필요가 있다. 각 프로그램에서는 정책이 확정되고, 연수가 제공될 수 있다. 그리고 지휘감독자는 이러한 실행을 지원할 수 있다. 조기 중재가 일반적인 프로그램들을 통해 제공되지 않는 지역사회에서는 가상의 초학문적인 팀들이 형성될 수 있다.

1. 다른 전문가들이 별도로 일하는 것과 정기적으로 서로 의사소통하는 것을 포함하는 서비스는?
   a. 다학문적 접근
   b. 수정된 초학문적 접근
   c. 간학문적 접근
   d. 순수한 초학문적 접근

2. 다음 중 주 양육자를 지원하는 목적이 아닌 것은?
   a. 가족의 역량 강화하기
   b. 가족이 아동과 규칙적으로 중재하는 것 보장하기
   c. 아동에게 학습 기회 제공하기
   d. 가족의 전반적인 삶의 질 개선하기

3. PSP 접근을 사용할 때, 어떤 서비스가 필요한지를 결정하기 위한 주된 고려사항은?
   a. 아동의 진단
   b. 다학문적 진단평가의 결과들
   c. 목표결과 선택
   d. 양육자 지원을 위한 PSP의 필요성

4. 한 명의 PSP가 자신의 공식적 영역 밖에 있는 기술을 가족이 아동에게 가르치는 것을 지원할 수 있을까?
   a. 예
   b. 아니오
   c. 경우에 따라

5. 아동이 다학문적 접근의 평가에서 보이는 모든 결여 영역의 전문가가 있어야 하는가?
   a. 예
   b. 아니오

6. 서비스 강도는 주로 어디에 근거해야 할까?
   a. 아동의 진단
   b. 다학문적 진단평가의 결과들
   c. 목표결과 선택
   d. 양육자 지원을 위한 PSP의 필요성

7. 원칙적으로 누가 특정한 서비스의 강도를 결정할까?
   a. 가족
   b. 팀(가족 포함)
   c. 의문의 서비스 제공자
   d. 서비스 조정자

8. 만약 잠정적 PSP가 특정한 목표결과에 대해 가족을 지원하는 데는 자신이 있지만, 다른 팀 구성원이 그 신뢰를 공감하지 않는다면(즉, 해당 팀 구성원이 관여해야 한다고 생각한다면), 그 팀 구성원들은 어떻게 해야 할까?
   a. 아무 말도 하지 않는다.
   b. 가족에게 서비스가 '불충분하다'고 말한다.
   c. 잠정적 PSP에게 자격이 없다고 말한다.
   d. 최소한 한 번의 자문 방문 제공을 제안한다.

9. 어떤 종류의 서비스가 필요한지, 그리고 그러한 서비스들의 강도를 결정하는 것은 어디에 기반을 두어야 할까?
   a. 회의 중에 자연스럽게 보이는 순서대로
   b. 바쁜 전문가를 첫 번째 순서로
   c. 가족이 각 목표결과의 중요성을 추천하는 순서대로
   d. 각 전문 영역별 순서대로

10. 목표결과와 중재가 초점을 두어야 하는 것은?
   a. 아동과 가족을 위해 하는 기능적인 것을 보장하기 위한 일과
   b. 모든 전문지식이 사용된 것을 보장하기 위한 다른 전문 영역
   c. 아동 발달의 모든 분야를 다루도록 보장하는 다른 발달 영역
   d. 구체적 중재를 하기 위해 선택할 수 있는 아주 적절한 일과들의 상황

정답: 1) c 2) b 3) c 4) a 5) b 6) d 7) b 8) d 9) c 10) a

부록 APPENDIX

〈부록 9-1〉 초학문적 서비스 제공 점검표

전문가 ________________　　　　관찰자 ________________

이 점검표를 자가 점검 혹은 동료, 상급자, 양성자에 의한 관찰에 활용하라.

이행(+), 불이행(−), 거의(+/−), 해당하지 않거나 관찰되지 않았으면 (NA).

주 서비스 제공자가 항목을 수행했는가?	날짜	날짜	날짜	날짜	날짜
1. 프로그램에 관한 문서로 PSP 모델을 설명했는가?					
2. 접수과정 동안 PSP를 설명했는가?					
3. 아동이 어떻게 배우고 서비스가 어떻게 작동하는지 원리를 설명했는가?					
4. IFSP의 목표결과 선택을 위해 일과 기반, 기능적, 가족 중심, 필요 기반 근거(예: 일과 기반 면담)를 활용했는가?					
5. 한 명의 전문가를 PSP로 선정했는가?					
6. 누구를 PSP로 결정하기 위해 다양한 기준을 활용했는가(주요 장애나 지체와 결부되는 전문성 같은 하나의 기준이 아닌)?					
7. PSP가 가족과 적어도 주마다 직접 접촉을 마련했는가?					
8. PSP는 가족에게 아이와 가족의 모든 필요에 대한 지원을 제공하는 데 동의했는가(하나의 특정 발달상의 영역에 대해서만이 아닌)?					
9. 필요할 경우 PSP 이외의 서비스를 제공할 전문가가 있는가?					
10. 모든 자문 전문가들이 IFSP상에 서비스로 목록에 올려져 있는가?					
11. PSP의 자문 필요에 근거하여 서비스들에 대한 결정을 내렸는가(아동의 진단 또는 발달지체 영역이 아닌)?					
12. 공동 가정방문을 통해 PSP가 아닌 팀 구성원에 의해 제공되는 자문에 행정적 지원을 제공했는가?					
13. 각각의 전문가들의 시간이 PSP와 자문으로 얼마간 사용되어야 하는지 정했는가(조기 중재 프로그램에만 적용되는지 아니면 개별 업체에 적용되는지)?					
전체 이행 항목 수					
전체 이행 가능 항목 수(항목−NA)					
이행 항목 비율					

〈부록 9-2〉 주 서비스 제공자 검사표

전문가 ____________________ 관찰자 ____________________

이 점검표를 자가 점검 혹은 동료, 상급자, 양성자에 의한 관찰에 활용하라.

이행(+), 불이행(−), 거의(+/−), 해당하지 않거나 관찰되지 않았으면 (NA).

주 서비스 제공자가 항목을 수행했는가?	날짜	날짜	날짜	날짜	날짜
1. 가족에게 아이와 가족의 모든 필요에 대한 지원을 제공했는가(하나의 특정 발달상의 영역에 대해서만이 아닌)?					
2. IFSP 작성의 서비스 의사결정 단계 동안 자문에 대한 필요를 기술했는가?					
3. 공동 가정방문을 통해 제공될 다른 팀 구성원의 자문을 마련했는가(즉 그들로부터 이런 식의 자문에 대한 동의를 확보했는가)?					
4. 혼자 방문하는 동안 모든 IFSP 팀 구성원들에 의해 개발된 프로그램을 가족이 수행하게 지원했는가?					
5. 공동 가정방문 전에 자문가에게 관련 정보를 제공했는가?					
6. 공동 가정방문에서 질문을 하고, 가족이 이해했는지 확인하고, 자문가들이 이해했는지 확인하고, 노트에 적고, 문제가 되는 것을 잘 다루었는가?					
7. 공동 가정방문 후 자문가와 결과보고를 했는가?					
전체 이행 항목 수					
전해 이행 가능 항목 수(항목−NA)					
이행 항목 비율					

〈부록 9-3〉 상담 팀 구성원 검사표

전문가 ________________ 관찰자 ________________

이 점검표를 자가 점검 혹은 동료, 상급자, 양성자에 의한 관찰에 활용하라.

이행(+), 불이행(−), 거의(+/−), 해당하지 않거나 관찰되지 않았으면 (NA).

자문 팀 구성원이 다음 항목을 수행했는가?	날짜	날짜	날짜	날짜	날짜
1. 주 서비스 제공자와 공동 가정방문을 함으로써 아동과 가족에게 서비스를 제공했는가(PSP; 별도 방문이 아닌)?					
2. 전문지식, 관심 그리고 경험에 근거해서 추천했는가?					
3. PSP의 필요에 대해 평가함으로써 자신의 서비스 강도를 결정하는 데 기여했는가(단순히 아동과 가족의 필요가 아닌)?					
4. 각 공동 가정방문의 주요 필요사항에 관해 물어보았는가?					
5. 공동 가정방문에서 아동과 가족의 필요를 다양한 방법으로 평가했는가(예: 직접 경험 외에도 면담, 관찰 등을 통해)?					
6. 공동 가정방문에서 중재에 대한 제안을 제공했는가?					
7. 공동 가정방문에서 적절하게 시범과 피드백을 제공했는가?					
8. 공동 가정방문에서 PSP와 가족 모두에게 정보를 제공했는가?					
9. 공동 가정방문하기 전이나 하는 동안 가족뿐만 아니라 PSP로부터도 정보를 수집했는가?					
10. 공동 가정방문을 하는 동안 가족 PSP의 유능감에 대해 긍정적으로 말했는가(PSP 역할을 침해하지 않고)?					
전체 이행 항목 수					
전해 이행 가능 항목 수(항목−NA)					
이행 항목 비율					

05

P·A·R·T

자연스러운 환경 장소

장애가 없는 아이들이 일상을 보내는 장소는 매우 다양하다. 따라서 자연스러운 환경들로 간주될 수 있는 곳 또한 상당히 많다. 그러나 조기 중재에서 가장 일반적인 장소는 가정과 집단 육아 환경 등이다. 여기서는 먼저 가정방문에 관해 살펴보고, 이어서 유아원에 대한 자문에 관해 논의해 보기로 한다.

10

C·H·A·P·T·E·R

지원-기반 가정방문

파트 C에서 가정방문은 다른 프로그램에서의 가정방문 혹은 다른 목적을 수행하는 것과 다르다. 예를 들면, 가정방문 간호 프로그램은 엄마를 교육하고 아이의 진전을 관찰하기 위해 설계되었다. 가끔 교사 혹은 다른 학교 직원에 의한 가정방문은 문제를 논의하거나 가정-학교 연계를 위해 이뤄진다. 가정방문의 또 다른 목적은 입양 같은 몇몇 사회사업에서 행해졌던 것처럼 가정환경을 가늠하기 위함이다. '재활 접근' 가정방문은 아동과 함께 직접 작업한다. 파트 C에 있는 가정 중심 서비스 같은 경우는 매우 예외적이어서 다른 모델의 효과에 대한 문헌(Axtmann & Dettwiler, 2005; Wasik & Bryant, 2001)들에서 관련성을 찾기 어렵다. 끝으로, 가정방문은 자연스러운 환경 접근에서 사회-지원과 조기 중재라고 할 수 있는 가족 지원을 하기 위해 사용될 수 있다.

일부 조기 중재에서 가정방문은 아동과 직접적으로 작용하고, 부모를 관찰하는 전문가를 동반하며, 종종 장난감 가방은 가정방문자가 아동과 함께 활동할 때 사용되는 도구들을 담는 데 사용된다. 또 다른 형태의 가정방문은 가족과 함께 아동과 가족의 기능에 대한 많은 관점을 다루고, 지원에 대한 정보를 제공하는 것에 대해 많은 이야기를 나누는 방식으로 진행된다. 이러한 방문은 가족을 위해 가정방문자가 아동을 가르치는 방법에 대한 시범의 신중한 활용을 포함한다. 이 장에서는 가정방문의 첫 번째 유형보다 더욱 효과적이고 이론적인 모델인 가정방문의 두 번째 유형에 대해 서술한다.

이 책에서 앞서 언급했듯이, 주 서비스 제공자와 가족 간의 관계는 조기 중재의 결과를 얻기 위해 중요하다(Bailey et al., 1998; Dunst, Boyd, Trivette & Hamby, 2002; Dunst, Trivette, Boyd & Brookfield, 1994; Rush, Shelden & Hanft, 2003). 대부분 가족은 서비스 제공자에게 매우 만족하고 있으며, 대부분 가족 중심의 사례는 특히 유능한 사람에 의해 가정 기반 서비스에서 발견되었다.

지원 중심 가정방문은 이전에 언급된 적이 있는 네 가지 원칙에 기반을 두고 있다.

1. 아동에게 영향을 미치는 것은 가족과 주 양육자다. 그리고 우리(PSP)는 가족과 주 양육자에게 영향을 미칠 수 있다.
2. 아동은 하루 한 번 학습에 집중하는 '수업', '회기', '작업시간', '운동시간' 혹은 '목표시간'을 통해서가 아니라 일상을 통해 배운다.
3. 아동을 위한 모든 조기 중재는 방문 중에 일어난다. 가정방문(혹은 필요하다면 방문치료)은 가족 정보 및 격려에 힘입어서 가족들이 정상적인 가족 생활 과정에서 발생하는 학습 기회의 대부분을 할 수 있는 곳이어야 한다.
4. 아동은 최대한의 서비스가 아니라 최대한의 중재가 필요하다. 아동을 위한 적절한 중재의 양과 전문가가 가족과 함께 보내는 시간의 양 혹은 가족과 함께 시간을 보내는 전문가 수 사이는 별 관계가 없다.

아동의 학습 방법 및 서비스 운용 방법

[그림 10-1]은 이전 절에서 설명한 네 가지 원칙을 보여 준다. 그림에서처럼

아동에게 직접 전달되는 전문적 지원은 어떠한 유익이 있다고 가정할 수 있지만, 아동의 결과목표를 달성하기 위한 보다 현실적인 경로는 양육자의 능력과 자신감을 강화하는 것이다. 부모의 양육과 아동의 결과목표 사이의 연계는 확실히 자리 잡혀 있다(NICHD Early Child Care Research Network, 2002; Weisner, 2002a). 우리는 전문가가 양육자의 능력과 자신감에 영향을 줄 수 있다는 것을 안다(Barnett, Clements, Kaplan-Estrin & Fialka, 2003; Kaiser & Hancock, 2003). 그러므로 아동의 결과목표를 달성하는 최고의 방법은 부모와 다른 양육자를 통해서다. 만약 전문가들이 그룹 양육(group-care) 혹은 교사로서 일주일 동안 가족들과 충분한 시간을 함께한다면, 전문가가 아동에게 직접적인 영향을 줄 수 있다고 지적한다.

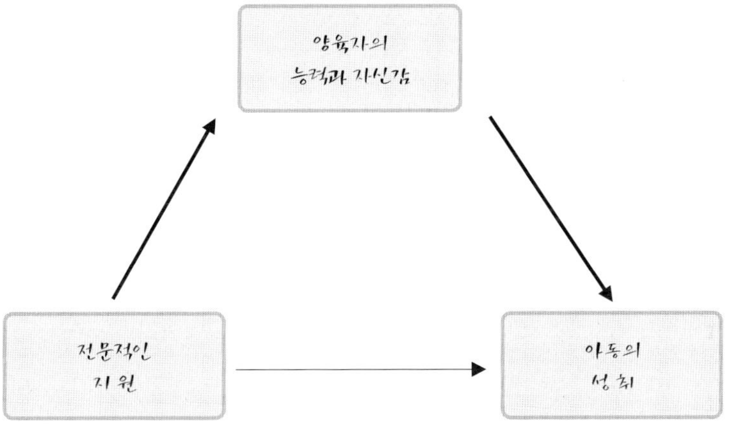

[그림 10-1] 아동이 어떻게 배우고 서비스가 어떻게 작용하는지를 보여 주는 아동 성취 영향

[그림 10-2]는 아동들이 많은 반복적 시도를 통해 학습하는 것보다 여러 시간에 분산해서 환경과의 반복된 상호작용을 통해 학습한다는 것을 보여 준다.

[그림 10-3]은 집 또는 교실에서 서비스 받는 아동을 위한 일상 중심 모델을 보여 준다. 가정 중심 서비스를 통해 아동이 진전을 보이기 위한 방법은 이전에 살펴본 것처럼 가족의 능력과 자신감에 초점을 맞추어 전문적인 지원을 하는 것이다. 가족 지원 방법은 초학문적 가정방문이며, 교실의 일원과 함께 작업하기 위한 방법은 11장에서 서술된 통합적인 서비스다.

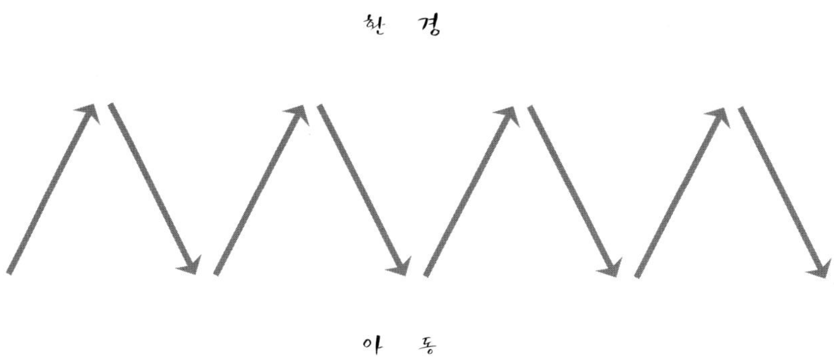

환경과의 반복되는 상호작용을 통해 시간이 흘러감
복합적인 시도가 아님

[그림 10-2] 아동이 배우는 방법

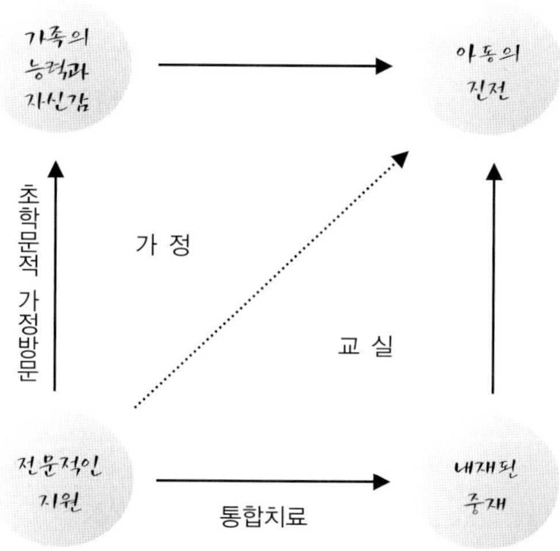

[그림 10-3] 가정뿐 아니라 학교에서도 서비스를 받는 아동의 일상 기반 모델

[그림 10-4]는 가정방문이 가족을 목표로 삼는 것을 보여 준다. 이러한 방문은 그들 사이에서 가족-아동 상호작용 혹은 다른 학습 기회 사이에서 1주 혹은 2주 간격(1주가 더 선호됨)으로 이뤄질 수 있다. 이러한 상호작용들과 학습 기회들은 아동의 학습을 만들어 낸다. 그러므로 방문의 초점은 가족 일상의 대부분에서 만들어지는 지원이어야 한다.

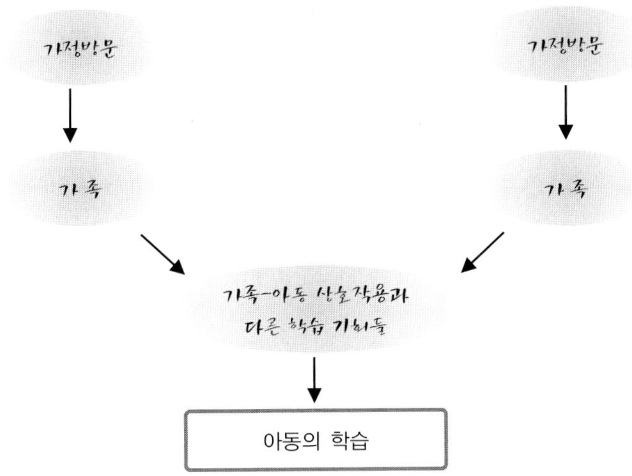

[그림 10-4] 아동은 가정방문 사이에서 학습한다

지원-중심 가정방문의 요구

가정방문은 조기 중재에서 최소한의 연구 측면 중 하나이지만, 다양한 분야에서 유명한 이들의 저술을 통해 지침을 제공한다. 메리 베스 브루더(Bruder & Dunst, 2006), 핍 캠벨(Campbell & Sawyer, 2009), 칼 던스트와 캐롤 트리벳(Dunst et al., 2002), 리치 로버츠(Roberts, Wasik, Casto & Ramey, 1991), 제리 마호니와 코델리아 로빈슨(Mahoney, Robinson & Powell, 1992), 그리고 줄리안 우즈(Kashinath, Woods & Goldstein, 2006). 이들의 연구는 여기 서술된 모델에 영향을 미쳤다.

거실에서의 치료실-기반 모델을 포기하는 것이 문제가 될 것인가?

아동과 함께 직접 작업하는 전통적 실행은 아동이 매주 전문가에 의해 직접적으로 실천하는 중재를 통해 의미 있는 학습을 할 수 있다는 가정에 기초했다(Childress, 2004). 그렇지 않으면 무엇 때문에 전문가들이 가정방문에서 가족 참여의 증가를 요구할 것인가? 결과적으로 가족들은 전문가들이 아동에게 치료나 교수하는 것을 보게 되면, 어떤 가족은 다른 일을 하거나 다른 한편으로는 전문가들에게 그 일을 할 수 있도록 맡겨 버린다는 것이다. 따라서 가족이 받는 메시지는 아동들이 가정방문자와의 상호작용을 통해 중재가 잘되고 있다고 생각하게 되는 것인데, 이것은 잘못된 생각이다.

장난감 가방의 문제는 무엇인가?

장난감 가방은 조기 중재 가정방문자의 아이콘이었다. 일반적으로 아동의 인지와 소근육 발달을 위해 도움이 되는 것으로 여겨지는 장난감을 포함하고 있다. 또한 언어치료에 효과적이라고 믿어지는 빨대, 비눗방울 그리고 기타 자료를 포함할 수 있다. 장난감 가방을 소지한 조기 중재 방문자는 방문해서 대부분 하나 혹은 다른 장난감을 가지고 노는 아이와 직접 상호작용에 쓰는 경향이 있다. 때때로 부모는 치료사와 상호작용을 하게 되면서 치료사와 2인조의 상호작용이 부모와 함께 3인조의 상호작용으로 바뀌기도 한다. 일반적으로 장난감은 가정방문이 끝나면 다시 가방에 넣어서 가지고 간다. 많은 가정방문의 문제점의 상징으로서 장난감 가방을 지적하기도 하는데, 실제로 장난감 가방 자체가 유해하지는 않지만, 가정방문의 잘못된 접근의 예로 표시되기도 한다. 문제는 다음과 같은 것이다.

1. 가정방문자가 장기간 아동과 장난감의 상호작용 관계를 맺을 때, 이는 부모로 하여금 그러한 직접적이고 경험적인 아동과의 작업이 아동을 돕는 것이라고 믿게 만든다는 것이다. 부모는 사람들에게 “그녀가 와서 [우리 아이를] 가르칠 거야.”라고 말할 것이다. 이는 가족에게 가정방문이 아동의 기능을 향상시킨다는 잘못된 믿음을 강화시키지만, 사실은 가정방문 사이사이에 일어난 일들이 아동의 기능을 향상시킨다.
2. 장난감은 비기능적이거나 너무 초보적이다. 만약 가족이 똑같은 장난감을 가지고 있지 않고 방문이 끝나고 나서 장난감을 가져간다면, 가족은 같은 기술을 수행할 수 없으므로 비기능적인 장난감이 되고 만다. 그리고 만약

가족이 똑같은 장난감을 가지고 있다면 굳이 무엇 하러 가져오는 것인가?

3. 장난감을 가져가는 것은 가족이 지닌 것이 충분하지 않다는 것을 의미한다. 때때로 장난감 가방 가져가기를 포기하지 않는 조기 중재자는 가족에게 가지고 놀 것이 '없다'는 것에 대해 말하게 될 것이다. 이러한 진술은 거의 사실이 아니라는 것은 차지하더라도 대체로 조기 중재자들이 내키지 않아서 그럴지도 모른다. 해결책은 장난감을 집에 가지고 갔다가 가지고 오는 것이 아니라 아예 장난감을 두고 가는 것이다.

4. 장난감 가방 활동에 너무 많은 시간을 보내는 것은 아동이 실제로 하루 동안 가지는 학습 기회와 일치하지 않는다(Dunst et al., 2001). 다른 말로, 아동이 장난감을 가지고 노는 시간이 많은 비율을 차지하지 않으며, 다른 많은 양육과 놀이 기회가 있다. 가정방문자는 짧은 가정방문 시간 동안 가족과 함께 있는데, 왜 그들은 아동과 장난감 놀이를 하는 데 불균형하게 많은 시간을 보낼까?

장난감 가방을 포기하는 것은 가정방문자에게 매우 어려운 도전임이 밝혀졌다. 그리고 특히 장난감 가방을 포기하는 것은 중독에 비유되었다(see http://naturalenvironments.blogspot.com). 만약 당신이 장난감 가방을 빼앗아 간다면, 다른 어떤 것들로 그것을 대체해야 한다. 밴더빌트 가정방문 스크립트(VHVS)는 다음과 같다.

밴더빌트 가정방문 스크립트

장난감 가방 중독을 위해 메타돈 치료뿐 아니라, VHVS(부록 10-1 참조)는 가정방문자가 업무를 잘 수행할 수 있게 도울 수 있다. 하지만 이것은 아동과 가족이 기능적 결과목표를 가진다는 추정에 기반을 두며, 가족은 우선순위에 놓인다.

앞으로 살펴보겠지만, VHVS의 중점은 결과목표와 관련해서 어떻게 진행되고 있는지에 관해 논의하는 것이다. VHVS는 필수적인 7개의 문항으로 구성되어 있는데, 3번 문항은 가족과의 매우 세련된 파트너십을 이끌기 위한 기회를 제공한다. 질문은 다음과 같다.

1. 어떻게 진행되고 있습니까?
2. 저에게 새롭게 묻고 싶은 것이 있습니까?
3. 각각의 IFSP 결과목표는 우선순위에 따라 어떻게 진행되고 있습니까?
4. 하루 중에 일이 잘 안 풀리는 시간이 있습니까?
5. [가족 구성원]은 어떻게 하고 있습니까?
6. 지난주에 어떤 약속이 있었나요? 잘되고 있나요?
7. 당신은 [당신의 자녀]와 충분히 혹은 너무 많이 함께합니까?

뒤따라 나오는 단원은 가정방문에서의 **행동 상담**을 서술했다. "[결과목표 1]과 관련해 어떻게 진행되고 있습니까?"라는 간단한 질문을 통해 어떤 결과가 나타날 것인가?

행동 상담

행동 상담 모델(그림 10-5 참조)에서는 주어진 아동의 결과목표/목적의 진행에 대한 질문들의 가능한 세 가지 답변들로부터 서로 다른 경로가 도출될 수 있다.

별다른 진전 상황 없음

만약 부모가 "아이가 결과나 목적에 상응하는 행동을 하고 있지 않다."라고 말한다면, 그 아동이 무엇을 하고 있는가에 대한 구체화된 분석을 하도록 하라. 그러면 두 가지 옵션이 생긴다. 하나는 필요에 따라 아동이 어떻게 기능하고 있는지에 대해 알 수 있는 설명을 구하는 것인데, 여기서 '필요에 따라'라는 말은 자녀에 대한 부모의 설명이 불충분한 경우를 의미한다. 설명을 듣거나 아동을 직접 관찰하는 것은 내가 '**묻고 제안하기**'라고 명명한 방법에 따라 충고하는 경우로 이어진다.

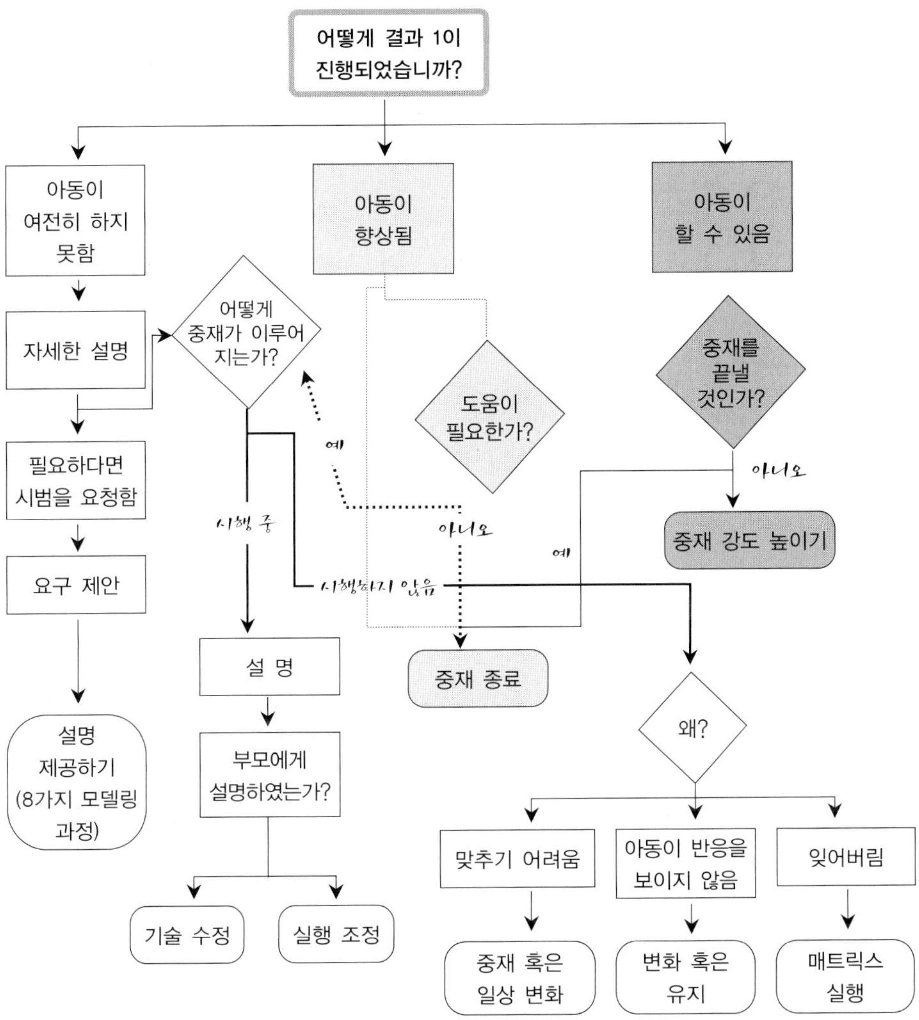

[그림 10-5] 가정방문에서 행동 상담

ask-to-suggest 방법은 가족이 시도해 본 것들에 대해 질문이나 제안하는 것을 포함한다. 이것은 어른들이 바로 조언하기 전에 그 학습자의 지난 경험들에 대해 이해하는 과정 다음에 이어진다(Knowles, 1978). 어떠한 제안이 만들어지고 나면, 가정방문자는 어떻게 충고해 줄지를 제안할 수 있다. 예를 들어 만약 엄마가 침실에서 부엌까지 아이가 혼자서 움직일 수 있도록 하기 위해 노력 중이라면(예: 기어서), 그리고 아이가 아직도 스스로 움직이지 못한다면 그 가정의 방문자는 어떤 일이 일어나고 있는지에 대한 구체적인 설명을 요구할 수 있다. 엄마는 아이가 침실 문 앞에 앉아서 움직이지 않는다고 말한다. 가정방문자는 "그것이 무슨 뜻인가요?"라고 물어본다. 엄마는 아이를 침실 문으로 데려가 바닥에 앉힌 다음, 아이에게 복도로 내려가라고 요구한다. 그럴 때 가정방문자는 이렇게 말한다.

"이걸 게임으로 만들어 보신 적이 있나요? 예를 들면 당신이 동물이라고 가정하고 아이와 함께 달리기 시합을 하는 것 말이에요."

엄마는 말한다.

"제가 아이와 함께 내려간다고요?"

"네, 제가 한 번 시범을 보일까요?"

"한 번 해 보세요."

엄마가 말한다.

가정방문자는 아이가 애완견을 좋아하는 것을 알고 있다. 그래서 손과 무릎을 바닥에 대고 아이에게 이렇게 말한다. "여길 봐, 체리스. 스누피가 되어 볼래?" 그리고 그녀는 복도 아래로 내려간다. 운이 따른 것인지 아이도 따라간다. 아이가 따라가지 않을 경우, 방문자와 엄마는 그러한 방법을 계속해서 일주일간 시행할 것인지, 다른 방법을 모색해 볼 것인지를 토의한다. 방문자는 이러한 테크닉이 단지 그 행동을 시작하게 하기 위한 것이며, 아이는 갈수록 더 많이 보여 주고 있다고 말한다.

아이가 그 기술에 관해 어떠한 것들을 하고 있는지를 가족으로부터 들은 다음, 가정방문자는 어떻게 중재가 이뤄지고 있는지를 물어볼 수 있다. 예를 들면 이전의 테크닉은 얼마나 효과가 있었는지에 대해. 만약 가족이 그 테크닉을 시행 중이었다고 한다면 가정방문자는 그들이 무엇을 했는지, 자녀가 어떻게 대응했는지를 물어보아야 한다. 그는 가족에게 어떤 일들이 일어났는지, 그리고 재연해 줄 수 있는지 요구할 수 있다. 만약 가족이 그 테크닉을 아이와 함께 시행하는 것을 보여 주지 않는다면, 방문자와 가족은 그 기술에 대한 기대치를 수정할 수 있다. 다시 말해 그들이 그 행동을 다른 장소에서 해 볼 것을 목표로 정할 수 있다. 또한 가정방문자는 그 테크닉에 대한 수정사항들을 제안할 수 있다. 예를 들면 그 가족이 어떻게 그러한 중재를 시행해 왔는지 등.

예를 들어, 롤랜다는 그녀의 딸 지지에게 장난감을 작동할 때 손가락을 쓰도록 교육시키려 하고 있다. 하지만 그녀는 지지가 아직도 손가락을 쓰고 있지 않다고 말한다. 방문자는 지지에게 장난감 사용법에 대해 시범을 보이라는 제안들이 어떻게 잘 이뤄져 왔는지 물어본다. 롤랜다는 지지에게 어떻게 하면 되는지, 이전의 가정방문에서 논의된 것에 근거해 보여 줬다고 말했다. 방문자는 말한다.

"당신이 지지에게 사용법을 보여 준 이후에 아이가 어떻게 행동했는지 보여 주실 수 있나요?"

롤랜다는 몇 가지 장난감을 집어 들고 말한다.

"지지, 여길 봐!"

그녀는 장난감 휴대폰의 버튼을 누르고 나서 지지에게 그것을 건네준다. 지지는 자신의 귀에 전화기를 갖다 대기는 하지만 버튼을 누르지는 않는다.

방문자가 말한다.

"누구와 통화 중이니?"

지지는 대답하지 않는다.

"할머니와 통화하니? 그럼 버튼을 먼저 눌러야지! 롤랜다 씨, 왜 당신은 전화 버튼을 누르고 전화를 걸면서 '할머니께 전화하려면 먼저 버튼을 눌러야 해.' 같은 말을 하지 않은 거죠?" (본문에서 'mash the buttons'라는 표현은 노스캐롤라이나 사투리이기 때문에 우리는 이곳이 노스캐롤라이나의 농촌 지방이라고 가정한다.)

롤랜다는 전화기를 집어 들고 방문자가 제안한 대로 한다. 그리고 전화기를 지지에게 돌려주고 말한다.

"할머니께 전화할 거면 버튼을 눌러 보렴."

지지는 버튼을 누른다. 방문자와 롤랜다는 박수를 치며 지지에게 "이야! 할머니께 전화하는구나. '안녕 할머니?'라고 말해 보렴."이라고 말한다. 그들이 기대치를 높이면서 놀이 과정 속에서 새로운 행동을 이끌어내고 있음을 주목하라. 방문자가 한 일은 엄마가 해 오던 테크닉에 몇 가지 수정을 제안한 것뿐이다.

다시 어떻게 중재가 진행되고 있었는가에 대한 질문으로 돌아오자. 만약 가족이 테크닉을 적용하지 않고 있었다고 말한다면, 가정방문자는 왜 그런지를 알아낸다. 어쩌면 이것은 적용되기 힘들었을지도 모른다. 그런 경우에는 방문자가 좀 더 쉬운 중재로 변화시키거나 그 중재가 진행되는 경로를 수정하는 것에 대해 논의할 수 있다. 예를 들어 만약 그러한 중재가 아이의 손을 잡고 옷 입는 시간에 바지를 올려 입도록 하는 것이라면, 부모가 너무 성급하다고 말한다면 방문자는 화장실 가기 이후에 중재하는 것을 논의해 볼 수 있다.

어쩌면 그 가족은 아동이 중재에 응답하지 않았기 때문에 중재를 시행하고 있지 않았다고 말할지도 모른다. 그럴 경우 가정방문자와 가족은 중재를 변화시킬지, 계속해서 시도할지를 논의한다. 특히 지속적으로 하기 어려운 행동의 경우(순종하는 경우만 말하는 것이 아니다), 지속적인 고난이도로 인해 가족이 지나치게 빨리 포기할 수 있다. 아동은 가족이 대면한 결과에 대해 알아야 할 필요가 있을지도 모른다. 이는 그러한 중재가 많은 시도를 필요로 할 수도 있고, 오랜 시간에 걸쳐 일어나야 할 수도 있음을 의미한다. 예를 들어 만약 한 가족이 아동에게 쉬는 시간 동안 앞뒤로 반복해서 게임에 참가하도록 하기 위해 노력 중이라면, 그들은 방문자가 제안한 중재 방법을 끊임없이 시행했다고 말할지도 모른다. 이는 부모와 아동이 완전히 아이를 보조하며 공을 뒤로 굴렸다가 앞으로 굴리고 멈춘 다음 아이가 공을 원할 수 있게 기다려주는 시점이다. 아버지는 아이가 흥미를 잃고 가 버려서 게임을 그만하게 되었다고 말한다. 가정방문자와 아버지는 다른 중재가 더 나은 해결책이 될지에 대해 의논하고, 아버지가 다시 시간을 가지고 그 중재를 시도해 보기를 제안할 수 있다. 아버지는 충분히 열심히 한 것 같지는 않다고 말하며 다시 하기로 결정한다.

가족이 중재를 시행하지 않는 세 번째 이유는 자주 잊어버린다는 것이다. 가족에게 중재에 대해 되새겨주는 좋은 방법 중 하나는 일상 X결과표를 개발하는 것이다. 방문자는 각각의 칸에 X 표시를 함으로써 어떠한 행동의 필요한 시점을 가족이 선택했음을 나타낸다. 혹은 방문자가 중재에 대해 짧게 기록할 수도 있다. 이런 모든 선택은 가족이 그들의 자녀가 제대로 목표행동을 하지 않았다고 말했을 경우를 상정한 것이다.

향상

만약 부모가 아이의 목표행동이 향상되고 있다고 말한다면, 가정방문자는 단순히 아동이 그 기술을 얼마나 잘 수행하고 있는지에 대한 진단평가를 위한 목적으로 구체적인 설명을 얻을 수 있다. 또 다른 선택은 가족에게 그 기술을 계속적으로 집중해서 하기 위한 도움이 필요한지를 물어보는 것이다. 만약 가족이 '아니오'라고 말하면, 그 결과목표를 위해 방문하는 동안 다른 것이 필요하지 않은 것이다. 만약 가족이 '예'라고 한다면, 가정방문자는 아동이 기능을 잘 수행하는지 보여 달라고 할 수 있다. 그리고 위에서 말한 경로가 뒤따를 수 있다. 또한 가정방문자는 미리 현재 시점에서부터 모든 후속적 경로까지 조기 중재가 어떻게 되어 가는지 점검할 수 있다.

좋은 결과

세 번째 반응은 아동이 당장 기술을 수행할 수 있을 만큼 잘하는가 하는 것이다. 가정방문자는 가족과 함께 중재를 끝내야 할지 말지를 논의한다. 만약 가족이 끝내기로 결정한다면 결과를 얻은 시점이 중재의 끝일 것이다. 만약 끝내지 않는다고 결정한다면, 그들은 좀 더 수준 높은 기술을 적용하기 원할 것이며, 가정방문자는 비용을 더 추가할지 여부를 상의할 수 있을 것이다. 처음에 썼던 결과목표는 기술적으로 성취되었고, 가족은 새로운 결과목표를 선택할 수 있다. 결과는 같은 행동이지만, 기준이 다르다. 책임에 있어서 처음 결과목표를 성취하는 것보다는 결과를 유지하고 기준만 변화하는 것이 문서화하기에 더 낫다.

명백하게 말해서 어떻게 결과 1이 나오는지에 대한 질문은 간단하게 결론이 나오지 않는다. 코칭의 형식, 필요에 따라 아동과 함께하는 시범 보이기 같은 정보를 가족에게 제공하기 위한 많은 기회가 발생한다. 몇몇 방문에서는 하나의 결과만 다룰 수 있다.

그래서 가정방문자는 가족의 기존 우선순위를 존중해야 하지만, 각각의 가정방문에서 결과 혹은 작업의 결과에 대해 가족과 함께 체크하는 것이 요구된다.

FINESSE의 항목들

다음 항목은 가정 중심 서비스 제공 모델을 다룬다.

1. **다학제 간** 둘 혹은 더 많은 전문가에 의한 가정방문: 전문가들은 정기적인 가정방문을 제공하지만 서로 의사소통을 하지는 않는다.
3. **학제 간** 많은 전문가에 의한 가정방문: 전문가들은 정기적인 가정방문을 제공하고 가끔 정보를 주고받는다.
5. **수정된 초학문 간** 가정방문: 교사 혹은 다른 '유능한 사람'은 정기적인 가정방문을 제공하고 다른 전문가에게 상담을 받는다.
7. **순수 초학문 간** 가정방문: 전문가 팀의 어떤 구성원이 정기적으로 가정방문을 제공하고 다른 전문가에게 상담을 받는다.

이러한 접근 방식 간의 구분은 4부에 설명되어 있다.

다음 항목은 가정방문자의 역할에 대해 다룬다.

1. 부모가 **다른 것을 할 수도 있지만**, 아동에게 직접적이고 실질적인 지침을 제공한다.
3. 부모가 **정하고 참여하며**, 아동에게 직접적이고 실질적인 지침을 제공한다.
5. 부모의 관심과 그에 대한 모델을 듣고 부모를 가르쳐라.
7. 가족과 함께 대화로써 도구, 정보, 정서적 지원을 제공하라.

이 항목은 조기 중재에 대해 지원 중심 접근으로 설명하는 것과 관계가 있다(McWilliam & Scott, 2001a).

지원 중심 조기 중재

가정방문은 감정, 도구, 정보라는 지원의 세 가지 종류를 제공하기 위한 수단이어야 한다. 이러한 지원은 발달적 관점에서 조기 중재를 제공하는 방법인 구랄닉(Guralnick, 1998)의 개념과 비슷하다.

정서적 지원

조기 중재 서비스 제공자에 대해 매우 지지적인 질적 연구에서 다음과 같은 다섯 가지 주요 특성이 파악된다(McWilliam, Tocci & Harbin, 1998).

1. **긍정적 태도**: 아동과 다른 가족 구성원에 대해 긍정적이 되어야 한다. 조기 중재자는 일반적으로 성과에 대해 사교성이나 심지어 아이의 생김새조차 공공연히 아동을 칭찬한다. 하지만 그들은 가족의 성인 구성원들에 대한 칭찬에는 인색하다.
2. **민감성**: 가족이 요구를 표현했을 때 가정방문자는 어떠한 방식으로든 요구를 충족할 준비가 되어 있어야 한다. 정서적으로 지지적인 조기 중재자는 전화 혹은 E-mail로 빠르게 대답해야 한다.
3. **가족 전체에 대한 오리엔테이션**: 가정방문자가 부모에게 돌봐야 할 다른 가족 구성원들이 있다는 것을 인식하고 있다는 것은 가족에게 많은 것을 의미한다. 조기 중재자들이 다른 가족 구성원에 대해 관심을 보일 때, 부모는 그들이 단지 사무적으로만 가정방문을 하지 않는다고 느낀다. 점차 그것은 주 양육자인 엄마의 감정적 안위에 대해 신경을 쓰는 것이 되고, 이는 정서적 지원의 특징이다(Barnett et al., 2003).
4. **친근함**: 대인관계에서 이웃을 대하는 것처럼 가족을 대하는 것은 정서적이고 지지적인 가정방문자의 특징이다(McWilliam, Tocci et al., 1998). 이는 가족을 엄격하게 고객으로 대하는 것과 대조적이다. 그러나 전문가가 친절하고 선하다면, 가족은 전문가가 직업적으로 친절하므로 표면적으로 돌보는 사람이라고만 생각할 수도 있다.
5. **민감함**: 가정방문자는 가족의 입장에 서 보는 것이 필요하다. 이것은 매우 중요한 제안이다. 자신의 일과에 대해 말할 기회가 주어지는 경우, 가족은 하루 중 특정 시간을 내야 하는 것에 좌절감을 나타낼 것이고, 문제는 부모가 뭔가에 참여하는 동안 아이가 부모를 차지할 수 없다는 것이다. 부모

에게 그 시간에 아이를 가르치는 것을 제안하는 가정방문자는 부모가 말한 것에 민감하지 못한 것이다.

이러한 다섯 가지 특징은 단지 정서적인 지지뿐 아니라 어떻게 가정방문자가 가족에게 접근해야 하는지에 대한 합리적인 기틀을 제공하는 것이다. 하지만 가족 수준의 필요를 충족시키는 것도 동일하게 중요하다. 가족에게 잘하고 우호적이거나 아이들의 필요에만 관심을 기울이는 것만으로는 충분하지 않다.

도구적 지원

가정방문자는 가족들이 잘 기능할 수 있도록 하는 물질적인 것들에 대한 가족들의 요구를 관찰하고 대응해야 할 독특한 위치에 있다.

1. **기본적인 필수품**: 만약 가족이 충분한 음식을 가지고 있지 않다면, 그들의 주거지가 안전하지 않다면, 그들에게 더 이상 기저귀를 살 여유가 없다면 그들은 아동과 함께하는 활동을 발전적으로 향상시키는 것에 참여하는 자세를 거의 가지지 못할 것이다.
2. **재정적 자원**: 조기 중재를 받는 가정은 때로는 자녀의 장애 또는 가족의 소득 수준에 따라 재정적 지원을 이용할 수 있다. 가정방문자가 만약 서비스 조정자와 다른 사람일 경우 반드시 모든 자원을 살펴보도록 해야 한다.
3. **장비**: 잘 기능하려면 가족에게 의사소통 장치, 부목, 받침 좌석 등 아동을 위한 특별한 장비가 필요할지도 모른다. 가정방문자는 가족이 필요로 하는 장비를 가질 수 있도록 보장해야 한다. 하지만 가정방문자는 닥치는 대로 장비를 구할 수는 없다. 이 모델은 단지 튼튼하고 좋은 허벅지 두 개만으로 잘할 수 없는 것처럼 부목이 할 수 있는 것은 아무것도 없다는 원칙에 따른다.

정보

가족에게 조기 중재 프로그램에서 더 필요한 것이 무엇이냐고 물어보면, 그들은 거의 항상 '정보'를 말한다(Bailey & Simeonsson, 1998). 그들이 가장 보편적으로 원하는 정보의 네 가지 주제는 다음과 같다.

1. 아동의 장애
2. 서비스를 포함한 자원들
3. 아동의 연령에 맞는 일반적인 아동 발달과 다음에 기대할 수 있는 아동 발달
4. 아동과 함께하는 것

어떠한 전문 영역의 가정방문자가 하는 일이 아동과 함께 무엇을 하는지에 대한 정보를 가족에게 주는 것이 대부분이라고 가정하면, 여기에 언급된 다른 지원 척도와 더불어 그것은 치료와 조기 중재라는 특별 수업 지원을 제공하는 것이라고 주장할 수 있다. 사실 그것은 가족에 대한 서비스보다 가족에 대한 지원으로 조기 중재를 설명하는 것이 더 정확하다. 여기에서 설명한 것처럼 지원은 단지 서비스를 전달하는 것 이상이고, 지원적 접근 없이 서비스를 전달하는 것은 단지 그 직무의 일부를 하고 있는 것에 지나지 않는다. 사회적 지원의 원칙이 방문 중에 이뤄진다는 것을 보장하는 것에 대한 안내는 〈부록 10-2〉의 지원 기반 가정방문 점검표를 참조하라.

요약

조기 중재 가정방문은 가족을 위해 정서적 지원, 도구적 지원, 정보 지원 등 여러 가지 지원을 제공하기 위함이다. 그것은 아이를 위해 전문가들이 일할 또 다른 하나의 장소가 되어서는 안 된다. 가정방문자는 아동과 함께 무엇인가 할 수 있는 정보를 가족이나 교사 같은 다른 양육자에게 제공함으로써 일주일 동

안 아이와 함께 시간을 보내는 사람들에게 중재를 제공할 수 있는 최상의 위치에 있는 것으로 인정한다. 가정방문에 대한 시간 제한은 최고의 컨설턴트, 코치 또는 안내자가 되는 다음과 같은 성인 학습 원리에 따른다. 가정방문에서 장난감 가방 접근에 대한 문제는 앞에서 자세히 논의되었다. 어떠한 구조로 가정방문이 제공되는지는 VHVS가 제안했다. 이 스크립트는 아동의 진전 여부에 따른 세 가지 경로와 함께 전혀 기술을 수행하지 않거나 그것을 성취하고 있는 아동 수준의 성과/목표와 행동 상담을 사용하는 가정방문자에 대한 기회로 연결된다.

가정방문에 관련한 테스트

1. 조기 중재 가정방문의 목적은?
   a. 엄마를 교육하고 아동의 발달을 모니터링하기 위한 것이다.
   b. 문제를 논의하거나 가정-학교를 연계하기 위한 것이다.
   c. 가정환경을 평가하기 위한 것이다.
   d. 아동과 직접적으로 작용하기 위한 것이다.
   e. 가족을 지원하기 위한 것이다.

2. 매우 어린 아동은 ______을 통해 가장 잘 배운다.
   a. 상호작용 비율이 높은 곳에서의 집중적인 수업
   b. 하루에 걸쳐 분산 반복된 상호작용
   c. 플래시 카드로 하는 훈련
   d. 모차르트 음악을 듣는 것

3. 다음 중 사실인 것은?
   a. 최대의 서비스는 아동의 결과를 생산할 가능성이 높다.
   b. 최대의 중재는 아동의 결과를 생산할 가능성이 높다.

4. 다음 중 사실이 아닌 것은?
   a. 장난감 가방은 가정방문을 위한 아젠다를 설정한다.
   b. 장난감 가방은 가족으로 하여금 장난감과 재료들이 불필요하다고 느끼게 만든다.
   c. 장난감 가방은 아동이 전문가와 상호작용하며 배울 수 있는 방법을 제안한다.
   d. 장난감 가방은 절대 캔버스로 만들어지지 않는다.

5. 밴더빌트 가정방문 스크립트(VHVS)는?
   a. 가정방문의 전형적인 가이드를 제공한다.
   b. 가정방문 커리큘럼이다.
   c. 표준화 시험항목 같이 전문가가 확인해야 할 모든 질문과 언급을 포함한다.
   d. 진행 보고서 작성을 위한 글꼴을 설명한다.

6. 두 명의 전문가가 같은 아동을 두고 일할 때, 각각의 분리된 방문에서 아동을 볼 때, 그들은 ______을 실행한다.
   a. 종합 서비스 제공
   b. 학제 간의 서비스 제공
   c. 수정된 학제 간의 서비스 제공
   d. 순수 학제 간의 서비스 제공

7. 가정방문의 기본 역할은?

a. 아이의 몸무게와 머리둘레를 측정하는 것이다.

b. 가족에게 지원을 제공하는 것이다.

c. 아동과 직접적으로 작용하는 것이다.

d. 좋은 부모가 되도록 훈련시키는 것이다.

8. 주어진 결과목표에 대한 회의에서 아동과 가족의 진전 상황을 평가할 때, 사실인 것은?

a. 만약 아동의 결과목표를 성취한다면 결과목표 이상으로 효과가 있다.

b. 만약 아동이 약간의 발달을 보인다면 가정방문자가 한 모든 것이 가족을 축하하고 격려한다.

c. 만약 아동이 발달을 보이지 않는다면 먼저 가정방문자는 그 이유를 찾는다.

d. 만약 아동이 발달을 보이지 않는다면 가정방문자는 엄마가 아이와 함께 작용하는 것이 엄마의 일이라는 것을 일깨워준다.

정답: 1) e 2) b 3) b 4) d 5) a 6) a 7) b 8) c

부록 APPENDIX

〈부록 10-1〉 밴더빌트 가정방문 스크립트

▌안 내

밴더빌트 가정방문 스크립트(VHVS)의 목적은 가족과 그 가정 아동의 기능적 요구에 참여하고, 지원 기반의 가정방문을 제공하기 위해 조기 중재의 가정방문자에게 구조를 제공하는 것이다. 그것은 체험과 방문자가 직접 아이의 발달을 돕는 것을 의미하는 활동 기반 접근법(즉, 장난감 가방 접근법)에 대안을 사용하는 전문가를 지원한다. 스크립트는 가정방문자에게 자연스러운 환경에서 조기 중재의 일부인 아동과 가족생활의 여러 특성에 대해 가족과의 대화를 위한 가이드를 대신 제공한다.

과정은 모든 규율, 포괄적인 가정방문을 제공하는 모든 배경을 가진 전문가에게 적용 가능하다. 이러한 가정방문은 일반적으로 전문가가 제공하는 기본 서비스 제공, 기본적인 코치 또는 학제 간의 역할에 의해 진행된다. 가정방문의 명확한 규율을 만든 전문가(예: 물리치료사는 오로지 가정을 방문하는 동안 물리치료를 제공함)는 스크립트에 적응해야 할 수도 있다. 스크립트는 서비스 조정자를 위해 적극적으로 적용할 수 있다.

가정방문 전체에서 가정방문자는 다음과 같은 증거 기반의 정서적 지원을 제공해야 한다(McWilliam, Tocci & Harbin, 1998).

- 긍정적 태도: 아동과 다른 가족 구성원에 대해 긍정적일 것
- 민감성: 가족의 명백하거나 비밀스러운 요청에 응답할 것
- 가족 전체에 대한 오리엔테이션: 다른 가족, 특히 주 양육자의 복리에 대해 관심을 표시할 것
- 친근함: 가족을 이웃처럼 대할 것
- 세심함: 가족의 신발을 신고 활보할 것

가정방문에서는 본문에 나와 있는 것처럼 언제든지 일단 멈추고 아이와 함께 어떤 것을 할 수 있는 방법에 대한 정보를 제공하는 것이 적절할 가능성이 높다.

스크립트 개요

1. 어떻게 진행되고 있습니까?
2. 저에게 새롭게 묻고 싶은 것이 있습니까?
3. 각각의 IFSP 결과는 우선순위에 따라 어떻게 진행되고 있습니까?
4. 하루 중에 일이 잘 안 풀리는 시간이 있었습니까?
5. [가족 구성원]은 어떻게 하고 있습니까?
6. 지난주에 어떤 약속이 있었나요?
7. 당신은 충분히 혹은 너무 많이 [당신의 자녀]와 함께합니까?

일반적 복리

- 어떻게 진행되고 있습니까?

시작 질문은 개방적인 것으로, 가족에게 그 방문의 안건을 설정할 기회를 주기 위한 것이다.

• 후속 질문

1. 4E: 귀(Ears, 듣기), 끌어내기(Elicit, 묻기), 공감하기(Empathize), 격려하기(Encourage)
2. 당신은 도움이 되는 정보가 필요한가요?
3. 우리가 이것을 해결하도록 시도해 볼까요?
4. 당신에게 보여드려도 될까요?

✎ 노트

새로운 질문이나 문제

- 저에게 새롭게 묻고 싶은 것이 있습니까?

이 질문은 좀 더 구체적으로 가족에게 새로운 이슈, 기술, 문제 등에 대해 생각할 수 있는 기회를 제공한다.

• 후속 질문

1. 4E: 귀(Ears, 듣기), 끌어내기(Elicit, 묻기), 공감하기(Empathize), 격려하기(Encourage)

✎ 노트

2. 당신은 도움이 되는 정보가 필요한가요?
3. 우리가 이것을 해결하도록 시도해 볼까요?
4. 당신에게 보여드려도 될까요?

▌우선순위에 따른 결과목표

결과목표는 가족이 찾은 기능적인 요구여야 한다. 이것은 발달 평가 대신 일상 기반의 면담(McWilliam, 1992) 같은 일상 기반 평가의 형식을 통해 가장 잘 수행된다. 평가의 유형은 6~12처럼 매우 구체적이고 기능적인 아동 및 가족 결과를 초래하는 경향이 있다. 이것은 가족이 그들의 결과목표에 대한 우선순위를 정하는 데 도움이 된다. 아동의 결과목표는 항상 일상의 맥락에서 논의된다.

- [우선순위 1]은 **어떻게 진행되고 있습니까?**
일상의 맥락에서 논의한다.

• 후속 질문

1. 4E: 귀(Ears, 듣기), 끌어내기(Elicit, 묻기), 공감하기(Empathize), 격려하기(Encourage)
2. 당신은 도움이 되는 정보가 필요한가요?
3. 우리가 이것을 해결하도록 시도해 볼까요?
4. 당신에게 보여드려도 될까요?

✎ 노트

- [우선순위 2]는 **어떻게 진행되고 있습니까?**
일상의 맥락에서 논의한다.

• 후속 질문

1. 4E: 귀(Ears, 듣기), 끌어내기(Elicit, 묻기), 공감하기(Empathize), 격려하기(Encourage)
2. 당신은 도움이 되는 정보가 필요한가요?
3. 우리가 이것을 해결하도록 시도해 볼까요?
4. 당신에게 보여드려도 될까요?

✎ 노트

- [우선순위 3]은 **어떻게 진행되고 있습니까?**

일상의 맥락에서 논의한다.

- **후속 질문**

  1. 4E: 귀(Ears, 듣기), 끌어내기(Elicit, 묻기), 공감하기(Empathize), 격려하기(Encourage)
  2. 당신은 도움이 되는 정보가 필요한가요?
  3. 우리가 이것을 해결하도록 시도해 볼까요?
  4. 당신에게 보여드려도 될까요?

노트

- [우선순위 4]는 **어떻게 진행되고 있습니까?**

일상의 맥락에서 논의한다.

- **후속 질문**

  1. 4E: 귀(Ears, 듣기), 끌어내기(Elicit, 묻기), 공감하기(Empathize), 격려하기(Encourage)
  2. 당신은 도움이 되는 정보가 필요한가요?
  3. 우리가 이것을 해결하도록 시도해 볼까요?
  4. 당신에게 보여드려도 될까요?

노트

- [우선순위 5]는 **어떻게 진행되고 있습니까?**

일상의 맥락에서 논의한다.

- **후속 질문**

  1. 4E: 귀(Ears, 듣기), 끌어내기(Elicit, 묻기), 공감하기(Empathize), 격려하기(Encourage)
  2. 당신은 도움이 되는 정보가 필요한가요?
  3. 우리가 이것을 해결하도록 시도해 볼까요?
  4. 당신에게 보여드려도 될까요?

노트

- [우선순위 6]은 **어떻게 진행되고 있습니까**?

일상의 맥락에서 논의한다.

• **후속 질문**

1. 4E: 귀(Ears, 듣기), 끌어내기(Elicit, 묻기), 공감하기(Empathize), 격려하기(Encourage)
2. 당신은 도움이 되는 정보가 필요한가요?
3. 우리가 이것을 해결하도록 시도해 볼까요?
4. 당신에게 보여드려도 될까요?

✎ 노 트

- [우선순위 7]은 **어떻게 진행되고 있습니까**?

일상의 맥락에서 논의한다.

• **후속 질문**

1. 4E: 귀(Ears, 듣기), 끌어내기(Elicit, 묻기), 공감하기(Empathize), 격려하기(Encourage)
2. 당신은 도움이 되는 정보가 필요한가요?
3. 우리가 이것을 해결하도록 시도해 볼까요?
4. 당신에게 보여드려도 될까요?

✎ 노 트

- [우선순위 8]은 **어떻게 진행되고 있습니까**?

일상의 맥락에서 논의한다.

• **후속 질문**

1. 4E: 귀(Ears, 듣기), 끌어내기(Elicit, 묻기), 공감하기(Empathize), 격려하기(Encourage)
2. 당신은 도움이 되는 정보가 필요한가요?
3. 우리가 이것을 해결하도록 시도해 볼까요?
4. 당신에게 보여드려도 될까요?

✎ 노 트

▌문제가 있는 일상

하루 중에 일이 잘 안 풀리는 시간이 있었습니까?

이 질문은 가족에게 계속되는 혹은 불만족스러워진 일상에 대해 논의할 수 있는 기회를 제공한다.

• **후속 질문**

1. 4E: 귀(Ears, 듣기), 끌어내기(Elicit, 묻기), 공감하기(Empathize), 격려하기(Encourage)
2. 당신은 도움이 되는 정보가 필요한가요?
3. 우리가 이것을 해결하도록 시도해 볼까요?
4. 당신에게 보여드려도 될까요?

✎ 노트

▌다른 가족 구성원

- **[가족 구성원]은 어떻게 하고 있습니까?**

이 질문은 전체 가족 안에서 살고 있는 아이를 이해하는 가족을 강화한다.

• **후속 질문**

1. 4E: 귀(Ears, 듣기), 끌어내기(Elicit, 묻기), 공감하기(Empathize), 격려하기(Encourage)
2. 당신은 도움이 되는 정보가 필요한가요?
3. 우리가 이것을 해결하도록 시도해 볼까요?
4. 당신에게 보여드려도 될까요?

✎ 노트

▌약속

- **지난주에 어떤 약속이 있었나요?**

이 질문들은 가족이 다른 전문가들로부터 받은 정보를 체계화하고, 가족이 다른 전문가들에게 하고 싶은 질문을 하는 데 도움을 준다.

• 후속 질문

1. 4E: 귀(Ears, 듣기), 끌어내기(Elicit, 묻기), 공감하기(Empathize), 격려하기(Encourage)
2. 당신은 도움이 되는 정보가 필요한가요?
3. 우리가 이것을 해결하도록 시도해 볼까요?
4. 당신에게 보여드려도 될까요?

✎ 노 트

▌중재 관련 업무

- **당신은 충분히 혹은 너무 많이 [당신의 자녀]와 함께합니까?**
이 질문은 당신의 민감성과 세심함을 보여 준다.

• 후속 질문

1. 4E: 귀(Ears, 듣기), 끌어내기(Elicit, 묻기), 공감하기(Empathize), 격려하기(Encourage)
2. 당신은 도움이 되는 정보가 필요한가요?
3. 우리가 이것을 해결하도록 시도해 볼까요?
4. 당신에게 보여드려도 될까요?

✎ 노 트

〈부록 10-2〉 지원 중심 가정방문 점검표

가정방문자 ____________________ 날짜 ____________________

관 찰 자 ____________________

이 점검표는 직접 작성 혹은 동료, 상사 또는 트레이너에 의한 관찰을 위해 사용하라.

맞으면 (+), 틀리면(−), 거의(±), 적용 또는 관찰된 적이 없으면 (NA)를 적어주세요.

가정방문자가 한 일	+, −, ±	기타
정서적 지원		
1. 아동에 대해 긍정적으로 언급했는가?		
2. 성인 가족 구성원에 대해 긍정적으로 언급했는가?		
3. 가족의 명백한 혹은 비밀스러운 질문에 답변했는가?		
4. 대상 아동 이외에도 가족에 대해 관심을 보였는가?		
5. 이웃을 대하듯이 가족에게 친절한 태도로 대했는가?		
6. 가족의 상황을 민감하게 보았는가?		
방 문		
7. 적절한 때 아동과 함께 어떤 것을 할 수 있는 방법에 대한 정보를 제공했는가?		
8. 정기적인 일상에 대한 논의의 맥락에서 아이와 함께 무엇을 할지에 대한 정보를 제공했는가?		
9. 가족에게 지속적으로 들었는가?		
10. 지속적으로 질문했는가?(단지 정보만 제공하기보다는)		
11. 지속적으로 공감했는가?		
12. 지속적으로 가족을 격려했는가?		
13. 관심사에 도움이 되는 정보를 적절하게 제공했는가?		
14. 우려사항을 해결하는 것이 필요한지에 대해 적절하게 물어보았는가?		
15. 가족에게 기술을 보여 주는 것을 적절하게 제공했는가?(보여 주지 않거나 요구사항 외의 것을 보여 주는 것 대신)		
스크립트		
16. 개방적인 시작 질문으로 가족에게 그 방문의 안건을 설정할 기회를 주기 위해 개방적인 시작 질문을 하라(예: 어떻게 진행되고 있나요?).		
17. 가족이 논의하려는 새로운 것이 있는지 가족에게 물어보았는가?		

가정방문자가 한 일	+, −, ±	기타
18. 개별 계획에서 진행되고 있는 각각의 결과 혹은 목표가 어떤 것들인지 가족에게 물어보았는가?		
19. 가족의 중요한 우선순위에 따른 결과나 목표에 대해 가족에게 물어보았는가?		
20. 시간이 있다면 하루 중 일이 잘 풀리지 않는 시간이 있는지 가족에게 물어보았는가?		
21. 시간이 있다면 아동 이외에 가족 구성원에 대해서도 물어보았는가?		
22. 시간이 있다면 이전 방문 혹은 다음 방문 전의 약속에 대해 물어보았는가?		
23. 시간이 있다면 가족이 충분히 혹은 너무 많이 아동과 함께하는지 물어보았는가?		
행동 상담		
24. 아동이 아직 목표 기술을 수행하지 못한다면 가정방문자가 무엇을 하고 있는지에 대한 자세한 설명을 하는가?		
25. 중재가 어떻게 진행되고 있는지 물어보았는가?		
26. 필요한 경우, 아동의 기능에 대한 설명을 요구했는가?		
27. 질문-제안 절차를 사용했는가?		
28. 가족이 중재 실행을 보고받았지만, 아동이 여전히 목표 기술을 수행하지 못한다면 그들이 무엇을 했는지에 대한 설명을 요구했는가?		
29. 가정방문자가 아동과 함께 무엇을 하는지 보여 주고자 한다면 가족에게 요구했는가?		
30. 기술 혹은 성취를 수정했는가?		
31. 만약 가족이 중재가 실현되지 않은 것을 보고받았다면 왜 그런지 공손하게 물어보았는가?		
32. 만약 중재가 적응하기 어려웠다면 중재나 일상을 바꾸었는가?		
33. 만약 아동이 반응하지 않았기 때문에 가족의 중재가 실현되지 않았다면 가족에게 중재를 바꾸거나 유지하기를 원하는지 물어보았는가?		
34. 만약 가족이 중재 실현하는 것을 잊었다면 결과목표와 일과상 비교 모형을 시도했는가?		
35. 만약 아동이 목표 기술을 수행하는 것이 향상되었다면 가족이 도움을 필요로 하는지 아닌지 물어보았는가?		
36. 만약 아동이 향상되고 가족이 도움을 필요로 하지 않았다면 중재를 마쳤는가?		
37. 만약 아동이 목표 기술을 수행할 수 있다면 가족에게 중재를 마치길 원하는지 물어보았는가?		
38. 만약 가족이 중재를 마치길 원하지 않는다면 아동에게 중재의 정도를 높였는가?		

11

C·H·A·P·T·E·R

유아원과의 협력적 자문

2004년 3월 발달지체 당국과 아동, 청소년, 가족부서에서 통합에 관한 포럼을 개최했다. 장애 분야의 전문가들은 몇몇 참가자가 통합에 관한 정보를 마치 새로운 것인 양 다루는 데 놀랐다. 통합을 원활하게 하기 위해 유치원 종사자 연수 필요성에 대한 논의가 활발하게 진행되었다. 하지만 유치원 프로그램에 파견되는 전문가들이 양질의 자문을 제공하기 위해 숙련되는 것도 중요하다. 그 분야의 전문가들이 잘 교육되면, 순회 교육할 때 혹은 관련 서비스를 전달할 때 유아 교사들에게 관련 교육연수를 제공할 수 있게 된다. 그러면 치료는 연수와 같은 의미가 된다. 연방정부 관료들이 연수에 대한 재정을 염려할 때, 파트 C와 단원 619 서비스에 존재하는 기반 시설들을 잊지 말아야 한다.

그러나 몇몇 참가자는 어떤 곳에서는 여전히 전문가들이 유치원 프로그램에 참여하는 것이 아니라 가족이 아동을 클리닉 기반 치료실에 데려간다는 것을 지적했다. 이것은 궁극적으로 고쳐져야 할 제도적인 문제다. 연방정부의 정책은 자연스러운 환경과 최소 제한적인 환경을 존중하는 것이지만, 실행과 자원에 지체가 있다. 이 장에서는 지역사회 유치원과 특수 학급 상황에 있는 아동에게 조기 중재가 어떻게 이 책에서 다룬 가정방문을 위한 자문적 접근과 일치하게 제공되어야 하는지를 설명하고 있다.

장소

가정방문자들은 종종 유치원을 방문한다. 이 장은 비공식적 혹은 보육 면허를 가진 가정 유치원 보육 시설들에 관해 논하는 것이 아니라 지역사회 유치원, 다른 지역사회 프로그램이나 특수 프로그램 등 좀 더 대규모 그룹으로 아동이 교육받는 환경에 대해 다루고자 한다.

지역사회 유아 보육(기관)

지역사회 유치원의 형태는 사립과 공립 유치원을 포함한다. 이러한 시설들에서는 고등학교 학위 혹은 아동 발달 관련 전문학사 등 그 이상의 연수를 받은 사람들을 고용한다. 학급의 크기는 한 공간에 적게는 4명에서 20명 이상이다. 이러한 시설들은 아동의 보육료나 대부분 아동의 제한된 공공 예산에 의존한다. 따라서 프로그램의 질에 차이가 있어서 때로는 열악한 상황에서 자문해야 하는 조기 중재자들에게 상당한 도전을 주기도 한다.

다른 지역사회 시설들

조기 중재자들이 '가정방문'을 가는 다른 지역사회 단체 시설들은 일일 프로그램(mother's day out program), 유아 책 읽기 그룹, 엄마와 아기 교실 등이 있다. 불행하게도 아동이 가는 종교 시설(교회 유치원, 주일학교)에 대한 가정방문자들은 충분하지 않다. 이 장에서는 아동이 일주일에 15시간 혹은 그 이상

(아동이 새로운 기술을 학습하는 데 충분한 시간) 다니는 방문 프로그램들을 집중적으로 다루고자 한다.

특수화된 프로그램들

조기 중재를 받는 어떤 아동은 조기 헤드스타트(Early Head Start, 빈곤층 혹은 장애가 있는 아동을 위한) 그리고 통합적이거나 그렇지 않은 특수교육 기관 등 특별한 필요가 있는 아동을 위해 설립된 특별한 프로그램에 다닌다. 이 장에서 설명된 실제들은 조기 중재자들이 방문하는 그룹시설에 관한 것이다. 아동의 교사가 특수교사인 특정한 프로그램에서는 아동이 그 교사가 제공하는 것 외에 다른 특수교육을 받을 것이라고 생각하지 않을 것이다. 그래서 그곳에서는 특수교육이 이미 지속적인 일과에 포함되어 있을 것이라고 생각할 것이다. 다른 한편으로, 만약 IFSP의 조기 중재자가 그 교사에게 자문을 요청하면, 만약 그 조기 중재자가 유아 특수교육자 같은 특수교사라면 그 사람은 외부 자문가가 된다. 그리고 이 장에서 소개하는 원칙이나 실제와 관련이 있게 된다. 더욱이 특수교사이건 아니건 치료사들은 특수화된 프로그램을 제공하는 아동의 학급을 방문한다. 따라서 통합된 치료는 지역사회 프로그램에서와 같이 특수 프로그램에서도 이슈가 된다.

자문

유능한 경영컨설턴트인 피터 드러커(Peter Drucker)는 “자문가로서 나의 가장 위대한 장점은 무지해져서 몇 가지 질문을 하는 것이다.”라고 한 말로 유명하다. 이것은 협력적 자문의 요점을 잘 요약한 것이다. 조기 중재자는 장애유아 전문가다. 이러한 전문성은 유아 특수교육, 작업치료, 물리치료 혹은 언어치료 같은 특정한 전공 영역의 훈련에 의해 이뤄진다. 이런 전문가의 전문성에 대해 의문의 여지는 없다. 따라서 전문가에 의한 자문 접근이 적합하다고 생각할 것이다(Graham, 1998). 전문가적 자문 접근에서 자문가는 1) 문제가 무엇인지 결정하고, 2) 문제에 대해 무엇을 할지를 제안하며, 3) 해결책이 효과적인지를 평가한다. 이러한 종류의 자문은 전문가와 환자 사이의 의무들이 전문성에 있다고 암묵적으로 동의하는 의료계에 만연해 있다. 그러나 주제가 '자문을 받는 사람의 건강'이 아니라 사람(아동)이고, 의료적 상황처럼(즉, 환경이 문제가 아닌 상황: 환경과 관계없이 질병이 환자 내부에 있을 때) 상황에서 떼어내어 전문성을 살펴볼 수 있는 것이 아닐 때, 전문가적 자문 모형은 적합하지 않다(Erchul, 1999; Pryzwansky & White, 1983; Reinking, Livesay & Kohl, 1978; Tanner Jones, 1997).

이와 달리 협력적 자문은 문제 정의, 해결책, 그 해결책에 대한 평가에서 자문가와 자문을 받는 사람 간에 공동 의사결정을 하는 것이다(Horne & Mathews, 2004; Rush, Shelden & Hanft, 2003). 이 모형에서는 조기 중재자가 그들 나름의 전문성을 가지지만, 드러커의 철학도 가지고 있다. 그들은 현장에서 무슨 일이 일어나는지 알아내고 질문을 하기 위해 존재한다. 그러한 대화 중에 그들은 제안을 하게 되는데, 언제나 교사들과 브레인스토밍하는 마인드로 한다.

협력적 자문은 성인 학습 혹은 성인 교육학의 원칙을 따른다(Knowles, 1978). 이러한 원칙들은 다음을 포함한다(Brookfield, 1986; Knowles, 1977; Merriam, Caffarella & Baumgartner, 2007).

- 성인은 평생 학습자들이다.
- 성인은 그들의 흥미, 능력 그리고 경험 등에서 매우 다르다.
- 성인의 경험은 연수에서 자원이 된다.
- 성인은 좀 더 유능감과 자신감이 생기면 의존적인 것부터 독립적으로 진행한다.
- 성인은 자신들이 배우는 것을 생활 상황에 관련짓는다.
- 성인은 다양한 요소에 의해 학습 동기를 부여받는다.
- 성인은 학습에 능동적으로 참여함으로써 가장 잘 배운다.
- 성인은 편안하고 지원적인 환경에서 가장 잘 배운다.

만약 조기 중재 자문이 성인 교육학의 원칙들을 따른다면 양육자들의 중재 전략 실행이 증가할 확률이 높을 것이다. 자문가의 임무 중 일부는 신뢰와 믿음을 얻는 것이며, 자문가와 자문 받는 사람이 모두 고려해야 할 것은 사회-임무 중심 성향이다(그림 11-1 참조).

어떤 교사들은 자문을 듣기 전에 자문가가 교회를 다니는지, 어디서 자랐는지, 자녀는 있는지 등 한 인간으로서 알고 싶어 한다. 만약 조기 중재자가 사교적인 성향이 비슷할 때, 이러한 조합은 잘 맞을 것이다. 또 다른 교사들은 자문가가 무엇을 아는지, 얼마나 유용한지를 먼저 알고 싶어 한다. 만약 조기 중재자가 임무 중심 성향이 비슷할 때, 그 조합은 잘 맞을 것이다. 그러나 만약 조기 중재자는 사교적인 성향이고 교사는 임무 중심일 경우, 조기 중재자는 그에 맞춰야 한다.

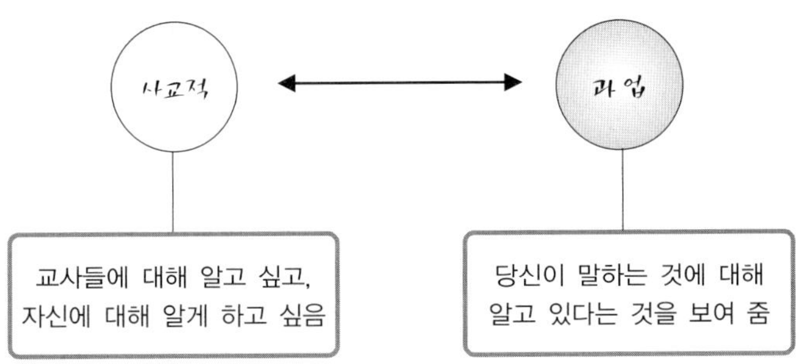

[그림 11-1] 자문 의뢰인의 두 가지 특징과 추진 접근법

자문의 규칙

다음의 자문 규칙들은 연구와 경험 그리고 성인 학습 이론에 근거한 것이다.

▌학급 안에서 협력하기(아동을 데리고 나가지 않기)

아동에게 통합적(wrap-around learning) 학습 기회를 확실히 제공하기 위해 교사들은 자문가들에게 제안을 받을 필요가 있고, 자문가들은 그 아동과 교사들을 위해 어떤 기능적 필요가 존재하는지 살펴볼 필요가 있다. 이러한 필요를 충족할 가장 좋은 방법은 자문가들이 아동을 치료실로 데리고 가서 하는 것이 아니라 학급 안에서 중재하는 것이다.

▌교사들과 기본 규칙을 수립하라

모든 사람이 협력적으로 일할 수 있는 가장 바람직한 상황을 만들기 위해 교사들과 자문가들은 교실에서 치료사들의 시간을 어떻게 그려볼 것인지에 대해 논의해야 한다. 자문가들은 교사들과 다음과 같은 점들을 절충할 수 있을 것이다. 예를 들어보자.

1. 교사진은 자문가들이 하는 일에 대해 주의를 기울여야 한다.
2. 교사진은 교실에 머물러야 한다. 이러한 시간은 아동과 성인 간의 법률적 비율을 유지하기 위한 여분의 도움이 있다는 이유로 휴식시간을 갖는 그런 것이 아니다.
3. 교사는 치료사가 기존의 교실 일과에 맞출 수 없을 경우에는 구체적인 활동을 바꿀 준비를 해야 한다.
4. 교사는 각각의 목표와 관련한 진도 점검을 보고할 수 있어야 한다.

교사들은 자신들의 역할과 관련하여 다음과 같은 사항들에 관해 치료사와 절충해야 한다.

1. 만약 아동을 위해 어떤 것이 효과적이라면 교사진 누구에겐가 어떻게 하는지를 보여 주어야 한다.
2. 일상 일과에서 실제로 필요로 하는 기술들에만 전념해야 한다.
3. 치료사가 중재하는 아동과 다른 아동의 상호작용에 참여하도록 허락해야 한다.
4. 교사진에게 모든 회기에 대한 구체적인 것 혹은 피드백을 남겨야 한다.

▌상대방의 영역을 존중하라

교실은 교사에게 속해 있다. 따라서 자문가들은 교사와 협의 없이 그들의 진행 중인 활동들을 간섭하지 말아야 한다.

▌교사들과 아동을 위해 일과들이 더 성공적일 수 있도록 하라

어떤 교사들은 심한 장애를 가진 아동이 들어오는 것이 과중한 부담을 준다고 우려한다. 이러한 교사들의 우려를 가라앉히기 위해 자문가들은 아동과 교사들을 위해 일과들이 더 성공적일 수 있는 제안들을 해야 한다. 만약 그것이 아동에게 성공적이라면 아동이 참여하고, 독립적이며, 다른 아동과 상호작용을 하는 것으로 정의할 수 있다. 교사들에게 성공적이라는 것은 자문가의 제안들이 추가적 업무가 아닌 실행 가능하고 도움이 되는 것을 의미한다.

▌활동 중에 의사소통하라

자문가들이 교실에 있는 목적은 교사진에게 시범을 보이고 제안하기 위해서다. 따라서 자문가들은 이것을 기대로서 진술할 필요가 있다. 의사소통은 진단(무엇이 필요한지)과 중재(그러한 필요를 위해 무엇이 진행되는지) 둘 다에 관한 것이어야 한다.

▌시범을 보이고 관찰하는 역할을 하라

자문가는 항상 자신이 잠재적으로 관찰당하고 있다는 것을 인식해야 한다. 좋은 시범이란 구체적인 중재에 대해 말하는 것을 의미한다. 따라서 교사진이 중요한 중재 요소들을 놓치지 않게 해야 한다. 마찬가지로 자문가들은 교사들과 아동의 상호작용을 관찰하는 입장에서 그들에게서 배우고 그들에게 피드백과 제안을 하는 입장이어야 한다.

▌우발적 교수의 시범을 보여라

학급에서 자문가들은 우발적 교수의 시범을 보일 수 있다. 왜냐하면 좋은 우발적 교수는 놀이처럼 보인다. 그들은 자신이 무엇이 하는지 설명할 필요가 있다. 아동이 흥미를 가질 수 있는 것들을 준비한다든지, 아동의 관심사를 따른다든지, 더욱 정교한 행동들을 유발한다든지, 그리고 행동에는 후속적 결과가 따른다는 것을 확실히 한다든지 하는 것들이다.

(독자들은 행동이라는 것이 아동에 의한 모든 행위라는 것을 상기할 필요가 있다. 그것은 문제행동을 의미하는 것이 아니다. 마찬가지로 후속적 결과도 자연스럽거나 인위적인 강화인이 될 수 있다. 강화인이란 조건적 자극으로서 행동의 빈도, 지속도, 비율, 강도를 증가시키는 것이다. 또한 후속적 결과는 교정적 피드백 같은 것이 될 수 있다. 잘못된 용어로 인한 중립적 행동에 대해 혼동을 주지 않으려는 점이다.)

아동의 참여, 독립적 수행, 그리고 사회적 관계에 목표를 두라

자문가는 단지 작은 기술들에 목표를 두는 것보다 아동의 전반적 상황에서 부족한 것을 인지하고 학습 근간-참여, 독립적 수행, 그리고 사회적 관계-에 대한 큰 그림에 초점을 맞춰야 한다(McWilliam, 2006). 자문가들이 교사들에게 제안할 때는 가능하면 구체적으로 그들이 어떻게 참여와 독립적 수행, 그리고 사회적 관계를 도울 수 있는지 서술해야 한다.

떠나기 전에 상황을 다시 설명하라

다른 사람의 집을 방문했을 때 작별인사를 하는 것처럼 자문가들도 교실을 떠나기 전에 교사진 중 누구라도 만나고 떠나라. 상황에 따라 적절히 그날 무엇을 했는지 상세하게 검토하고, 교사진에게 해야 할 것을 상기하고, 다음 단계에 어떤 것을 할지, 그것들이 아동의 참여와 독립적 수행, 사회적 관계에 어떤 도움이 될지를 자세하게 말해 주어야 한다.

교사들과 친구가 되라

상대적으로 강한 유대감을 가진 교사와 자문가 팀은 약한 유대감을 가진 팀보다 자문가가 제안한 중재를 더 잘 실행한다고 한다(McWilliam, 1996). 개인적 유대관계 형성의 가치는 과장될 수 없다.

라포르 형성

자문가들은 교사진과 라포르를 형성하는 데 있어서 모든 종류의 기술을 가지고 있다. 다음은 비교적 성공적인 기술들이다.

- **기저귀 냄새 맡기**: 기저귀를 차고 있는 아동의 학급에서 일할 때, 현명한 자문가는 기저귀를 갈아야 하는 시점을 알아챈다. 기저귀를 갈아 주겠다고 자원하면 좋은 점수를 따게 될 것이다. 교사들은 이러한 기술을 쓰는 자문가들을 좋아할 것이다.
- **활동 후 정리하기**: 이것은 학급의 방문자가 도울 수 있는 매우 단순한 일이다. 이러한 기술들과 관련해서 자문가들은 선례가 정해져 있는 것이 아님을 알아야 한다. 이는 교사진과의 동맹을 공고히 하는 목표를 향해 진일보하는 것이다.
- **산만한 아이에 대한 주의 환기하기**: 스태프를 일시적으로 돕기 위해 산만한 아이의 주의를 환기시키는 것은 좋은 생각이다. 하지만 궁극적으로 자문가는 스태프가 그 상황을 스스로 다루는 법을 알아내도록 도와주어야 한다.
- **교사들이 개인적으로 관심 있는 무엇인가를 가지고 오라**: 워크숍에서 나는 종종 자문가들에게 그들이 함께 일하는 교사들에 대해 생각하고 나서 그 교사들의 개인적 관심사를 하나 또는 두 개 정도 적어 보라고 한다. 그러한 관심사는 그들이 응원하는 대학 농구 팀이나 손자들, 그들이 듣는 수업, 취미, 수집 등이다. 나는 종종 자문가들이 자신이 선택한 교사들의 무엇에 관심이 있는지에 대해 아무런 생각도 없다는 것에 놀란다. 이것이 첫 번째 단계다. 그리고 기술은 그러한 관심사와 관련된 토막 뉴스나 쿠폰 혹은 책 빌려주기 같은 공짜이거나 비싸지 않은 무엇을 가져다주는 것이다.
- **회의가 점심시간이라면 점심을 싸 오라**: 자문가들은 교사들의 점심시간을 회의시간으로 활용하곤 한다. 만약 교사들이 제안하면 자문가들은 교사들과 함께 점심 먹을 준비를 해야 한다. 점심시간은 교사들의 휴식시간이어야 한다.

통합적 치료와 특수교육

통합적 특수 서비스의 정의는 치료와 특수교육이 다른 아동들이 함께 있는 지속적 일과나 활동 상황에서 행해지는 것을 말한다. 이 정의는 관련된 전문 분야와 장소, 또래의 참석, 학급 상황을 강조한다. 이러한 상황들은 특별히 중요하다.

비록 모두 효과적인 것은 아니지만, 그룹 보육 환경에서 아이들에게 서비스를 제공하는 여섯 가지 방법이 있다(McWilliam, 1996).

1. **개별 교실 밖 중재**: 자문가가 아동을 교실 밖으로 데리고 가서 그 아동에 대한 중재를 실시한 후 교실로 돌려보내고 떠나는 것이다. 때로는 자문가가 교사에게 인위적인 환경에서 아동을 데리고 나가서 치료했던 것에 대해 말해 주려는 노력도 한다. 이 모델에서는 자문가가 그 기간에 대한 전적인 권한을 갖는다.

2. **소그룹 교실 밖 중재**: 위의 모델과 유사하게 자문가는 두 명 혹은 그 이상의 아동을 교실 밖으로 데려가서 중재하게 된다. 소그룹 교실 밖 중재는 효율성을 위해 사용되기도 하고, 때로는 중재 기간 동안 아동에게 상호작용할 또래를 제공하기 위해 사용되기도 한다.

3. **교실에서의 일대일 중재**: 자문가가 교실에 머물면서 아동을 교실 가장자리로 데려가 현재 교실 활동과 특별히 관련 없는 기술들에 대해 중재하게 된다. 만약 교실 활동과 관계가 있다면 그 모델은 '일과 내 개별화'라고 불릴 것이다. 교실에서의 일대일 중재는 '가장자리 중재(pull-aside or push-aside therapy)'라고 알려져 있다. 이런 접근을 활용하는 자문가들은 자신만의 의제를 가지고 있으며, 그 시간에 교사가 무엇을 하고 있는지에 대해 신경을 쓰지 않는다. 교사진도 자문가가 하고 있는 일에 주의를 기울일 것으로 기대하지 않는다. 왜냐하면 그 시간은 자문가가 아동과 중재하는 것이 목적일 뿐 교사진에게 자문가가 시범을 보이는 것이 아니기 때문이다.

4. **그룹 활동 자문**: 자문가는 중재 아동을 위해 학급 전체 혹은 아동 그룹과 상호작용한다. 자문가가 하는 일은 교사와 미리 계획한 것이거나 즉흥적인 것이다. 그러나 그 시간에 학급에서 일어나고 있는 일과 일치해야 한다. 교사진은 자문가가 하는 일에 관여하기 때문에 자문가가 사용하는 방법들을 관찰할 수 있다. 물리치료사가 교실에서 모든 아동에게 장애물 통과하기를 하게 하거나, 언어치료사가 아동과 함께 그룹으로 번갈아 책을 읽는다든지 하는 것이 그 예가 될 것이다. 두 경우 모두 활동은 특정한 아동을 위해 고안되었지만, 그 중재는 그룹 환경에서 실행된다.

5. **일과 안에서의 개별화 자문**: 이 모델은 아동이 무엇에 참여하든지 자문가가 함께하고 주제를 아동의 활동에 엮어 넣는 것이다. 이것은 아동의 일과 활동에 방해가 되지 않으며, 교사진은 자문가가 하는 것을 볼 수 있다.

6. **단순 자문**: 때로는 자문가가 아동과 상호작용 없이 단순히 관찰만 하고 교사진에게 피드백을 제공한다. 어떤 제도에서는 치료를 제공한 회기로 인정하기 위해 자문가들이 아동과 직접적인 접촉을 가져야 한다. 따라서 자문비용이 지급되지 않을 수도 있다.

이 여섯 가지 모델은 가장 분리적인 것에서부터 가장 통합적인 것의 연속선상에 있다고 볼 수 있다. 가장 효과적인 것은 일과 안에서의 개별화인데, 이 경우 교사진이 자문가들의 활동 상황에서 어떻게 중재할 수 있는지를 관찰할 수 있기 때문이다. 더욱이 자문가는 일과에서 요구되는 것들을 볼 수 있고, 그 상황에서 어떻게 중재가 일어날 수 있는지를 알게 도와줄 수 있기 때문이다.

두 번째로 가장 효과적인 모델은 그룹 활동 자문이다. 왜냐하면 교사진이 일상적 활동 상황에서 아동을 어떻게 도울 수 있는지를 관찰할 수 있기 때문이다. 일과 안에서의 개별화 자문과 그룹 활동 자문의 차이점은 전자의 경우 일반 교사진이 활동을 운영한다. 후자의 경우에는 자문가가 활동을 운용하게 된다. 아동을 교실에서 데리고 나오는 것에 대한 정당한 이유는 거의 없다. 그런 드문 이유에 대해서는 여기서 설명하지 않았다. 그러나 경험에 의하면 어떤 이유로 교실 밖 자문을 한다고 하면, 그런 이유들은 다른 많은 아동에게도 적용될 것이다. 한 가지 모델을 쓰는 자문가는 그 모델을 다른 아동에게도 활용하는 경향이 있다. 그런 양식을 간섭할 수 있는 것은 각 해당 현장의 규칙이나 기대일 것이다(McWillian, 1996).

연구 결과

교실 밖 중재 서비스 재고: 전문가 자원(Rethinking Pull-Out Services: A Professional Resource; McWilliam, 1996)에 보고된 몇몇 연구 결과를 여기에 요약했다.

- 일과들 안에서 개별화된 것이 가장 효과적이 모델이고, 그다음은 그룹 활동이다.
- 일과 안에서 하는 방법들이 교실 밖에서 하는 중재보다 4배나 더 많은 의사소통이 일어났다.
- 그것은 단지 장소의 문제가 아니다. 같은 사람이 교실에서, 따로 떼어내서, 교실 밖으로 불러내서 아동에게 유사한 것을 가르쳤을 때, 아동의 행동에 차이점이 관찰되지 않았다. 중재자는 아동의 교사가 아니라 연구자였다.
- 한 연구에서 교사들이 통합적인 특수 서비스와 교실 밖 특수 서비스 중재를 둘 다 경험했을 때, 통합된 서비스에 더 만족했다고 한다. 그 결과는 특별히 그들이 치료사들을 좋아했을 때 더 그랬다고 한다.
- 부모에게 자녀를 위한 교실 내 중재 혹은 교실 밖 중재의 특수 서비스에 대한 선호도를 조사했다. 1년간 위 두 종류에 임의 배정한 후, 자신들이 선호하지 않은 조건에 배정받은 부모는 자신의 선호도를 바꾸지 않았다. 하지만 2년 혹은 그보다 더 오랜 시간을 통합된 치료에서 보낸 후, 부모는 자신의 선호도를 교실 밖 중재에서 교실 안 중재로 바꾸었다. 분리 모델의 영향을 받은 부모가 통합의 장점을 인식하는 데는 1년 이상의 시간이 필요하다.
- 유아 특수교육은 가장 통합적이며, 그다음은 작업치료다. 6세 미만의 아동

을 위한 학급 프로그램들에서 일하는 유아 특수교사, 작업치료사, 물리치료사 그리고 언어치료사를 대상으로 한 전국 단위 설문조사에서 응답자의 전문 분야가 그들의 중재 모델 선택의 가장 강력한 예측 요인이었다. 유아 특수교육교사는 학급 활동을 선택한다고 보고했고, 그다음으로 작업치료사, 언어치료사 순이며, 물리치료사가 가장 덜했다.

- 대부분 현장 전문가들은 자신들이 시도하는 방법에 대한 선택이 아동에게 달려 있다고 한다. 사실 전문 분야를 제외하면 중재 목표, 가족의 교실 밖 혹은 안에 대한 선택, 그리고 교사와 아동의 특성들은 그들이 어떤 모델을 실행할지에 대한 의사결정에 단지 10%만 그 차이에 대해 설명한다고 한다.

'직접 중재'와 '자문적 중재'

통합적 서비스 모형은 자문적인 것이다. 그러나 어떤 제도들에서는 자문적이란 '드물게'라는 의미가 되기도 하고, 때로는 '임시적인 것'을 의미하기도 한다. 이와 반대로 '직접'이란 말은 빈번하고 계획된 것을 의미한다. 통합적 서비스 모형은 빈번하고 계획된 것이기 때문에 '직접적'이라고 기록되어야 할 것이다. 직접적 시범이 있을 것인데, 어쨌든 통합적 서비스 모형은 가장 효과적인 것이다. 그런데 왜 자문에 대해서는 낮은 실비 정산을 해 주는 것일까? 그것은 바로 '직접'과 '자문적'이라는 것의 정의에 문제가 있다는 것을 의미한다. 왜냐하면 그 정의들이 서비스 전달 체계의 모형보다 강도에 해당되어 왔기 때문이다.

도전들

일과 안에서의 개별화 자문이 가장 효과적인 모형이라는 것에는 의문이 없지만, 그것이 항상 용이하다는 것을 의미하지는 않는다.

1. 발달상 부적합한 교실들은 통합된 서비스들을 실행하는 데 도전이 된다. 학문적인 경우에는 충분한 놀이 없이 지나치게 엄격하게 운영되는 경향이 있다. 따라서 활동들은 교사들의 엄격한 통제 하에 놓이게 되고, 자문가가 아동과 함께하기에 너무 애매모호해진다. 지나치게 특수한 학급들은 성인의 아이에 대한 비율이 높은 경향을 보이기(성인에 비해 지나치게 적은 수의 아동을 의미) 때문에 교실에 있는 다른 성인(자문가)이 너무 많아 보인다. 더욱이 그러한 교실들에서는 아동이 빈번하게 일대일 혹은 2 대 1 등의 고도로 구조화된 활동 혹은 소집단 활동에 참여하게 된다. 그래서 상호작용들 역시 자문가가 아이와 함께하기에는 그다지 유동적이지 않다.

2. 어떤 부모들은 통합적 서비스 모형을 신뢰하지 않는다. 심지어 하루 동안 아동이 더 많은 중재를 제공받는다고 자세히 설명해 주어도 부모들은 일대일 직접적 교수 혹은 치료를 포기하고 싶어 하지 않고 더 열성적으로 좋아한다.

3. 사실 어떤 교사들은 목표와 전략들을 자신들의 일상 교수에 삽입하지 않는다. 이러한 것들은 부모들의 통합적 서비스 모형에 대한 불신에 일조하기도 한다.

4. 어떤 교실의 교사들은 자문가들이 관여하는 것을 원치 않는다. 어떤 교사들은 "절대 오지 마세요." 혹은 "만약 오시면 아이를 데리고 나가세요."라는 등의 반응을 보이기도 한다. 이러한 상황에서는 교실 안에 들어갈 수는 있지만 단지 '문제' 아이만 데리고 나올 수 있다. 혹은 그러한 교사들이 "다른 곳에 가서 당신 일을 하시오."라는 메시지를 보낼 수도 있다. 세 번째 반응은 "학급 관리에 대해 내게 말하지 마세요."일 수 있다. 종종 하기 싫어하는 교사들은 대상 아동의 구체적 중재에 앞서 풀어야 할 더 큰 (학급) 문제들이 있다.

5. 전문가와 교사 간의 빈약한 의사소통은 적어도 다음과 같은 세 가지 이유에서 일어날 수 있다. a) 자문가들이 교실에 있어도 교실 활동들이 자문가의

도움으로 개선될 수 없을 때, b) 교사들이 활동 중에 대화를 하지 않을 때, 혹은 c) 교사와 자문가가 함께 앉아서 대화하는 수업계획 시간이 없을 때

이러한 상황들을 신속히 개선할 수는 없다. 하지만 교사진과 좋은 관계를 형성하는 것을 우선시해야 한다. 위에서 몇 가지 제안을 했다. 과업 중심인 어떤 교사들에게는 자문가의 신뢰성이 대인관계 기술로서 중요할 것이다. 따라서 자문가들은 교사들을 평가할 필요가 있다. 만약 필요하다면 같이 계획하는 데 도움이 되는 구체적이고 실행 가능한 제안을 해야 한다. 더 많은 정보를 위해서는 〈부록 11-1〉에 있는 자문 점검표를 참고하라.

FINESSE의 항목들

FINESSE에 한 가지 관련된 요소 중 '집단 보육 자문'이 있다.
1. 교실에서 자문할 때, 우리는 개별 혹은 소그룹 **교실 밖 중재**를 사용한다.
3. 교실에서 자문할 때, 우리는 **교실 내 일대일 중재**를 사용한다.
5. 교실에서 자문할 때, 우리는 **그룹 활동 중재**를 사용한다.
7. 교실에서 자문할 때, 우리는 **일과 내 개별화된 활동들**을 사용한다.

협력적 자문에 관련한 테스트

1. 자연스러운 환경들은 일반적으로 __________을 포함한다.
   a. 재활병원 클리닉
   b. 일반 초등학교의 특수 유치원 학급
   c. 어린이집 프로그램
   d. 연못과 개천

2. 이 모형에서 자문이란 ________이다.
   a. 간헐적으로 아이를 확인하는 것
   b. 아동을 직접 보지 않고 조언을 제공하는 것
   c. 아동을 교실 밖으로 데리고 나가는 것
   d. 성인들의 지식과 기술을 증대시키는 것

3. 다음 중 협력적 자문과 관련이 없는 것은 _______이다.
   a. 교사진에게 아동과 해야 할 것을 지시하는 것
   b. 교사진과 함께 왜 아동이 도움이 필요한지를 결정하는 것
   c. 교사진과 함께 중재가 시도하는 것을 결정하는 것
   d. 교사진과 함께 중재가 효과가 있었는지를 결정하는 것

4. 다음 중 성인 학습의 원칙이 아닌 것은?
   a. 성인은 배운 것을 자신의 삶의 상황에 연관시킨다.
   b. 성인은 돈에 의해서만 학습 동기를 가진다.
   c. 성인은 학습에 능동적으로 참여할 때 가장 잘 배운다.
   d. 성인은 편안하고 지원적인 환경에서 가장 잘 배운다.

5. 만약 학급 교사가 대단히 사회적이라면 자문가는 ___________ 한다.
   a. 교사를 업무에 집중시켜야
   b. 교사들에게 치료나 교수가 중요한 것을 이해시키기 위해 경계를 지어야
   c. 업무에 집중하기 전에 교사를 개인적으로 알아가야
   d. 원장/교장에게 교사에 대한 보고를 해야

6. 보육원에 있는 아동에게 서비스를 제공하기 위한 가장 효과적인 장소는 ____이다.
   a. 방해가 없는 방
   b. 복도
   c. 학습 활동이 일어나는 모든 곳
   d. 병원의 클리닉

7. 자문가가 교실에 있을 때, ________________.
   a. 교사는 자문가가 원하는 것을 해야 한다.
   b. 자문가는 교사가 원하는 것을 해야 한다.
   c. 교사와 자문가는 아무것도 할 필요가 없다.
   d. 교사와 자문가가 서로를 위해, 또 자신들을 위해 기본 원칙을 세워야 한다.

8. 만약 협력적 자문이 성공하면 ____________.
   a. 일과(활동들)가 더 원활하게 운용되어야 한다.
   b. 일과를 운용하기가 더 어려워진다.
   c. 일과들이 없어질 것이다.
   d. 대상 아동을 위해서는 일과들이 더 원활하게 운용되겠으나, 다른 아동을 위해서는 아니다.

9. 자문가가 교실에 있을 때, 다음 사항 중 사실이 아닌 것은?
   a. 교사와 자문가는 서로 의사소통해야 한다.
   b. 자문가는 관찰하고 시범을 보일 수 있게 자리 잡아야 한다.
   c. 자문가는 맥락과 관련 없는 행동일 때는 별개의 시도에 대한 시범을 보여줘야 한다.
   d. 자문가는 참여, 독립적 수행, 그리고 사회적 관계에 초점을 두어야 한다.

10. 다음 중 라포르 형성을 위한 기술이 아닌 것은?
   a. 기저귀를 갈기 위해 냄새 맡아보기
   b. 활동 후 정리하기
   c. 방해하는 아이는 활동에 남아 있게 하기
   d. 교사에게 개인적으로 관심 있는 무엇인가를 가져오기

11. 아동이 이미 참여하고 있는 것에 참여하고, 그 참여에 중재를 짜 넣는 것을 _____이라고 한다.
   a. 순수한 자문　　b. 그룹 활동 자문
   c. 교실 내 일대일 자문　　d. 일과 내에서의 개별화된 자문

12. 다음 전문 영역 중 어떤 것이 가장 통합적인 서비스를 제공하는가?
   a. 작업치료　　b. 물리치료
   c. 유아 특수교육　　d. 언어치료

13. 아동이 있을 때 교사와 대화하는 데 시간을 보내는 것은 ______(이)라고 여겨야 한다.
   a. 직접적 서비스　　b. 간접적 서비스
   c. 자문적 서비스　　d. 행정적 시간

정답: 1) c 2) d 3) a 4) b 5) c 6) c 7) d 8) a 9) c 10) c 11) d 12) c 13) a

부록 APPENDIX

〈부록 11-1〉 자문 점검표

〈부록 11-1〉 자문 점검표

자문가 ____________________ 관찰자 ____________________

이 점검표를 자가 점검 혹은 동료, 상급자, 양성자에 의한 관찰에 활용하라.

이행(+), 불이행(−), 거의(+/−), 해당하지 않거나 관찰되지 않았으면 (NA).

자문가의 수행 여부	날짜	날짜	날짜	날짜	날짜
1. 교사들과 기본 규칙을 수립했는가?					
2. 아동의 개별화가족서비스계획(IFSP)의 목표에서 강조할 필요가 있는 것이 무엇인지 교사들에게 자문했는가(즉, 문제가 무엇인지)?					
3. 교사에게 실행할 중재가 무엇인지 자문했는가?					
4. 교사들에게 교실에서 다뤄진 각각의 목표가 어떻게 진행되고 있는지 자문했는가?					
5. 아동이 여전히 못함, 아동이 향상되고 있음 혹은 아동이 할 수 있음과 같은 절차로 구분된 행동적 자문을 활용했는가?					
6. 아동이 여전히 하지 못하면 제안하기 위한 질문을 활용했는가?					
7. 필요하다면 시범 보이기나 8단계 시범 활동을 제안했는가?					
8. 교사가 중재를 실행하고는 있지만, 아동이 여전히 목표행동을 만족스럽게 수행하지 못하고 있다면 그 기술을 개선하거나 중재를 수정했는가?					
9. 교사에게 중재가 어렵거나 일과에 맞추기 어렵다면 중재나 일과를 바꾸었는가?					
10. 만약 아동이 프로그램에 반응을 보이지 않아서 교사가 중재를 시행하지 않으면 프로그램에 변화를 줄 것인지, 중재를 지속할 것인지 논의했는가?					
11. 교사가 중재를 실행할 것을 잊어버렸다면 목표 X일과표를 만들었는가?					
12. 교사를 성인 학습자처럼 다루었는가(교사의 경험에 대해 물어보고, 제안들을 그의 삶의 상황에 연관시킬 것을 격려하는 일)?					
13. 교사의 사회성과 업무 성향을 일치시켰는가?					
14. 교실 안에서 중재했는가?					

자문가의 수행 여부	날짜	날짜	날짜	날짜	날짜
15. 교사의 영역에 대한 존중을 보여 주었는가?					
16. 일과를 더 성공적으로 만들 제안을 했는가?					
17. 활동 중에 의사소통을 했는가?					
18. 자신을 시범과 관찰하는 위치에 두었는가?					
19. 우발적 교수의 시범을 보였는가?					
20. 아동의 참여, 독립적 수행, 혹은 사회적 관계에 대해 언급했는가?					
21. 교사에게 구체적인 피드백을 주었는가?					
22. 떠나기 전에 다시 설명했는가?					
전체 이행 항목 수					
전해 이행 가능 항목 수(항목-NA)					
이행 항목 비율					

Routines-Based
Early Intervention

06

P·A·R·T

효과적 변화

종결 부분은 이 책을 통해 발표된 모델과 관련된 실행 이슈들을 묘사하고 있다. 다음 장에서는 시스템, 서비스 조직, 조직원들의 준비과정과 평가에 대해 논의할 것이다. 이러한 영역에서 효과적 변화와 제공되는 적절한 측정 도구는 일상 중심 중재에서 아동과 가족의 참여를 위한 성공적인 결과를 가져올 것이다.

12

C·H·A·P·T·E·R

실행 모델
- 시스템, 서비스 조직, 조직원들의 준비과정, 평가

이 책에서 설명하고 있는 접근법으로 전환하기 위해 다양한 시스템을 주의 깊게 다뤄져야 한다. 그런 뜻에서 시스템이란 "조기 중재 서비스 전달에 공식적 또는 비공식적으로 영향을 미치는 조직화된 독립체"로 정의된다. 여기에서 다뤄지는 네 가지 시스템은 프로그램, 지역사회, 주(states), 전문가 협회다.

프로그램(programs)

조기 중재를 제공하는 개별적인 프로그램들은 때때로 시작점이다(다음 단원에서 지역사회 시스템으로 다뤄지는). 때로는 포괄적인 조기 중재 프로그램들이며, 때로는 치료 혹은 재활 기관 등이 될 수 있다. 주 정부 프로그램들은 주

(states: 州) 단원에서 설명할 것이다. 프로그램 수준에서 일과 기반 조기 중재 모델은 정책, 관리, 교육 연수를 통해 지원되거나 약화될 수도 있다.

만약 어떤 사람이 어떤 일을 하라고 들은 바가 없으면 그 사람이 그것을 할 것이라고 기대할 수 없는 전제처럼 프로그램 수준의 정책들은 이러한 접근을 지원하는 위치에 놓일 수 있다.

다음과 같은 예를 들 수 있다.

1. 가정방문에서 장난감 가방을 사용하지 말라. 대신 밴더빌트 가정방문 스크립트(VHVS)와 행동에 관한 자문을 사용하라.
2. RBIs는 IFSP를 개발할 때 반드시 작성되어야 한다.
3. 오직 PSP(주 서비스 제공자)만이 개별 가정방문을 할 수 있으며, 그 외에는 공동 가정방문이어야 한다.
4. 생태도는 매 초기의 IFSP 전에 개발되어야 하며, 매년 IFSP에서 검토되어야 한다.
5. IFSPs는 반드시 6~12개의 기능적이고, 가족 중심적이며, 측정 가능한 결과목표를 가져야 한다. 어떤 예외들도 감독관과 상의해야 한다.
6. 아동과 가족의 진보에 관한 데이터가 수집되어야 한다.
7. 유치원에서 아동을 관찰할 때, 인출(pull-out) 방식을 사용해서는 안 된다. 대신에 일과 중 개별화된 접근법을 사용해야 한다.
8. 가족의 참여 없이 '직원 채용'을 하지 말아야 한다. 대신 '팀 모임'을 가져야 한다.
9. 증거에 기초한 실천(practices)을 사용해야 한다.
10. 참여를 기반 목표로 하여 아동의 수준 결과목표를 작성해야 한다.

이 모델의 성공적인 운영 지원의 중점은 1) 체계적인 피드백, 2) 강한 팀 리더십 기술, 3) 조기 중재, 아동 발달 그리고 가족 기능에 관한 지식이다. 체계적인 피드백은 이 책에서 제공되는 다양한 점검표(Realon, Lewallen & Wheeler, 1993)들을 사용하여 달성될 수 있다. 강한 팀 리더십 기술을 위한 필요는 개별적인 IFSP 팀의 다른 전문가들이 가지고 있는 다른 관점들의 문제들, 특히 아동들에 대한 서비스의 다른 철학적 관점에서 비롯된다. 예를 들어 만약 어떤 조기 중재 전문가가 PSP 접근법의 사용을 시도하고, 아동과 가족에게 서비스를 전달하는 또 다른 전문가는 가족을 분리해서 보고 높은 빈도를 고집한다면 서비스 조정자는 서비스의 빈도와 강도 부분을 작성할 때 이러한 논란을 해결해야 한다. 이런 것이 프로그램 관리자가 갈등을 해결하기 위해 필요한 부분일 것이다. 조기 중재에 대한 지식은 조기 중재 관리자에게 매우 바람직한 일일 뿐만 아니라 필요한 부분이다. 특히 프로그램 관리자는 아동이 어떻게 배우고 서비스가 어떻게 전달되는지 이해할 필요가 있다. 따라서 관리자들은 조기 중재가 단순히 서비스 수를 늘려 제공하는 것일 뿐 서비스를 거부하는 것이라고 생각해서는 안 된다. 사정에 정통하고 잘 아는 관리자는 팀 전체의 생태를 들여다보는 점진적인 결정과정을 지지할 것이다.

전문가들은 프로그램과 관련한 자신들의 프로그램 안에서 훈련을 받을 수 있다. 후속조치가 없는 전통적인 교육 연수들은 효과적이지 않다(Sexton, Snyder, Wolfe & Lobman, 1996). 유감스럽게도 지속적이고 현장 중심의 연수는 거의 없는 실정이다(White & Kratochwill, 2005).

지역사회(communities)

도시, 군, 복합 시·도 지역들로 정의된 지역사회는 여기에 묘사된 실천들의 실행을 도울 수도 있고 방해할 수도 있는 기회들이 있다. 지역사회들은 대부분 복수의 기관들로 구성되어 있으며, 이러한 모델을 실행하는 데 풍성함과 도전을 가중시킬 수 있다.

조기 중재에서 위에 언급한 지역 프로그램들과 그 외 다른 지역 프로그램들은 조기 중재의 대상 가족의 요구를 충족하기 위해 공식·비공식적인 협의를 통해 연합한다. 이런 일과 기반 접근을 따르려는 조기 중재 기관은 무엇을 하고 무엇을 하지 않을지에 대해 기관 간의 협의를 명확하게 해야 할 필요가 있다.

대부분 지역사회는 지역기관 간 조직위원회(LICCs)를 갖고 있다. 내슈빌(Nashville), 테네시(Tennessee), FINESSE(추후 설명 참조)는 그 지역에서의 전형적인 중재(practices)를 평가하고, 그 후에 변화되어야 할 것에 대한 우선순위를 매기기 위해 LICC의 서비스 위원회에서 사용되었다. LICC는 다른 발달적 단계들로서 특징지을 수 있었다(Harbin, Ringwalt & Batista, 1998). FINESSE는 LICC를 더 성숙한 단계로 나아가게 하는 데 활용될 수 있다. 적어도 기관들 간에 일과 기반 중재를 실행하는 측면에서 말이다.

많은 지역사회에서 단일 진입점(SPOE)은 조기 중재의 중추다. 이는 조기 중재의 의뢰가 이뤄지는 곳이며, 적격성이 결정되며, IFSP가 후속적으로 개발되는 곳이다. 그러므로 SPOE는 여기 설명된 IFSP 개발 지침에 따르는 등 그들이 어떻게 일하는지 진술하는 기회를 가지게 될 것이다. IFSP를 시행하는 제공자들은 왜 가족이 우선 결정자이며, 결과목표가 참여와 상황에 기초해야 하며, 서비스가 진단에 기초한 것이 아닌 필요에 의한 것이어야 함을 알게 될 것이다.

주

연방법은 세부적인 많은 실행 부분을 주정부에 위임하고 있다. 주 단위에서 특별히 고려할 사항들은 조기 중재를 위한 지불방식, 주정부의 기관 간 조정협의회의 역할, 정책 그리고 리더십이다.

1980년대부터 조기 중재에서 가장 곤란한 경향 중 하나는 유료 서비스 프로그램이 급증했다는 것이다. 급증 이유는 널리 알려졌지만, 이 책에서는 다루지 않겠다. 그것은 소시지를 어떻게 만드는지 알고 싶다고 해도 차라리 모르는 것이 낫다는 것에 비유할 수 있을 것이다. 조기 중재를 위해 지불하는 방식의 본질은 주정부가 연방자금으로 어떤 서비스는 지불하고, 제3자가 진행 중인 서비스 요금을 지불하게 하는 것이다. 일부 주에서 진행 중인 서비스들은 서비스 간 조정을 포함하고 있다. 다른 경우에는 주가 서비스 간 조정을 위해 지불하기도 한다. 이러한 방식에서 저소득층 의료보호제도와 보험회사들은 치료, 특수교육, 때로는 목표 사례 관리를 위해 지급하게 된다. 이것은 1) 자금이 문제가 되지 않는다고 생각하는 사람들을 진정시켰고, 2) 서비스 제공자들 간의 사업 획득을 위한 달갑지 않은 분쟁을 초래하기도 했다. 좋지 못한 결과는 특정한 제공자들이 사업을 하듯이 서비스 중재자들도 그런 식으로 하라는 압력이 가해지게 되었다. 몇몇 주는 일부의 이상한 반응들로 대응했다. 첫째, 서비스들을 미리 정해 놓는 비정상적인 집착은 서비스 제공자들이 요구 평가에 관여하는 것을 효과적으로 저지했고, 이것을 서비스 조정자들에게 일임했다. 서비스 조정자들이 오로지 서비스 조정만 할 때, 그들은 종종 중재나 아동 발달에 관한 지식을 갖고 있지 않았다. 그들은 근본적으로 사례를 관리하는 전문가다 (McWilliam, 2006b). 그러므로 그들은 요구 평가, 가족이 결과목표를 선택하게 돕는 것, 서비스에서 계획하는 것에 대한 책임－조기 중재 전문가의 도움 없이－을 지는 경우가 많다. 동시에 유료 서비스 분야에서는 미리 정해 놓은 서비스는 문제가 될 수 있다는 것은 이해할 만하다.

미리 서비스를 정해 놓는 것에 대한 두려움에 대한 주의 두 번째 반응은 가족이 직접 서비스 제공자를 선택할 수 있도록 하는 것이다. 이 방법은 가족 중심 서비스 같아 보인다는 근거로 정당화되었다. 하지만 실제로는 그들의 프로그램을 가로채는 약탈적 전문가들에게 불공정한 서비스를 할당한다는 비난을 회피하기 위해 주가 선택한 방법이다. 그래서 가족은 의미 없이 긴 목록을 검토하고, 일반적으로 별다른 정보 없이 제공자를 선택해야 했다. 결국, 서비스 중재자는 가족에게 특별한 서비스들을 제시할 수 없다.

이러한 문제들에 대한 해결책은 다면적이다. 규모가 큰 조직적 차원에서 주정부는 높은 빈도와 강도로 가족에게 제공되는 서비스의 수를 재검토하는 것을 포함하여 파트 C 서비스의 전체적인 재정 구조를 재고할 필요가 있다. 만약 그것이 너무 큰 과업이라면 이 책의 4장에서 설명한 '서비스를 제공할 공산이 가장 큰 제공자'의 사용을 허락하는 것은 서비스 조정자가 다른 전문가들의 도움 없이 IFSP 초안을 작성하려는 것을 막을 수 있다. 좀 더 효과적인 방법은 PSP를 사용하여 초기의 IFSP를 개발해야 하는 서비스 진행자를 도와주는 전문가가 '서비스를 제공할 공산이 가장 큰 제공자'가 되게 하는 것이다.

일부 주에서 ICC는 파트 C 정책 개발과 실행에서 강력한 역할을 한다. IDEA에 따르면 이러한 단체들은 파트 C 주도 기관에 도움을 제공하고 조언하기 위해 주지사가 임명했다. 이 단체들은 유관기관이며 가족을 포함한다. 이 단체들은 획기적인 접근을 지원하기 위한 수단이 될 수 있지만, 일부 주에서 이러한 단체들은 힘없이 인가하는 단체일 뿐이다. 주도 기관과 주 행정당국이 어떻게 이 단체들을 설립했는가에 따라 달라진다.

주 차원에서 개인의 리더십은 질 높은 조기 중재를 하기 위한 촉매제 역할을 한다는 것이 반복해서 증명되었다. 콜로라도, 코네티컷, 조지아, 켄터키, 매사추세츠, 미네소타, 미주리, 네바다, 뉴멕시코, 테네시, 텍사스 같은 주에서는 강력하고 혁신적인 리더들을 통해 한 번 또는 여러 번 이익을 얻을 수 있었다. 불행히도 동등한 리더가 배치되지 않는다면 강력한 리더십의 영향은 리더의 재임기간이 지나고 나면 유지되지 않는 것 같다. 어쩌면 위에 언급된 주들이 강력한 리더십으로 이익을 얻은 모든 주는 아닐 수도 있지만, 위의 주들이 모범적인 정책과 경영을 하고 있다는 것을 알 수 있다.

전문가 협회

조기 중재, 유아 특수교육, 작업치료, 물리치료, 언어치료 같은 주요 영역을 대표하는 전문가 협회는 혁신적인 접근을 도울 수도, 방해할 수도 있다.

CEC의 분과인 DEC는 조기 중재와 유아 특수교육에 종사하는 모든 전문 영역을 대표한다. 하지만 치료사들 또한 그들의 전문 영역 협회를 가지고 있기 때문에 파트 C에서 알려진 것처럼 특수교육 제공자들의 가장 큰 협회로 볼 수 있다. 의료 전문가들의 연합과 달리 DEC는 면허니 연수 프로그램의 승인과는 관련이 없다. 그러나 현장에 추천된 실제들을 수립했다(McLean, Snyder, Smith & Sandall, 2002; Rapport, McWilliam & Smith, 2004; Smith et al., 2002), 이 분야에서 가장 큰 판매부수를 자랑하는 전문 저널인 〈조기 중재 저널(Journal of Early Intervention)〉을 발간하고 있다.

미국 작업치료협회, 미국 물리치료협회, 미국 언어청각협회에서는 각각의 전문가들에게 가이드라인을 제공하고 있으며, 모든 협회에서 아동이나 가족과 함께 일할 때 필요한 가이드라인을 채택하고 있다. 비록 이러한 협회들이 최상의 실행을 촉진시키고 있다 하더라도 구성원들의 관심을 보호하기 위해 존재하는 것이라고 생각한다. 즉, 구성원의 업무 감소로 해석되는 방식에 반대한다. 이러한 일과 기반 접근은 치료사의 생계를 위축시킨다는 비판을 받고 있다. 그럼에도 내 생각에 현실에서는 치료 서비스에 대한 요구가 많기 때문에 실제로 모델의 이행을 막지 않았다. 어떤 지역에서는 특정 연령을 대상으로 하는 치료사의 공급 과잉이 일어났지만, 일반적으로는 수요가 공급을 초과하고 있다.

국가적 협회와 협력하는 곳은 때때로 주 협회다. 이러한 전문가 협회들이 양질의 조기 중재를 제공하는 임무에 전문적 지식을 적용할 때, 그들은 강력한 협력자다. 국가적 협회의 주요 인사들이 이 모델을 형성하는 데 도구적 역할을 감당했다.

서비스 조정

IDEA에서는 주정부에서 조기 중재를 받을 모든 가족에게 서비스 조정을 제공할 것을 보장하고 있다. 서비스 진행자는 1) IFSP 개발과정 동안 가족을 인도해야 하며, 2) 가족에게 서비스를 포함한 자원의 접근을 보장해야 하며(그들은 때로 공식적인 서비스 이외의 것들을 찾아보는 것을 잊어버리긴 하지만), 3) 가족이 제공받고 있는 서비스 조정을 도와야 한다. 헌신적인 서비스 조정자들에 대해서는 이미 언급했다. 이러한 역할은 '개별화 모델(individual model)'이라고 불린다(Bruder & Dunst, 2006). 만약 서비스 조정자가 제공자로서 같은 기관에 있는 경우는 '기관 내 모델'이라고 알려져 있다. 만약 서비스 조정자가 같은 가족에게 서비스 조정자임과 동시에 제공자일 경우 '결합 모델'이라고 불린다.

모든 방법 가운데서 가장 통합적인 것은 서비스 조정자/제공자가 초학문적 접근법을 사용하면서 주 제공자 위치에 있는 결합 모델이다. 이러한 상황에서 가족은 진정한 의미에서 한 명의 주요 전문가와 상대하게 되고, 다른 모든 팀 구성원들은 그 전문가와 가족의 협조 하에 일하게 된다. 이러한 방법의 단점은 추후 더 많은 정보가 가족에게 제공되어야 한다는 것을 전문가가 모른다면 가족은 자신들이 원하는 만큼의 많은 정보를 제공받지 못할 수도 있다.

전문가 양성

조기 중재 전문가의 양성은 그 분야에서 좋은 또는 나쁜 서비스의 실행에서 중요한 역할을 한다. 가족과 함께 일하는 것에 대한 다른 생각들이 전문가들 사이에서 나타날 때 전문가들은 대학 프로그램들이 이러한 새로 유행하는 견해에 대해 주지할 필요가 있다고 말한다. 하지만 그런 것들을 제대로 하기 위해 대학교수들 또한 학생들에게 자연스러운 환경에서의 조기 중재에 대한 최근의 개념들을 설명하지만, 학생들의 현장 실습들이나 첫 직장들은 그런 가르침을 원상태로 돌려버린다고 말한다. 이 상황은 교육, 심리학과 비교하여 치료 분야(allied health)에서는 차이가 있을 것이다. 그리고 박사학위 과정에서는 나름대로의 문제를 가질 수도 있다.

관련 치료

작업치료사, 물리치료사, 언어치료사를 대상으로 하는 연수에서는 가정 중심 서비스 전달에 대해서는 거의 다뤄지지 않고 있다. 사실, 많은 유아 특수교육 양성 프로그램들에서도 상황은 마찬가지다.

모든 전문 영역의 조기 중재자 양성과정에서 개선이 크게 필요한 부분은 효과적인 가정 중심 서비스로, 클리닉 기반의 서비스와는 급진적으로 다르게 봐야 할 것이다. 이 책 전반에 걸쳐 언급했듯이 이것은 단지 장소의 문제가 아니다. 또한 이것은 범위, 역할, 방향의 문제다. 두 번째 가장 필요한 부분은 유치원에서부터 헤드스타트(Head Start)에 이르기까지 교실 프로그램에서 아동들에게 어떻게 하는가에 관한 것이다. 교사진과의 효과적인 자문은 아동을 치료하는 것을 넘어서서 많은 기술을 요구한다. 마지막으로 대학교수들은 자문을 직접적인 서비스보다 빈번하지 않고 상당히 덜 효과적인 것으로 여기는 전통적인 강도의 정의로부터 인식을 전환할 필요가 있다. 모든 조기 중재의 '직접적' 서비스는 성인들의 기술과 지식을 상호교환한다는 의미에서 자문적이어야 한다. 더욱이 모니터링 또한 전통적으로 덜 빈번하고 희석된 수준의 서비스로 여겨졌다. 3개월마다 공동으로 가정방문을 하는 고도의 기술을 갖춘 치료사는 부모와 주 서비스 제공자에게 부모가 일상에서 아이를 가르치기 위해 필요한 정보를 제공함으로써 고도로 효과적인 치료사가 될 수 있다. 현재 강도와 관련된 용어들은 오해의 소지가 있다.

교육과 심리학

교육과 심리학 분야에서 전문가 양성은 아동들이 어떻게 배우는지에 대해 자문 기술과 가정 기반 서비스에 초점을 맞춤으로써 이러한 종류의 접근을 실행하는 것을 도울 수 있다. 이러한 초점들의 최종적인 도전과제는 교육기간 동안 관리/감독하는 것이다. 학생이 실습과목을 이수할 때 또는 교실에서 가르칠 때 현장 협력 교사와 대학 관계자의 관리/감독은 비교적 간단한 반면, 가정방문자의 관리/감독 실행계획을 조직화하는 것은 대학에 매우 도전적인 과제다.

박사과정 교육

조기 중재 분야의 리더들은 박사과정 프로그램에서 배출되고, 그러한 프로그램들은 일과 기반 접근법의 실행을 크게 향상시킬 수 있다. 첫째, 박사과정 학생들은 유아의 학습 기회에 대한 연구에 강력한 기초를 닦는다. 이러한 연구 유형은 박사과정 담당 교수들을 끌어들이거나 밀어내는 도전으로 가득하다. 둘째, 자문에 관한 연구가 이뤄져야 한다. 학생들을 이러한 주요 실천에 관한 연구로 끌어들여야 한다. 자문에는 조기 중재가 잘 섞여 있지만, 다른 종류의 목표들과 피자문가들을 위해 어떻게 해야 하는지에 대한 연구는 결정되지 않았다. 셋째로, 효과적 변화에 대한 리더십의 중요성은 이미 이 장에서 다뤄졌다. 박사과정 프로그램들은 리더십 프로그램이지만, 가끔은 리더십의 행동과 전략들에 관한 훈련은 연구와 대학 강의에 대한 선호에 억눌려 버린다. 우리는 리더가 되기 위해 교육받은 사람들을 필요로 한다.

평가

데이터는 혁신을 만들고 지속할 수 있도록 도움을 준다. 일과 기반 조기 중재에서 우리는 중재의 접근과 질의 성과를 밝히기 위해 사용될 수 있는 많은 척도를 개발했다. 대부분 척도들은 프로그램 계획, 개별적인 향상을 목적으로 개발되었지만, 아직 수용될 만큼의 신뢰도와 타당도의 수치를 도출하지는 못했다. 이러한 척도들을 사용하는 독자들은 척도 결과를 알려 주기 바란다. 많은 장의 부록에 점검표들이 포함되어 있고, 그것들은 연수나 실제로 실행의 충실도를 모니터링하는 데 사용해야 한다. 이러한 척도들을 참조할 경우, 적절한 참고 인용을 제공해 주기 바란다.

프로그램 평정

프로그램의 질을 결정하고, 연수나 감독의 필요성을 확인하는 데 특별히 도움이 되는 다섯 가지 척도는 자연스러운 환경에서의 가족 서비스 평가 척도(FINESSE), 관찰을 통한 삽입 중재의 실행 검사(EIEIO), 밴더빌트 일과 교수 기회 생태적 일치도(VECTOR), 교실용 교수 훈련, 놀이, 참여 수준 척도(PIPERS)다.

FINESSE(McWilliam, 2000a)는 34개 항목, 7점 척도로 17개의 조기 중재 실행을 다룬 척도다. 각 실제 항목에 두 가지 척도 항목이 있는데, 첫 번째는 전형적인 중재 점수이며, 두 번째 항목은 이상적인 중재에 관한 점수다. 각 중재는 다음의 점수로 정의된다. 1점은 중재에 대한 설명이 조기 중재에서 언급하고 있는 추천된 실제와 전혀 일치하지 않는 것이고, 7점은 중재 실행이 추천된 실제와 매우 일치하고 있다는 것을 의미한다. 1, 3, 5점 또한 언급하고 있는 추천된 실제와의 일치 선상에서 정의되어 있다. 이 도구는 국제적 조기 중재 연구에서 사용되었다. 핀란드에서 시행한 52명의 전문가들에 의한 연구에서 17개 전체 항목에서 전형적인 중재와 이상적인 중재 사이에 차이가 발견되었다(Rantala, Uotinen & Mcwilliam, 2009). 다른 자료들로 진행한 전형적인 중재 점수들에 대한 요인분석에서는 첫 접촉, 중재 계획, 기능성, 서비스 전달(McWilliam, Rasmussenm & Snyder, 2007)이라는 네 가지 잠재적 요인을 밝혀냈다. 마지막으로 FINESSE는 6개국으로부터 점수 차이를 탐지할 만큼 민감하다는 것이 밝혀졌다(McWilliam & Er, 2003). 이 척도의 복사본은 이 책의 맨 끝에 실린 부록에서 볼 수 있다.

기능성 목적 척도(The Goal Functionality Scale III; McWilliam, 2009b)는 아동의 IFSP에서 각각의 결과목표의 일곱 가지 측면(참여, 특정함, 필요성, 습득 기준, 일반화 기준, 의미, 시간 기준)을 평정(1 = 전혀 아님, 4 = 매우 그러함)하도록 설계되었다. 이 척도에 대한 자료는 이 책 마지막의 부록에 실어놓았다.

EIEIO(McWilliam & Scott, 2011a)는 각 아동의 목표에 얼마나 중재가 될 수 있는지, 중재가 얼마나 이뤄졌는지, 중재가 얼마나 적절했는지를 살펴보기 위해 사용된다. 아동을 각 8개의 교실 상황에서 15분 동안 관찰한다. 그렇게 함으로써 완성하는 데 최소한 2시간이 걸린다.

이 척도의 설명처럼 데이터들은 (a) 특정한 일과들에서 어떤 것들을 목표로 해야 할지를 확인하기 위해, (b) 어떤 목표들의 빈도를 결정하기 위해, (c) 어떤 목표가 가장 기능적인지(일상 일과 안에서 가장 용이하게 다룰 수 있는 것들), 그리고 어떤 목표가 수정이 필요한지를 결정하기 위해, (d) 앞으로의 일과들에 좀 더 효과적인 중재 교수를 위한 계획에 사용될 수 있다.

복사본은 이 책 말미의 부록에 실려 있다.

VECTOR(Casey, Freund & McWilliam, 2004)는 활동이 이뤄지는 동안 최소한 10분간 관찰함으로써 완성되었다. 각 일과 중 환경과 성인이 제공하는 참여, 자립, 또래 상호작용의 빈도는 '드물게'에서 '대부분의 시간'으로 평정된다. 또한 이러한 기회들은 아동이 활용하는 정도를 '드물게'에서 '대부분의 시간'까지로 평정하게 된다. 이 책 마지막의 부록에 있는 도구는 채점자들이 어떤 일과가 아동에게 효과가 좋은지, 중재가 아이를 가르치는 것부터 해야 할지, 아니면 환경을 수정해야 하는지를 결정하게 해 준다.

PIPERS(McWilliam, 2008)는 FINESSE와 같이 48개 항목의 불일치 도구다. 각 24개의 실제는 교사에 의해 전형적인 중재와 이상적인 중재의 척도로 평정된다. 항목은 발달상 적합한 중재와 참여 교실 모델에서의 중재다(McWilliam & Casey, 2008). 이 척도는 장애아동이 있는 교실 프로그램의 질을 평가하기 위해 사용될 수 있고, 학교 교원 개발 계획을 위해 사용될 수도 있다. 여기에 대한 자료는 이 책의 마지막 부분에 실려 있다.

아동 평정

이 모델을 활용하기 위해 세 가지 아동 척도가 개발되었다. 우선 아동의 일상 기능에 대한 프로파일을 제공하고, 둘째는 교실 일과에서 참여를 평정한다. 세 번째로 아동의 IFSP 결과목표의 진행 정도를 평가하기 위한 척도다.

참여, 독립, 사회적 관계에 대한 척도(MEISR; McWilliam & Hornstein, 2007)는 기능적인 기술을 묘사하는 200개가 넘는 항목으로 구성되어 있다. 또한 일상의 가정 일과로 정리되어 있다. 이 척도의 목적은 6세 이하 아동의 일과 내 기능의 프로파일을 개발하기 위한 것이다. 부모 등 가정에서 아동을 관찰하는 보호자에 의해 작성되었다. MEISR의 개발 의도는 1) 중재 팀의 구성원인 가족을 돕기 위해, 일과 안에서 아동의 유능감을 사정하고 가족이 중재의 우선순위를 결정하는 것을 도울 수 있도록, 2) 전문가들이 가정의 일과에서 아동의 기능과 관련된 질문을 부모에게 하는 것을 돕기 위해, 3) 아동의 진도를 관찰하기 위해서다. 실제로 미국 육군의 조기 중재 프로그램을 위한 명석한 발달 전문 조정자인 나오미 영그렌(Naomi Younggren)은 아동 결과 요약 양식을 완성하는 도구(SRI International, 2005) 활용을 돕기 위해 연방의 아동 결과 분야에서 요구하는 세 가지로 MEISR 항목들을 재조직했다. 안내 지침서와 교실 참여 척도, 자립, 사회적 관계 항목(ClaMEISR; O'Kelly-Wingate & McWilliam, 2009) 등은 시설 보호 일과에서의 일반적인 기술들을 나열하고 있다. 그러나 MEISR는 여전히 현장 검증 중이기 때문에 이 책에는 싣지 않았다. 개인적으로 필요한 경우는 research@siskin.org로 메시지를 보내면 구할 수 있다.

교사의 일과 참여 평가 척도(STARE; McWilliam, 2000b)는 아동의 참여 수준과 교실 상황에서 상호작용을 평가하기 위한 평정 척도다. 참여 면에서 대상 아동의 행동은 또래나 성인과 관계를 맺는 빈도, 교구교재의 복잡성이라는 두 가지 관점으로 평정된다. 각각 1~5점으로 평정되며, 1점은 '거의 아무 시간도, 혹은 참여하지 않음', 5점은 '거의 모든 시간/정교하게'다. 아동 참여의 복잡성 수준에 대한 설명은 각각의 숫자 척도마다 제공되어 있다. 대상 아동은 교실 일과 시간의 10분 동안 관찰된다. STARE로부터 얻은 정보는 중재 계획과 모니터링을 위해 유용하다. 특히 아동이 잘할 수 있는 상황이나 문제가 있는 상황인지를 결정하기 위한 중요한 정보를 제공한다. 이러한 정보는 일과 기반 평가가 이뤄지는 동안 교실 일과에 대해 상의하기 위해 교사를 준비시킬 때 유용하다. 이것으로 수용할 수 있는 수준의 관찰자 간 일치도에 이르기까지 교사들을 훈련시킬 수 있었다(Casey & McWilliam, 2007). STARE의 복사본은 이 책 마지막에 실린 부록에서 볼 수 있다.

치료 목표 정보 양식(TGIF; McWilliam, 1996; Special Services Research Project, 1993)은 어떻게 특정한 아동이 결과(목표)를 향해 진전하는지 설명하기 위해 개발되었다. 아동을 위한 목표들이 목록화되어 있으며, 목표결과의 우선순위들을 가리키는 세로 행이 따로 분리되어 있다. 대상 아동이 결과를 수행했을 때의 빈도, 목표결과를 수행했을 때 아동의 자립 수준을 각각의 목표결과에 대해 평가자가 1~5점으로 박스에 체크한다. 이 척도는 '적용되지 않음'과 '모름'으로 선택하는 옵션이 있다. TGIF는 해당 아동의 교사, 부모, 전문가가 작성할 수 있다. 아동의 IFSP나 IEP의 목표를 향한 아동의 진보를 점검할 방법들이 있다는 것은 매우 중요하며, TGIF는 빈도와 독립성 면에서 목표 달성에 관련된 진전도를 기록하는 데 빠르고 효과적인 방법이다. TGIP는 정기적 간격으로, 사례에 따라, 주마다 혹은 분기별로 작성할 수 있다. 이는 치료 서비스의 다른 모형들의 효과 연구에 활용되었다(McWilliam, 1996). 이 책 마지막 부록에 사본이 제공되어 있다.

가족 평정

두 개의 가족 평정이 이 모형을 지지한다. 하나는 가족의 가정 일과에 대한 만족도를 측정하는 데 사용되었고, 다른 하나는 그들 가족의 삶의 질을 평정하는 데 사용되었다.

가정 일과 평가 만족도(SHoRE; McWilliam, 2005b)는 RBI 중 하나의 평정과 부합시키기 위해 개발되었는데, 가족에게 1~5점 척도로 가정 일과에 대한 그들의 만족도를 평정하게 한다. SHoRE는 RBI 부재 시에도 가족에 의해 작성될 수 있는 종합적인 평정 척도다. 이는 12가지 일반적인 가정의 일과를 평가할 수 있는 기회를 제공한다. 이 도구의 사본은 이 책 말미의 부록에서 찾아볼 수 있다.

가족 삶의 질-자폐 범주성 장애(FaQoL-ASD; McWilliam & Hornstein, 2006)는 가족 삶의 질 평가 시리즈의 두 번째로, 각 판은 특정 장애를 위해 수정되었다. 자폐 편은 많은 가족을 위해 일반적인 것이어서 여기에 포함시켰다. 이 도구는 두 부분으로 나누어져 있다. 하나는 가족 수준의 관심사로 구성되어 있으며(예: 서비스를 포함한 자원에 관해 가족이 가지고 있는 정보), 또 하나는 아동의 유능감으로 구성되어 있다(예: 아동이 어른과 잘 지내고 있다). 이것은 다른 유아 가족의 삶의 질 측정도구에 비해 확장적(아동 유능감의 주어진 비중 면에서)임과 동시에 (축소된 요소의 숫자적 측면에서) 단순화된 것이다(e.g., Turnbull, Poston, Minnes & Sumers, 2007). 이 책 마지막 부록에 사본이 제공되어 있다.

결론

이 책은 아동의 학습 기회를 활용하여 그것을 그들의 일상 일과에 적용한 조기 중재 접근법에 대해 설명하고 있다(Dunst, Bruder, Trivette, Raab & McLean, 2001). 이것은 가족을 곁가지로 여기는 아동을 위한 프로그램이 아니라 아동을 포함하여 가족을 위한 프로그램을 수립하려는 원래 의도로 현장을 되돌리려 시도한 것이다(Workgroup on Principles and Practices in Natural Environments,

2007). 자연스러운 환경이 아동을 분리하지 않고 서비스를 받기 위해 비정상적 환경을 감내하게 만들지 않는다는 용어가 되기 전에 현장은 아동이 집단 보육 서비스를 받을 때 아동의 환경 대 가족 환경에 대해 많은 관심을 기울였다. 만약 아동이 유아 보육 프로그램 같은 보육시설에 있다면 조기 중재는 어디로 가야 할까? 유아 보육 프로그램? 아니면 가정? 그리고 그들의 역할은 무엇인가? 일반 양육자가 아동에게 제공하는 것을 향상시키는 것인가? 달리 표현한다면 그 아이와 직접적으로 일하는 것인가? 아니면 그들의 역할이 양육자들의 역량을 향상시키는 것인가?

이러한 질문들은 조기 중재가 사무실을 떠나 아동이 있는 곳으로 가는 것이라고 생각하는 사람들에게만 흥미로운 것이다. 다른 조기 중재자들은 아동이 그들을 찾아오는 것에 익숙해져 있다. 이 책과 관계되는 질문은 "그들은 부모가 아동을 데리고 다니며 교육과 치료를 받는 것을 보았는가?" 혹은 "가족이 그들의 아이와 함께 오는가? 그래서 가족이 지원과 정보를 제공받는가?"이다. 이것을 입증할 데이터는 갖고 있지 않지만, 아동이 치료를 받기 위해 온다는 개념은 훨씬 더한 것 같다. 서비스 전달 모형과 관련해서 지속적으로 발생하는 문제는 복용량이다(Bailey, Aytch, Odom, Symons & Wolery, 1999; McWilliam, 1999; Reed, Osborne & Corness, 2007).

만약 계획된 서비스의 총 중간값이 주당 2시간 이하라면 이것은 우스운 것인가? 전국 조기 중재 횡단 연구(the National Early Intervention Longitudinal Study; Hebbeler et al., 2007)의 조사 결과에 따르면 44%의 가족이 "단지 아동에게만 서비스의 초점을 두었다."고 대답했다. 만약 전문가와 가족 구성원, 아동 혹은 부모 간의 접촉 시간이 짧다면 그 중재는 아동을 위한 결과목표의 변화를 위해 "고도로 효과적이고 '강해질' 필요가 있다"(p. 3). 이러한 강력함은 그 시간 동안 가족 수준의 중재(양육에 초점을 둔 중재)를 제공함으로써 성취될 수 있다. 전문가들은 가족을 지원하기 위해 정서적, 물질적 그리고 특별히 정보적 지원을 제공해야 한다(McWilliam & Scott, 2001b). 만약 전문가들이 전일제 집단 보육 프로그램처럼 매주 아동과 접촉할 시간이 많다면 그 전문가들은 그 아동을 위한 주요 중재 기관이 될 기회가 있다. 말하자면 그들은 양육자가 되는 것이다. 일부 유치원 교사들이 싫어하는 명칭이지만 받아들여야 한다. 보육은 절대 나쁜 것이 아니다.

부모, 형제자매, 조부모 그리고 다른 확대가족, 보모들, 친구들 그리고 이웃 등 많은 사람이 아동과 함께 온다. 이런 사람들은 비형식적 지원으로, 아동을 포함해 가족의 안녕에 결정적인 역할을 한다(Bronfenbrenner, 1977; Seligman, Rashid & Parks, 2006). 서비스나 직장, 종교 기관 같은 중간적 지원 등의 공식적 지원들을 추가하면 가족의 전체 생태계가 보인다(Bronfenbrenner, 1986; Weisner, Matheson, Coots & Brenheimer, 2005). 이러한 조기 중재 접근에서 아동은 언제나 그가 속한 가족 생태계라는 상황에서 관찰된다. 이러한 견해는 전문가들에게 가족이 가지고 있는 기존 자원들을 보게 도와준다. 따라서 제도에 의해 쓸데없거나 아무 생각 없이 받아들이는 형식적인 지원들을 쌓아두지 않게 한다(McKnight, 1996). 가족과 함께 생태도를 작성하는 것은 이 모델을 사용하는 전문가들에게 가족의 생태를 이해하는 것을 돕는 훈련이 된다.

아동이 단순히 집에 있건 집단 보육시설에 있건 간에 양육자들을 위한 하루의 논리적 구분은 이 모델에서 하루 중 큰 부분 혹은 공통되는 활동들로 이루어진 일과들이다. 이 책에서는 일과들을 자연스러운 환경에서의 조기 중재를 위한 '다섯 가지 요소 모델'이라고 불리는 것을 거는 고리로 사용했다. 또 다른 학자들은 일과의 중요성을 생태문화적 틈새(Bernheimer & Weisner, 2007; Weisner, 2002a, 2002b; Weisner et al., 2005)로 보고, 아동과 가족의 필요를 결정하는 평가가 될 수 있다고 했다(Kristine Ovland & Marya, 2002). 그리고 무엇보다 가족과 함께 중재하는 맥락이 될 수도 있다(Dunlap, Ester, Langhans & Fox, 2006; Kashinath, Woods & Goldstein, 2006; Lucyshyn et al., 2007; Woods & Wetherby, 2003). RBI는 많은 관심을 받는 실제다. 내 업적 외에 RBI에 관해 인터넷으로 검색하면 다음과 같은 사이트들을 보여 준다.

- 플로리다 주립대학(Juliann Woods의 프로젝트) 가족 주도 일과 기반 중재(FGRBI) 모형
- 위스콘신 주 보건 당국의 0~3세 Wisline 훈련 프로그램

• 미주리 주 초·중등 교육부의 First Steps 프로그램
• 버지니아 주 교육부 연수기술지원센터
• 켄터키 주 보건 가족
• 미네소타 지역 특수교육협의회
• 미니애폴리스 공립학교 특수교육부
• 콜로라도 조기 중재
• 워싱턴 주 공교육 교육감 특수교육부
• 위스콘신 주 공교육부 유치원 선택 프로젝트
• 네브래스카 주 교육부의 기능적인 참여 기반 IFSP/IEP 회의

여러 가지 중재 상황에서 일상에 초점을 맞춤으로써 팀은 '할당된 학습 시간'으로 많은 학습 기회를 가진 하루 전체를 보게 된다(Berliner, 1990; Fisher et al., 1979). 따라서 조기 중재의 주요 목표는 아동이 환경(성인, 또래, 자료)과 상호작용하는 할당된 학습 시간 안에서 근본적으로 참여 시간을 최대화하는 것이다(McWilliam & Casey, 2008). 이 모델에서 근본적인 몇몇 특정한 참여의 요소는 독립성과 사회적 관계들이다. RBI는 6~12개의 조기 중재 목표를 만들기 위해 설계되었다. 목표 중 일부는 아동의 수준, 일부는 아동과 관련된 가족의 목표, 그리고 일부는 가족 수준의 목표다. 나는 IFSP 또는 IEP가 RBI 동안 알아낸 요구를 정확히 반영하기 위해, 최상의 실제 행동적인 목표 기준에 맞추기 위해, 다중 측정 규준에 의거한 참여 중심 아동의 수준 목표를 만들어내기 위해 단계들을 개발했다. 하지만 다른 중요한 두 가지 목표 유형인 아동과 관련된 가족의 목표, 가족 수준의 목표들 또한 RBI에서 나온 많은 목표 목록 중에서 중요한 부분이다. 이 항목들은 대부분의 IFSP에서 찾을 수 있거나 어디에나 있는 2~3개의 결과목표와는 전혀 다른 것이다. 왜냐하면 이 긴 항목들을 한 번에 모두 다루는 것은 어려운 일이기 때문에 가족의 우선순위가 중요하다.

일단 결과목표가 선택되면 어떤 서비스들이 필요한가? 흔히 '필요한 서비스'라는 용어가 사용됨에도 불구하고 실제로 이것은 아동의 장애를 기초로 하여 만들어지거나 정치적 압력에 의해 만들어지는 것이다(누군가는 특정한 서비스

가 필요하다며 서비스 조정자를 설득한다고 한다). 서비스들을 중첩하는 것은 이 책의 '서비스 구성' 장에서 언급했듯이 가족에게 피해를 주고 조기 중재를 파산시키는 것이다. 이 책에서 설명한 일과 기반 모델은 초학문적 접근의 활용 방법으로, 주 서비스 제공자를 활용할 것을 강조하고 있다. 이러한 서비스 전달 접근법은 다학문적 접근이 일반적으로 사용되는 프로그램이나 지역사회들을 참여시키기에는 가장 어려운 중재일 것이다. 그러나 이것은 가족과 현장에 극적인 영향을 미칠 가능성을 가지고 있다. 첫째, 가족은 조기 중재에 포함된 다양한 상황들을 통해 그들의 삶을 살아갈 때 진정한 파트너(또는 코치, 전문가, 친구. 어떤 용어이든 가장 적절해 보이는 것)를 갖게 된다. 즉, 아동을 가르치는 것, 가족의 요구를 충족시키기 위해 일상을 조직하는 것, 기대를 조정하는 것, 정보 획득, 모든 가족의 요구가 충족되게 보장하는 것. 둘째, PSP는 몇 가지만 할 줄 아는 편협한 전문가보다 자신의 전문지식을 활용하여 꾸준히 지식을 쌓는 다방면의 조력자가 된다. 셋째, 초학문적 접근법을 받아들임으로써 조기 중재 체계는 가치 있는 자원(전문가들)을 효율적으로 사용할 수 있다.

이 모델에서 조기 중재 전문가는 높은 전문가적 자질과 융통성, 근면성, 영리함, 명랑함 등을 갖춰야 하고, 가정방문(조기 중재의 매우 일반적인 형태 Hebbeler et al., 2007)은 유익하며 다양하고 목적의식이 있어야 한다. 이 모델에서 가정방문 접근법의 세 가지 중요한 요소는 1) 일과 기반 평가에서 나온 결과목표들의 긴 목록에 주목해야 하며, 2) 일주일 동안 중재자가 되기 위해서는 가족이 지식과 기술을 가질 수 있도록 아동 수준의 목표에 관한 행동적 자문을 활용해야 하며, 3) 지원 접근법은 가족의 삶에 필요한 정서적·물리적 정보를 제공하는 지원을 해야 한다.

조기 중재를 받는 많은 아동의 경우, 어린이집은 그들의 자연스러운 환경 중 하나다. 이러한 보육환경에서 아동을 가르칠 기회를 갖기 때문에 양육자들은 어린이집이라는 상황에서 지원을 받아야 한다. 지원은 조기 중재자가 어린이집 환경과 무관한 기술을 중재하여 교사진이 무엇이 어떻게 진행되는지 모르는 그런 방식으로 아동과 일대일로 이뤄지는 것을 의미하지 않는다. 이 모델은 통합치료와 특수 지도에 관한 초기 연구 결과인 교실에 전문가를 배치하는 것, 교사진과 함께 일하는 것, 그들을 위해 시범을 보이는 것, 아동과 중재를 시도해 보는 것, 교사를 관찰하는 것도 포함한다(McWilliam, 1996; McWilliam & Bailey, 1994; McWilliam & Young, 1996).

이 책에서 나는 1980년대부터 대학, 멘토, 직원, 학생, 의뢰자 가족의 도움을 받아 중재를 해 오면서 하나의 체계화된 중재를 만들 계획을 세웠다. 조기 중재를 실시하는 또 다른 방법들도 있다. 조기 중재의 다섯 가지 실행방법－에코맵 작성, RBI 실시와 참여 중심 결과목표 작성, 주 서비스 제공자 활용, 행동 자문을 활용하는 지원 기반 가정방문, 유치원에서의 협력적 자문－은 모두 잘 융합되는 것들이다. 이러한 방법들은 강력한 가족 중심 철학, 실증적인 바탕에 근거를 두어 가정, 학교, 지역사회에서 전적인 헌신을 통해 가족과 아동이 성공적으로 기능할 수 있도록 관련되어 있다.

일과 기반 조기 중재 접근법은 시스템의 변화, 서비스 조직, 전문가 양성을 위한 촉매가 될 가능성이 높다. 많은 도구가 서비스의 질과 영향력을 측정하기 위해 개발되었다. 변화와 평가를 통해 아동과 가족은 일과 기반의 조기 중재에서 잘해 나갈 수 있게 된다.

참고문헌

American Psychiatric Association. (1994). *Diagnostic and Statistical Manual of Mental Disorders* (4th ed.). Washington, DC: Author.

Axtmann, A. & Dettwiler, A. (2005). *The Visit: Observation, reflection, synthesis for training and relationship building*. Baltimore: Paul H. Brookes Publishing Co.

Bailey, D. B. (1987). Collaborative goal setting with families: Resolving differences in values and priorities for services. *Topics in Early Childhood Special Education, 7*, 59-71.

Bailey, D. B., Jr. (2002). Are critical periods critical for early childhood education? The role of timing in early childhood pedagogy. *Early Childhood Research Quarterly, 17*, 281-294.

Bailey, D. B., Jr., Aytch, L. S., Odom, S. L., Symons, F. & Wolery, M. (1999). Early intervention as we know it. *Mental Retardation and Developmental Disabilities Research Reviews, 5*, 11-20.

Bailey, D. B., Jr., Bruder, M.-B., Hebbeler, K., Carta, J., Defosset, M., Greenwood, C. et al. (2006). Recommended outcomes for families of young children with disabilities. *Journal of Early Intervention, 28*, 227-251.

Bailey, D. B., Hebbeler, K., Scarborough, A., Spiker, D. & Mallik, S. (2004). First experience with early intervention: A national perspective. *Pediatrics, 113*.

Bailey, D. B., Jr., McWilliam, R. A., Buysse, V. & Wesley, P.-W. (1998). Inclusion in the context of competing values in early childhood education. *Early Childhood Research Quarterly, 13*, 27-47.

Bailey, D. B., McWilliam, R. A., Darkes, L. A., Hebbeler, K., Simeonsson, R. J., Spiker, D. et al. (1998). Family outcomes in early intervention: A framework for program evaluation and efficacy research. *Exceptional Children, 64*, 313-328.

Bailey, D. B. & Simeonsson, R. J. (1988). Assessing needs of families with handicapped infants. *The Journal of Special Education, 22*, 117-127.

Bairrão, J. & de Almeida, I. C. (2003). Questãöes actuais em intervenção precoce. *Psicologia: Revista da Associação Portuguesa Psicologia, 17*, 15-29.

Barnett, D., Clements, M., Kaplan-Estrin, M. & Fialka, J. (2003). Building new dreams: Supporting parents' adaptation to their child with special needs. *Infants and Young Children, 16*, 184.

Bayley, N. (1993). *Bayley scales of infant development: Manual*. San Antonio, TX: Psychological Corporation.

Bennett, F. C. (2004). *Untilled*. Keynote address presented at the Tennessee Association for the Education of Young Children Conference, Nashville.

Berkeley, T. R. & Ludlow, B. L. (1992). Developmental domains: The mother of all interventions; or, the subterranean early development blues. *Topics in Early Childhood Special Education, 11*, 13-21.

Berliner, D. C. (1990). What's all the fuss about instructional time? In M. Ben-Peretz & R. Bromme (Eds.),

The nature of time in schools: Theoretical concepts, practitioner perceptions. New York: Teachers College Press.

Bernheimer, L. P. & Weisner, T. S. (2007). "Let me just tell you what I do all day ... ": The family story at the center of intervention research and practice. *Infants and Young Children, 20*, 192-201.

Bess, F., Dodd-Murphy, J. & Parker, R. A. (1998). Children with minimal sensorinerual hearing loss: Prevalence, educational performance, and functional status. *Ear & Hearing, 19*, 339-354.

Björck-Akesson, E. & Granlund, M. (1995). Family involvement in assessment and intervention: Perceptions of professionals and parents in Sweden. *Exceptional Children, 61*, 520-535.

Bronfenbrenner, U. (1977). Toward an experimental ecology of human development. *American Psychologist, 32*, 513-531.

Bronfenbrenner, U. (1979). Contexts of child rearing: Problems and prospects. *American Psychologist, 34*, 844-850.

Bronfenbrenner, U. (1986). Ecology of the family as a context for human development: Research perspectives. *Developmental Psychology, 22*, 723-742.

Brookfield, S. D. (1986). *Understanding and facilitating adult learning*. San Francisco: Jossey-Bass.

Bruder, M. B. & Dunst, C. J. (2006). Early intervention service coordination models and service coordination practices. *Journal of Early Intervention, 28*, 155-166.

Campbell, F. A., Ramey, C. T., Pungello, E., Sparling, J. & Miller-Johnson, S. (2002). Early childhood education: Young adult outcomes from the abecedarian project. *Applied Developmental Science, 6*, 42-57.

Campbell, P. H. & Sawyer, L. (2009). Changing early intervention providers? Home visiting skills through participation in professional development. *Topics in Early Childhood Special Education, 28*, 219-234.

Casey, A. M., Freund, P. J. & McWilliam, R. A. (2004). *Vanderbilt Ecological Congruence of Teaching Opportunities in Routines (VECTOR)—Classroom Version*. Nashville, TN: Vanderbilt Center for Child Development.

Casey, A. M. & McWilliam, R. A. (2005). Where is everybody? Organizing adults to promote child engagement. *Young Exceptional Children, 8*, 2-10.

Casey, A. M. & McWilliam, R. A. (2007). The stare: Data collection without the scare. *Young Exceptional Children, 11*, 2-15.

Childress, D. C. (2004). Special instruction and natural environments: Best practices in early intervention. *Infants & Young Children, 17*, 162-170.

Cole, K. N., Dale, P. S. & Mills, P. E. (1992). Stability of the intelligence quotient-language quotient relation: Is discrepancy modeling based on a myth? *American Journal on Mental Retardation, 97*, 131-143.

Cox, R. P., Keltner, N. & Hogan, B. (2003). Family assessment tools. In R. P. Cox (Ed.), *Health related counseling with families of diverse cultures: Family, health, and cultural competencies* (pp. 145-167). Westport,

CT: Greenwood Press.

Davis A. & Hind, S. (1999). The impact of hearing impairment: A global health problem. *International Journal of Pediatric Otorhinolaryngology, 49*, S51-S54.

Doke, L. A. & Risley, T. R. (1972). The organization of day-care environments: Required vs. optional activities. *Journal of Applied Behavior Analysis, 5*, 405-420.

Drucker, P. (n.d.). *Peter Drucker quotes*. Retrieved December 30, 2009, from http://www.brainyquote.com/quotes/quotes/p/peterdruck154445.html

Dunlap, G., Ester, T., Langhans, S. & Fox, L. (2006). Functional communication training with toddlers in home environments. *Journal of Early Intervention, 28*, 81-96.

Dunst, C. J. (1985). Rethinking early intervention. *Analysis and Intervention in Developmental Disabilities, 5*, 165-201.

Dunst, C. J. (2000). Revisiting "Rethinking early intervention." *Topics in Early Childhood Special Education, 20*, 95-104.

Dunst, C. J., Boyd, K., Trivette, C. M. & Hamby, D. W. (2002). Family-oriented program models and professional helpgiving practices. Family Relations: Interdisciplinary *Journal of Applied Family Studies, 51*, 221-229.

Dunst, C. J. & Bruder, M. B. (2002). Valued outcomes of service coordination, early intervention, and natural environments. *Exceptional Children, 68*, 361-375.

Dunst, C. J. & Bruder, M. B. (2005). University faculty preparation of students in using natural environment practices with young children. *Psychological Reports, 96*, 239-242.

Dunst, C. L. & Bruder, M. B. (2006). Early intervention service coordination models and service coordinator practices. *Journal of Early Intervention, 28*, 155-165.

Dunst, C. J. Bruder, M. B., Trivette, C. M., Raab, M. & McLean, M. (2001). Natural learning opportunities for infants, toddlers, and preschoolers. *Young Exceptional Children, 4*, 18-25.

Dunst, C. J., Herter, S. & Shields, H. (2000). Interestbased natural learning opportunities. *Young Exceptional Children Monograph Series, 2*, 37-48.

Dunst, C. J., Trivette, C. M., Boyd, K. & Brookfield, J. (1994). Help-giving practices and the self-efficacy appraisals of parents. In C. J. Dunst, C. M. Trivette & A. G. Deal (Eds.), *Supporting and strengthening families: Methods, strategies, and practices* (Vol. 1, pp. 212-220). Cambridge, MA: Brookline Books.

Dunst, C. J., Trivette, C. M. & Deal, A. G. (1994). *Enabling and empowering families*. Cambridge, MA: Brookline Books.

Dunst, C. J., Trivette, C. M. & Thompson, R. (1990). Supporting and strengthening family functioning: Toward a congruence between principles and practice. *Prevention in Human Services, 9*, 19-43.

Education of the Handicapped Act Amendments of 1986, PL 99-457, 20 U.S.C. §§ 1400 *et seq*.

Edwards, J. K. & Bess, J. M. (1998). Developing effectiveness in the therapeutic use of self. *Clinical Social Work Journal, 26*, 89-105.

Erchul, W. P. (1999). Two steps forward, one step back: Collaboration in school-based consultation. *Journal of School Psychology, 37*, 191-203.

Field, T. M., Widmayer, S. M., Stringer, S. & Ignatoff, E. (1980). Teenage, lower-class, black mothers and theirpreterm infants: An intervention and developmental follow-up. *Child Development, 51*, 426-436.

Fisher, C. W., Berliner, D. C., Filby, N. N., Marliave, R., Cahen, L. S., Dishaur, M. M. & Moore, J. E. (1979). *Teaching and learning in elementary school: A summary of the beginning teacher evaluation study* (No. VIII-1). San Francisco: Far West Laboratory for Educational Research and Development.

Forgatch, M. S. & Toobert, D. J. (1979). A cost-effective parent training program for use with normal pre-school children. *Journal of Pediatric Psychology, 4*, 129-145.

Gladwell, M. (2005). *Blink: The power of thinking without thinking.* New York: Little, Brown and Co.

Graham, D. S. (1998). Consultant effectiveness and treatment acceptability: An examination of consultee requests and consultant responses. *School Psychology Quarterly, 13*, 155-168.

Guralnick, M. J. (1998). Effectiveness of early intervention for vulnerable children: A developmental perspective. *American Journal on Mental Retardation, 102*, 319-345.

Guralnick, M. J. (1999). The nature and meaning of social integration for young children with mild developmental delays in inclusive settings. *Journal of Early Intervention, 22*, 70-86.

Haley, S. M., Ni, P., Coster, W. J., Black-Schaffer, R. Siebens, H. & Tao, W. (2006). Agreement in functional assessment: Graphic approaches to displaying respondent effects. *American Journal of Physical Medicine & Rehabilitation, 85*, 747-755.

Hall, G. E. & Loucks, S. F. (1977). A developmental model for determining whether the treatment is actually implemented. *American Educational Research Journal, 14*, 263-276.

Hanft, B., Rush, D. D. & Shelden, M. L. (2004). *Coaching families and colleagues in early childhood.* Baltimore: Paul H. Brookes Publishing Co.

Harbin, G. L. (2005). Designing an integrated point of access in the early intervention system. In M. J. Guralnick (Ed.), *The developmental systems approach to early intervention* (pp. 99-131). Baltimore: Paul H. Brookes Publishing Co.

Harbin, G. L., McWilliam, R. A. & Gallagher, J. J. (2000). Services for young children with disabilities and their families. In S. J. Meisels & J. P. Shonkoff (Eds.), *Handbook of early childhood intervention* (2nd ed., pp. 387-415). Cambridge, UK: Cambridge University Press.

Harbin, G., Ringwalt, S. & Batista, L. (1998). *Local interagency coordinating councils: Purpose, characteristics, and level of functioning.* Early childhood research institute: Service utilization. Findings. Chapel Hill: University of North Carolina.

Hartman, A. (1995). Diagrammatic assessment of family relationships. *Families in Society, 76*, 111-122.

Hebbeler, K., Spiker, D., Bailey, D. B., Scarborough, A. A., Mallik, S., Simeonsson, R. J. et al. (2007). *Early intervention for infants and toddlers with disabilities and their families: Participants, services, and outcomes.*

Menlo Park, CA: SRI International.

Higgins, D. J., Bailey, S. R. & Pearce, J. C. (2005). Factors associated with functioning style and coping strategies of families with a child with an autism spectrum disorder. *Autism, 9*, 125-137.

Hoagwood, K. E. (2005). Family-based services in children's mental health: A research review and synthesis. *Journal of Child Psychology and Psychiatry, 46*, 690-713.

Home, S. G. & Mathews, S. S. (2004). Collaborative consultation: International applications of a multicultural feminist approach. *Journal of Multicultural Counseling and Development, 32*, 366-378.

Hornstein, S. & McWilliam, R. A. (2007). *Measuring family quality of life in families with children with autism.* Paper presented at the 23rd Annual International Conference on Young Children (Division for Early Childhood of CEC), Niagara Falls, Ontario, Canada.

Individuals with Disabilities Education Improvement Act (IDEA) of 2004, PL 108-446, 20 U.S.C. §§ 1400 *et seq.*

Jackson, C. W. & Turnbull, A. (2004). Impact of deafness on family life: A review of the literature. *Topics in Early Childhood Special Education, 24*, 15-29.

Jiyeon, P. & Ann, P. T. (2003). Service integration in early intervention: Determining interpersonal and structural factors for its success. *Infants and Young Children, 16*, 48.

Jung, L. A. & Baird, S. M. (2003). Effects of service coordinator variables on individualized family service plans. *Journal of Early Intervention, 25*, 206-218.

Jung, L. A. & McWilliam, R. A. (2005). Reliability and validity of scores on the IFSP rating scale. *Journal of Early Intervention, 27*, 125-136.

Kaiser, A. P. & Hancock, T. B. (2003). Teaching parents new skills to support their young children's development. *Infants and Young Children, 16*, 9.

Kashinath, S., Woods, J. & Goldstein, H. (2006). Enhancing generalized teaching strategy use in daily routines by parents of children with autism. *Journal of Speech, Language, and Hearing Research, 49*, 466-485.

Knowles, M. S. (1977). Adult learning processes: Pedagogy and andragogy. *Religious Education, 72*, 202-211.

Knowles, M. S. (1978). *The adult learner: A neglected species* (2nd ed). Oxford, United Kingdom: Gulf Publishing.

Kristine Ovland, P. & Marya, M. (2002). The natural environment II: Uncovering deeper responsibilities within relationship-based services. *Infants and Young Children, 15*, 78.

Lattimore, J., Stephens, T. E., Favell, J. E. & Risley, T. R. (1984). Increasing direct care staff compliance to individualized physical therapy body positioning prescriptions: Prescriptive checklists. *Mental Retardation, 22*, 79-84.

Liaw, E. R. & Brooks-Gunn, J. (1993). Pattern of low birthweight children's cognitive development. *Developmental Psychology, 29*, 1024-1035.

Lord, C. & McGee, J. P. (2001). *Educating children with autism*. Washington, DC: National Academy Press.

Lucyshyn, J. M., Albin, R. W., Horner, R. H., Mann, J. C., Mann, J. A. & Wadsworth, G. (2007). Family implementation of positive behavior support for a child with autism: Longitudinal, Single-case, experimental, and descriptive replication and extension. *Journal of Positive Behavior Interventions, 9*, 131-150.

Mahoney, G., Robinson, C. & Powell, A. (1992). Focusing on parent-child interaction: The bridge to developmentally appropriate practices. *Topics in Early Childhood Special Education, 12*, 105-120.

Maslow, A. H. (1948). "Higher" and "lower" needs. *Journal of Psychology: Interdisciplinary and Applied, 25*, 433-436.

Maslow, A. H. (1958). A dynamic theory of human motivation. *Psychological Review, 50*, 370-396.

McGee, G. G., Daly, T., Izeman, S. G., Mann, L. H. & Risley, T. R. (1991). Use of classroom materials to promote preschool engagement. *TEACHING Exceptional Children, 23*, 44-47.

McKnight, J. (1996). *The careless society: Community and its counterfeits*. New York: Basic Books.

McLean, M. E., Snyder, P., Smith, B. J. & Sandall, S. R. (2002). The DEC recommended practices in early intervention/early childhood special education: Social validation. *Journal of Early Intervention, 25*, 120-128.

McWilliam, R. A. (1992). *Family-centered intervention planning: A routines-based approach*. Tucson, AZ: Communication Skill Builders.

McWilliam, R. A. (Ed.). (1996). *Rethinking pull-out services in early intervention: A professional resource*. Baltimore: Paul H. Brookes Publishing Co.

McWilliam, R. A. (1999). Controversial practices: The need for a reacculturation of early intervention fields. *Topics in Early Childhood Special Education, 19*, 177-188.

McWilliam, R. A. (2000a). *Families in Natural Environments Scale of Service Evaluation (FINESSE)*. Chapel Hill: University of North Carolina.

McWilliam, R. A. (2000b). *Scale for Teachers' Assessment of Routines Engagement (STARE)*. Chapel Hill: University of North Carolina.

McWilliam, R. A. (2003). The primary-service-provider model for home- and community-based services. *Psicologia: Revista da Associação Portuguesa Psicologia, 17*, 115-135.

McWilliam, R. A. (2005a). *Family Quality of Life: Deaf and Hard of Hearing*. Nashville: Vanderbilt University Medical Center.

McWilliam, R. A. (2005b). *Satisfaction with Home Routines Evaluation (SHoRE)*. Nashville: Vanderbilt Center for Child Development.

McWilliam, R. A. (2006a). *The three foundations for learning for children birth to 6 years of age*. Paper presented at the Associação Nacional de Interventcão Precoce, V Congreso Nacional de Interventcão Precoce, Aveiro, Portugal.

McWilliam, R. A. (2006b). What happened to service coordination? *Journal of Early Intervention, 28*,

166-168.

McWilliam, R. A. (2008). *Practices for Instruction, Play, and Engagement Rating Scale (PIPERS).* Chattanooga, TN: Siskin Children's Institute.

McWilliam, R. A. (2009a). *Protocol for the Routines-Based Interview.* Chattanooga, TN: Siskin Children's Institute.

McWilliam, R. A. (2009b). *Goal Functionality Scale III.* Chattanooga, TN: Siskin Children's Institute.

McWilliam, R. A. (2010a). Support-based home visiting. In R. A. McWilliam (Ed.), *Working with families of young children with special needs* (pp. 27-59). New York: Guilford Press.

McWilliam, R. A. (Ed.). (2010b). *Working with families of young children with special needs.* New York: Guilford Press.

McWilliam, R. A. & Bailey, Jr., D. B. (1994). Predictors of service-delivery models in center-based early intervention. *Exceptional Children, 61*, 56.

McWilliam, R. A. & Casey, A. M. (2008). *Engagement of every child in the preschool classroom.* Baltimore: Paul H. Brookes Publishing Co.

McWilliam, R. A., Casey, A. M. & Sims, J. L. (2009). The Routines-Based Interview: A method for assessing needs and developing IFSPs. *Infants & Young Children, 22*, 224-233.

McWilliam, R. A. & Er, M. (2003). *A model for using natural environments: International applications?* Paper presented at the International Society for Early Intervention, Rome, Italy.

McWilliam, R. A., Ferguson, A., Harbin, G. L., Porter, P., Munn, D. & Vandiviere, P. (1998). The family centeredness of individualized family service plans. *Topics in Early Childhood Special Education, 18*, 69-82.

McWilliam, R. A. & Hornstein, S. (2006). *Family Quality of Life-Autism Spectrum Disorder (FaQol-ASD).* Nashville: Vanderbilt University.

McWilliam, R. A. & Hornstein, S. (2007). *Measure of Engagement, Independence, and Social Relationships (MEISR).* Nashville: Vanderbilt University.

McWilliam, R. A., McMillen, B. J., Sloper, K. M. & McMillen, J. S. (1997). Early education and child care program philosophy about families. In C. J. Dunst & M. Wolery (Eds.), *Family policy and practice in early child care* (Vol. 9, pp. 61-104). Greenwich, CT: JAI Press.

McWilliam, R. A., Rasmussen, J. L. & Snyder, P. (2007). *Principal components of a tool for measuring typical and ideal practices in early intervention.* Nashville, TN: Vanderbilt University.

McWilliam, R. A. & Scott, S. (2001a). A support approach to early intervention: A three-part framework. *Infants & Young Children, 13*, 55-66.

McWilliam, R. A. & Scott, S. (2001b). *Examination of the Implementation of Embedded Intervention, through Observation (EIEIO).* Chapel Hill: Frank Porter Graham Child Development Center, University of North Carolina.

McWilliam, R. A., Tocci, L. & Harbin, G. L. (1998). Family-centered services: Service providers' discourse and behavior. *Topics in Early Childhood Special Education, 18*, 206-221.

McWilliam, R. A. & Ware, W. B. (1994). The reliability of observations of young children's engagement: An application of generalizability theory. *Journal of Early Intervention, 18*, 34-47.

McWilliam, R. A., Young, H. J. & Harville, K. (1996). Therapy services in early intervention: Current status, barriers, and recommendations. *Topics in Early Childhood Special Education, 16*, 348-374.

Merriarn, S. B., Caffarella, R. S. & Baumgartner, L. M. (2007). *Learning in adulthood: A comprehensive guide* (3rd ed.). San Francisco: Jossey-Bass.

Nebraska Department of Education-Department of Health and Human Resources. (n.d.). *Nebraska individualized family service plan.* Retrieved October 28, 2009, from http://www.nde.state.ne.us/edn/ifspform/ifsptable97.doc.

Newborg, J. (2005). *Battelle Developmental Inventory, Second Edition. Itasca*, IL: Riverside.

NICHD Early Child Care Research Network. (2002). Parenting and family influences when children are in child care: Results from the NICHD study of early child care. In J. Borkowski, S. Ramey & M. Bristol-Powers (Eds.), *Parenting and the child's world: Influences on intellectual, academic, and social emotional development.* (pp. 99-123). Mahwah, NJ: Erlbaum.

Odom, S. L., Hanson, M. J., Lieber, J., Marquart, J., Sandall, S., Wolery, R. et al. (2001). The costs of preschool inclusion. *Topics in Early Childhood Special Education, 21*, 46.

Odom, S. L., Horn, E. M., Marquart, J. M., Hanson, M. J., Wolfberg, P., Beckman, P. et al. (1999). On the forms of inclusion: Organizational context and individualized service models. *Journal of Early Intervention, 22*, 185-199.

Odom, S. L., Vitztum, J., Wolery, R., Lieber, J., Sandall, S., Hanson, M. J. et al. (2004). Preschool inclusion in the United States: A review of research from an ecological systems perspective. *Journal of Research in Special Educational Needs, 4*, 17-49.

O'Kelley-Wingate, K. & McWilliam, R. A. (2009). *Classroom Measure of Engagement, Independence, and Social Relationships (ClaMEISR).* Chattanooga: University of References 205 Tennessee at Chattanooga and Siskin Children's Institute.

Palmer, F. B., Shapiro, B. K., Wachtel, R. C., Allen, M. C., Hiller, J. E., Harryman, S. E. et al. (1988). The effects of physical therapy on cerebral palsy. A controlled trial in infants with spastic diplegia. *New England Journal of Medicine, 318*, 803-808.

Parks, S., Furono, S., O'Reilly, K., Inatsuka, T. & Hosaka, C. M. (1997). *Hawaii Early Learning Profile.* Palo Alto, CA: VORT Corporation.

Peck, C. A. (1993). Ecological perspectives on implementation of integrated early childhood programs. In C. Peck, S. Odom & D. Bricker (Eds.), *Integrating young children with disabilities into community programs: From research to implementation* (pp. 3-16). Baltimore: Paul H. Brookes Publishing Co.

Peterson, C. A., Luze, G. J., Eshbaugh, E. M., Jeon, H. & Kantz, K. R. (2007). Enhancing parent-child interactions through home visiting: Promising practice or unfulfilled promise? *Journal of Early*

Intervention, 29, 119-140.

Pohlman, C. & McWilliam, R. A. (1999). Paper lion in a preschool classroom: Promoting social competence. *Early Childhood Education Journal, 27*, 87-94.

Porterfield, J. K., Herbert-Jackson, E. & Risley, T. R. (1976). Contingent observation: An effective and acceptable procedure for reducing disruptive behavior of young children in a group setting. *Journal of Applied Behavior Analysis, 9*, 55-64.

Poston, D. J. & Turnbull, A. P. (2004). Role of spirituality and religion in family quality of life for families of children with disabilities. *Education and Training in Developmental Disabilities, 39*, 95-108.

Powell, D., Fixsen, D., Dunlap, G., Smith, B. & Fox, L. (2007). A synthesis of knowledge relevant to pathways of service delivery for young children with or at risk of challenging behavior. *Journal of Early Intervention, 29*, 81-106.

Pretti-Frontczak, K. & Bricker, D. (2004). *An activity based approach to early intervention* (3rd ed.). Baltimore: Paul H. Brookes Publishing Co.

Pryzwansky, W. B. & White, G. W. (1983). The influence of consultee characteristics on preferences for consultation approaches. *Professional Psychology: Research and Practice, 14*, 457-461.

Psychopathology Committee of the Group for the Advancement of Psychiatry. (2001). Reexamination of therapist self-disclosure. *Psychiatric Services, 52*, 1489-1493.

Purcell, T. & Rosemary, C. A. (2007). Differentiating instruction in the preschool classroom: Bridging emergent literacy instruction and developmentally appropriate practice. In L. Justice & C. Vukelich (Eds.), *Achieving excellence in preschool literacy instruction* (pp. 221-241). New York: Guilford Press.

Quilitch, H. R. & Risley, T. R. (1973). The effects of play materials on social play. *Journal of Applied Behavior Analysis, 6*, 573-578.

Raab, M. & Dunst, C. J. (2004). Early intervention practitioner approaches to natural environment interventions. *Journal of Early Intervention, 27*, 15-26.

Ramey, C. T. & Campbell, P. A. (1984). Preventive education for high-risk children: Cognitive consequences of the Carolina abecedarian project. *American Journal of Mental Deficiency, 88*, 515-523.

Rantala, A., Uotinen, S. & McWilliam, R. A. (2009). Providing early intervention within natural environments: A cross-cultural comparison. *Infants & Young Children, 22*, 119-131.

Rappaport, J. (1981). In praise of paradox: A social policy of empowerment over prevention. *American Journal of Community Psychology, 9*, 1-25.

Rapport, M. J. K., McWilliam, R. A. & Smith, B. J. (2004). Practices across disciplines in early intervention. *Infants & Young Children, 17*, 32-44.

Ray, R. A. & Street, A. F. (2005). Ecomapping: An innovative research tool for nurses. *Journal of Advanced Nursing, 50*, 545-552.

Realon, R. E., Lewallen, J. D. & Wheeler, A. J. (1983). Verbal feedback vs. verbal feedback plus praise: The effects on direct care staff's training behaviors. *Mental Retardation, 21*, 209-212.

Reed, P., Osborne, L. A. & Corness, M. (2007). Brief report: Relative effectiveness of different home-based behavioral approaches to early teaching intervention. *Journal of Autism and Developmental Disorders, 37*, 1815-1821.

Reinking, R. H., Livesay, G. & Kohl, M. (1978). The effects of consultation style on consultee productivity. *American Journal of Community Psychology, 6*, 283-290.

Ridgley, R., McWilliam, R. A., Snyder, P. & Davis, J. (2009, October). *Improving the quality of IFSPs by integrating supports within state Part C data systems*. Paper presented at the 25th Annual International Conference on Young Children with Special Needs and Their Families (Division for Early Childhood of CEC), Albuquerque, NM.

Roberts, R. N., Wasik, B. H., Casto, G. & Ramey, C. T. (1991). Family support in the home: Programs, policy, and social change. *American Psychologist, 46*, 131-137.

Rush, D. D., Shelden, M. L. L. & Hanft, B. (2003). Coaching families and colleagues: A process for collaboration in natural settings. *Infants & Young Children, 16*, 33-47.

Seligman, M. E. P., Rashid, T. & Parks, A. C. (2006). Positive psychotherapy. *American Psychologist, 61*, 774-788.

Sexton, D., Snyder, P., Lobman, M. & Daly, T. (2002). Comparing the developmentally appropriate practice (dap) beliefs of practitioners in general and special early childhood service settings. *Teacher Education and Special Education, 25*, 247-261.

Sexton, D., Snyder, P., Wolfe, B. & Lobman, M. (1996). Early intervention inservice training strategies: Perceptions and suggestions from the field. *Exceptional Children, 62*, 485-495.

Smith, B. J., Strain, P. S., Snyder, P., Sandall, S. R., McLean, M. E., Broudy-Ramsey, A. et al. (2002). DEC recommended practices: A review of 9 years of EI/ECSE research literature. *Journal of Early Intervention, 25*, 108-119.

Special Services Research Project. (1993). *Therapy goals information form*. Chapel Hill: Frank Porter Graham Child Development Center, University of North Carolina.

Squires, J. & Bricker, D. (2009). *Ages & Stages Questionnaires®, Third Edition (ASQ-3™): A parent-completed child-monitoring system*. Baltimore: Paul H. Brookes Publishing Co.

Squires, J., Bricker, D. & Potter, L. (1997). Revision of a parent-completed developmental screening tool: Ages and stages questionnaires. *Journal of Pediatric Psychology, 22*, 313-328.

Squires, J., Bricker, D. & Twombly, E. (2003). *Ages & Stages Questionnaires®: Social-Emotional (ASQ: SE): A parent-completed, child-monitoring system for social-emotional behaviors*. Baltimore: Paul H. Brookes Publishing Co.

Squires, J., Bricker, D. & Twombly, E. (2004). Parentcompleted screening for social emotional problems in young children: The effects of risk/ disability status and gender on performance. *Infant Mental Health Journal, 25*, 62-73.

SRI International. (2005). *Child outcomes summary form*. Retrieved June 25, 2009, from http://www.

fpg.unc.edu/-eco/pages/outcomes.cfrn.

Swick, K. J., Da Ros, D. A. & Kovach, B. A. (2001). Empowering parents and families through a caring inquiry approach. *Early Childhood Education Journal, 29*, 65-71.

Tanner Tones, L. A. (1997). Teacher preference for consultation model: A study of presenting problems and cognitive style. *Dissertation Abstracts International Section A: Humanities and Social Sciences, 58*, 20-90.

Tudor, K. P. (1977). An exploratory study of teacher attitude and behavior toward parent education and involvement. *Educational Research Quarterly, 2*, 22-28.

Turnbull, A. P., Poston, D. J., Minnes, P. & Summers, J. A. (2007). Focus on families: Providing supports and services that enhance a family's quality of life. In I. Brown & M. Percy (Eds.), *A comprehensive guide to intellectual and developmental disabilities* (pp. 561-571). Baltimore: Paul H. Brookes Publishing Co.

Turnbull, A. P., Summers, J., Turnbull, R., Brotherson, M. J., Winton, P., Roberts, R. et al. (2007). Family supports and services in early intervention: A bold vision. *Journal of Early Intervention, 29*, 187-206.

Twardosz, S., Cataldo, M. P. & Risley, T. R. (1974). Open environment design for infant and toddler day care. *Journal of Applied Behavior Analysis, 7*, 529-546.

Valentine, D. P. (1993). Children with special needs: Sources of support and stress for families. *Journal of Social Work and Human Sexuality, 8*, 107-121.

Wasik, B. H. & Bryant, D. M. (2001). *Home visiting: Procedures for helping families.* Thousand Oaks, CA: Sage Publications.

Weisner, T. S. (1996). Contextual approaches (not mere contextualizing) in human development. [Review of L. Winegar & J. Valsiner (Eds.), *Children's development within social context* (Vols. 1 & 2). Mahwah, NJ: Erlbaum.] Contemporary Psychology, 41, 1009-1010.

Weisner, T. S. (2002a). Ecocultural pathways, family values, and parenting. *Parenting: Science and Practice, 2*, 325-334.

Weisner, T. S. (2002b). Ecocultural understanding of children's developmental pathways. *Human Development, 45*, 275-281.

Weisner, T. S., Matheson, C., Coots, J. & Bernheimer, L. P. (2005). Sustainability of daily routines as a family outcome. In M. I. Martini & A. E. Maynard (Eds.), *Learning in cultural context: Family, peers, and school* (pp. 41-73). New York: Kluwer Academic.

White, J. L. & Kratochwill, T. R. (2005). Practice guidelines in school psychology: Issues and directions for evidence-based interventions in practice and training. *Journal of School Psychology, 43*, 99-115.

Widerstrom, A. H. (2005). *Achieving learning goals through play: Teaching young children with special needs* (2nd ed.). Baltimore: Paul H. Brookes Publishing Co.

Wilcox, M. J. & Shannon, M. S. (1996). Integrated early intervention practices in speech-language pathology. In R. A. McWilliam (Ed.), *Rethinking pull-out services in early intervention* (pp. 49-69). Baltimore: Paul H. Brookes Publishing Co.

Wilson, L. L., Mott, D. W. & Batman, D. (2004). The assetbased context matrix: A tool for assessing children's learning opportunities and participation in natural environments. *Topics in Early Childhood Special Education, 24*, 110-120.

Wolery, M. (1997). *Individualizing inclusion of young children with disabilities in child care: A model demonstration project.* Chapel Hill: University of North Carolina at Chapel Hill.

Wolery, M., Anthony, L., Caldwell, N. K., Snyder, E. D. & Morgante, J. D. (2002). Embedding and distributing constant time delay in circle time and transitions. *Topics in Early Childhood Special Education, 22*, 14-25.

Wolery, M., Welts, M. G. & Holcombe, A. (1994). Current practices with young children who have disabilities: Issues of placement, assessment, and instruction. *Focus Exceptional Children, 26*, 1-12.

Woodruff, G. & Shelton, T. L. (2006). The transdisciplinary approach to early intervention. In G. M. Foley & J. D. Hochman (Eds.), *Mental health in early intervention: Achieving unity in principles and practice* (pp. 81-110). Baltimore: Paul H. Brookes Publishing Co.

Woods, J. & Goldstein, H. (2003). When the toddler takes over: Changing challenging routines into conduits for communication. *Focus on Autism and Other Developmental Disabilities, 18*, 176-181.

Woods, J. J. & Lindeman, D. P. (2008). Gathering and giving information with families. *Infants & Young Children, 21*, 272-284.

Woods, J. J. & Wetherby, A. M. (2003). Early identification of and intervention for infants and toddlers who are at risk for autism spectrum disorder. *Language, Speech, and Hearing Services in Schools, 34*, 180-193.

Workgroup on Principles and Practices in Natural Environments. (2007). *Agreed-upon practices for providing early intervention services in natural environments.* Retrieved July 6, 2008, from http://www.nectac.org/-pdfs/topics/families/Agreed UponPractices_FinalDraft2_01_08.pdf.

World Health Organization. (2007). *International classification of functioning, disability and health: Children and youth version.* Geneva: Author.

용어정리

ClaMEISR 교실 참여 척도, 자립, 사회적 관계 항목

ECSEs 유아특수교사

EI 조기중재사

EIEIO 관찰을 통한 삽입 중재의 실행 검사

EINE 자연스러운 환경에서의 조기 중재

FACIP 가족아동중재계획(the Family and Child Intervention Plan)

FaQoL-ASD 가족 삶의 질-자폐 범주성 장애

FINESSE 자연스러운 환경에서의 가족 서비스 평가 척도

ICF 국제적인 기능적 분류(International Classification of Function)

ICIDH 국제장애분류(International Classification of Impairments, Disabilities, and Handicaps)

IDEA 장애인교육법

IEP 개별화교육계획

IFSP 개별화가족서비스계획

JHV 공동 가정방문

LICCs 지역기관 간 조직위원회

MDE 다학문적인 진단(Multidisciplinary evaluation)

MEISR 참여, 독립, 사회적 관계에 대한 척도

OTs 작업치료사

PIPERS 교실용 교수 훈련, 놀이, 참여 수준 척도

PSP 주요 서비스 제공자

PTs 물리치료사

RBI 일과 기반 면담

SC 서비스 조정자

SHoRE 가정 일과 평가 만족도

SLPs 언어치료사

SPOE 단일 진입점

STARE 교사의 일과 참여 평가 척도

TGIF 치료 목표 정보 양식

the ASQ: SE 사회 정서 질문지(Ages & Stages Questionnaires)

VECTOR 밴더빌트 일과 교수 기회 생태적 일치도

VHVS 밴더빌트 가정방문 스크립트

부록

APPENDIX

양식

- 자연스러운 환경에서의 가족 서비스 평가 척도(FINESSE)
- 목표 기능성 척도 III
- 관찰을 통한 삽입 중재의 실행 검사(EIEIO)
- 밴더빌트 일과 교수 기회 생태적 일치도(VECTOR)–교실용
- 교수 훈련, 놀이, 참여 수준 척도(PIPERS)
- 일과 참여 교사 평가 척도(STARE)
- 치료 목표 정보 양식(TGIF)
- 가정 일과 평가 만족도(SHoRE)
- 가족 삶의 질-자폐 범주성 장애(FaQoL-ASD)

자연스러운 환경에서의 가족 서비스 평가 척도(FINESSE)

이름 ____________________　　　　　　　　　　　　　날짜 ____________________

▌사용방법

이 척도는 출생에서 5세까지 특수교육을 필요로 하는 아동에게 양질의 가족 중심 서비스를 제공하는 데 있어 프로그램의 전형적이고도 이상적인 실제들에 초점을 두고 있다. 이 척도는 다양한 프로그램 요소들에 대해 17문항으로 구성되어 있다. 각 문항은 1~7점으로 채점이 된다. 각각의 문항을 응답하기 전에 먼저 모든 설명을 읽어보라. 설명 부분 위의 척도에 프로그램의 전형적인 반응을 가장 잘 보여 주는 숫자에 표시하라. 그리고 설명 부분 아래에는 프로그램이 이상적으로 그렇게 되기를 원하는 것을 보여 주는 숫자에 표시하라. 프로그램이 홀수 표시 아래 구체적인 설명 부분 사이에 있다고 생각할 때는 그 사이에 있는 짝수에 표시하라.

1. 서면 프로그램 설명 정보(예: 브로슈어, 전단지)

전형적 실제

1	2	3	4	5	6	7
서면자료들이 치료나 교수법같이 아동만을 위한 서비스를 배타적으로 **설명**하고 있다.		서면자료들이 치료나 교수법같이 아동만을 위한 서비스를 **강조**하고 있다.		서면자료들이 가족을 위한 정서적·정보적·물질적 지원을 **언급**하고 있다.		서면자료들이 가족을 위한 정서적·정보적·물질적 지원을 **강조**하고 있다.
1	2	3	4	5	6	7

이상적 실제

2. 초기 의뢰 요청

전형적 실제

1	2	3	4	5	6	7
초기 의뢰 요청을 다루는 사람이 아동을 위한 치료와 교수법으로**만** 프로그램을 설명한다.		초기 의뢰 요청을 다루는 사람이 아동을 위한 중재 **위주로** 프로그램을 설명한다.		초기 의뢰 요청을 다루는 사람이 아동을 위한 중재 위주로 프로그램을 설명하고 가족을 위한 지원에 대해 **언급**한다.		초기 의뢰 요청을 다루는 사람이 가족을 위한 지원 **위주로** 프로그램을 설명한다.
1	2	3	4	5	6	7

이상적 실제

3. 접수

전형적 실제

1	2	3	4	5	6	7
접수는 **전적으로** 서비스에 대한 설명으로 이뤄지며, 특별히 아동을 위한 치료와 중재에 관한 것이다.		접수는 **주로** 서비스에 대한 설명으로 이뤄지며, 특별히 아동을 위한 치료와 중재에 관한 것이다.		접수는 주로 아동의 중재에 대한 설명으로 이뤄지며, 가족이 답을 원하는 질문을 알아내기 위한 **몇몇** 질문을 포함한다.		접수는 **주로** 가족이 답을 원하는 질문을 알아내기 위한 질문과 가족을 알기 위한 질문들로 이뤄져 있다.
1	2	3	4	5	6	7

이상적 실제

4. 중재 계획을 위한 진단평가

전형적 실제

1	2	3	4	5	6	7
중재 계획을 위해 오직 **전통적인 발달 영역**에 중점을 둔 표준화된 검사도구만이 사용된다.		중재 계획을 위해 전통적인 발달 영역에 중점을 둔 **교육과정 기반 검사도구**만이 사용된다.		중재 계획을 위해 전통적 발달 영역들과 가족 기능, 아동 참여, 사회관계 그리고 독립적 수행에 중심을 둔 교육과정 기반 검사도구와 일과 기반 면담이 **모두** 사용된다.		중재 계획을 위해 가족 기능, 아동 참여, 사회관계 그리고 독립적 수행에 중심을 둔 **일과 기반 면담들**이 사용된다.
1	2	3	4	5	6	7

이상적 실제

5. 가족의 필요 알아내기

전형적 실제

1	2	3	4	5	6	7
전문가들이 부모에게 그들의 염려와 우선순위들을 **물어보지 않는다.**		전문가들이 IFSP 회의 동안 부모에게 그들의 염려와 우선순위들을 **물어본다.**		전문가들이 **가끔**(예: 1년에 두 번) 가족과 그들의 염원하는 것에 관한 대화를 나눈다.		전문가들이 **정기적으로** 가족과 그들이 염원하는 것에 관한 대화를 나눈다.
1	2	3	4	5	6	7

이상적 실제

6. 중재 계획 회의

전형적 실제

1	2	3	4	5	6	7
IFSP/IEP 회의 동안 전문가들은 진단평가 점수와 프로그램이 제공하는 서비스에 대해 **주로** 얘기하고 부모는 듣고 있다.		IFSP/IEP 회의 동안 전문가들은 **가끔** 진단평가 점수에 대해 논의한다. 회의는 아동의 결여와 서비스에 초점을 둔다. 부모는 대부분 듣고 있다.		IFSP/IEP 회의 동안 전문가들은 **아동과 가족의 필요와 기능적 중재 전략들을 논의**한다. 부모는 적극적으로 토의에 참여한다(일과 기반이 아닌).		IFSP/IEP 회의 동안 부모들이 일과, 우선순위, 염려를 논의한다. 전문가들은 **질문을 하며 듣는다.**
1	2	3	4	5	6	7

이상적 실제

7. 결과목표 선정

전형적 실제

1	2	3	4	5	6	7
결과목표들은 **검사결과, 교육과정 그리고 점검표**에서 선택된다.		결과목표들은 **전문가들의 추천**으로 선택된다.		결과목표들은 **가족의 관심사** 위주로 선택된다(일과 기반 면담이 아닌).		결과목표들은 **일과 기반 면담**에서 선택된다.
1	2	3	4	5	6	7

이상적 실제

8. 가족 결과목표

전형적 실제

1	2	3	4	5	6	7
IFSP/IEP에는 오직 **아동** 결과목표만 포함되어 있다.		IFSP/IEP에는 오직 **아동 관련 가족** 결과목표만 포함되어 있다(아동의 목표와 함께).		IFSP/IEP에는 가족 **관련** 결과목표와 아동 관련 가족 목표가 포함되어 있다(아동의 목표와 함께).		IFSP/IEP에는 아동과 **연관되지 않는** 가족 결과목표가 포함되어 있다(아동의 목표와 함께).
1	2	3	4	5	6	7

이상적 실제

9. 결과목표 목적

전형적 실제

1	2	3	4	5	6	7
각각의 결과목표의 목적이 **명확하지 않다.**		각각의 결과목표의 목적은 단순히 일반적 발달 혹은 기술 영역(예: 말하기)의 **전반적 향상**이다.		각각의 결과목표의 목적은 **내포적으로** 진술되어 있다(예: 왜 우리가 그것을 해야 하는지 추측할 수 있다).		각각의 결과목표의 목적이 **명백하게** 진술되어 있다(왜 우리가 그것을 하는지 정확하게 안다).
1	2	3	4	5	6	7

이상적 실제

10. 중재 삽입

전형적 실제

1	2	3	4	5	6	7
활동들은 **구체적인 장소나 특별한 기구들**을 필요로 한다.		활동들은 가족이 특정한 **시간을 남겨둘 것**을 요구한다(일과 기반이 아닌).		활동들은 기존 일과에 **대폭적인** 수정이 필요하다.		활동들은 기존 일과에 **미미한** 수정이 따른다.
1	2	3	4	5	6	7

이상적 실제

11. 장비(도구)

전형적 실제

1	2	3	4	5	6	7
매우 전문화된 장비가 필요하지 않을 때 혹은 일상 일과의 성공적인 기능을 위해 효과적이지 않을 때조차 사용된다.		**다소** 전문화된 장비가 필요하지 않을 때 혹은 일상 일과의 성공적인 기능을 위해 효과적이지 않을 때조차 사용된다.		앞으로의 발달을 **돕기 위해** 또는 문제를 예방하기 위해 고안된 다소 전문화된 장비가 사용된다.		일상 일과에서 성공적 기능을 위해 꼭 **필요할 때**만 전문화된 장비가 사용된다.
1	2	3	4	5	6	7

이상적 실제

12. 목표행동의 필요성

전형적 실제

1	2	3	4	5	6	7

현재 일과의 기능과 **간접적으로 연관된** 목표행동들만 추천되어 있다.	**다소간 발달적 이점이 있는** 목표행동들만 추천되어 있다.	아동이 잘하지는 않지만 해낼 수 있는 행동들 외에 현재 일과에 도움이 되는 기능을 위해 **유용한** 목표행동들만 추천되어 있다.	어떤 행동이 완성되기까지 아동이 일과에서 제대로 기능할 수 없는, 현재 일과에 도움이 되는 기능을 위해 **반드시 필요한** 목표행동들만 추천되어 있다.

1	2	3	4	5	6	7

이상적 실제

13. 중재 철학

전형적 실제

1	2	3	4	5	6	7

중재 철학은 아동에게 교육과 치료를 **제공**하는 것이다.	중재 철학은 아이를 가르치도록 그들의 **부모를 훈련시키는 것**이다.	중재 철학은 부모들이 그들의 아이를 가르치도록 훈련하고 **옹호자가 되게 하는 것**이다.	중재 철학은 **가족을 지원하는 것**이다.

1	2	3	4	5	6	7

이상적 실제

14. 중재 초점

전형적 실제

1	2	3	4	5	6	7

중재와 결과목표는 **전문영역** 구체적이다.	중재와 결과목표는 **영역** 구체적이다.	중재와 결과목표는 상황에 맞춰져 있으나 일과 기반은 **아니다**.	중재와 결과목표는 **일과에 기반**해 있다.

1	2	3	4	5	6	7

이상적 실제

15. 그룹 중재 자문

전형적 실제

1	2	3	4	5	6	7
학급에서 자문할 때 개별 혹은 소그룹 **교실 밖 중재**를 한다.		학급에서 자문할 때, **교실에서 일대일 중재**를 한다.		학급에서 중재할 때 **그룹 활동**을 사용한다.		학급에서 중재할 때 **일과 내 개별화된 활동들**을 활용한다.

1 2 3 4 5 6 7

이상적 실제

16. 가정 기반 서비스 전달 체계 모형

전형적 실제

1	2	3	4	5	6	7
두 명 혹은 그 이상의 전문가들에 의한 **다학문적** 접근: 전문가들은 정기적으로 가정방문을 한다. 그러나 서로 의사소통을 하지는 않는다.		복수의 전문가들에 의한 **간학문적** 가정방문들: 전문가들은 정기적으로 가정방문을 하고 때때로 정보를 교환한다.		**수정된 초학문적** 접근: 교사 혹은 다른 '제너럴리스트'가 정기적으로 가정방문을 하고 전문가로부터 자문을 받는다.		**온전한 초학문적** 접근: 전문가 팀 구성원 누구나 정기적으로 가정방문을 하고 다른 전문가들에게 자문을 받는다.

1 2 3 4 5 6 7

이상적 실제

17. 가정방문자의 주요 역할

전형적 실제

1	2	3	4	5	6	7
부모가 **다른 일을 하는 동안** 아이에게 직접적으로 교수를 제공하기 위한 것이다.		부모가 **참석한 가운데** 아이에게 직접적인 교수를 제공하기 위한 것이다.		부모의 **염려**(관심)를 듣고 부모에게 **시범**을 보이거나 **가르쳐 주기 위한 것**이다.		가족과 대화함으로써 물질적·정보적·정서적 **지지**를 제공하기 위해서다.

1 2 3 4 5 6 7

이상적 실제

- 자, 이제 당신의 응답들을 돌아보라. 만약 당신의 전형적 실제들과 이상적 실제라고 여기는 것들 간의 일반적 차이가 있다면 어떤 요소들이 그런 차이를 가져왔다고 생각하는가?

목표 기능성 척도 III

아 동 ____________________ IFSP 날 짜 ____________________

교육청 ____________________ 평가자 ____________________

목표결과 1				
결과목표가 어느 정도로 ____하는가?	전혀	어느 정도	많이	아주 많이
1. 아동의 일과(활동) 참여를 강조하는가?(아동은 달리기에 참여하는 것이 아니라 바깥놀이시간에 참여할 것이다)				
2. 아동이 무엇을 할 것인지 구체적(관찰할 수 있고 측정할 수 있는 방법)으로 서술했는가?				
3. 가정, 학교 혹은 지역사회 일과들에 참여하는 데 필요하거나 유용한 기술들을 강조했는가?				
4. 기술 습득의 기준(아동이 그 기술을 사용할 수 있는 때를 가리키는 지표)을 서술했는가?				
5. **의미 있는** 습득 기준을 갖추었는가?(즉, 기능적 행동의 향상을 보여줄 수 있는 것: 우리는 아동이 숟가락을 7회 중 5회 잡을 때가 아니라 숟가락을 2분 동안 잡고 있을 때 그가 할 수 있다는 것을 알 것이다)				
6. 일반화 기준을 갖추었는가?(즉, 일과, 사람, 장소, 재료 등에 걸쳐 그 기술을 사용하기: 아동이 점심과 저녁에 2분 동안 숟가락을 잡고 있을 때)				
7. 기간에 대한 기준을 갖추었는가?(아동이 숟가락을 연속 3일, 2분 동안 점심과 저녁에 잡고 있을 때 혹은 일주일에 3일 점심과 저녁에 잡고 있을 때)				

아 동 ____________________ IFSP 날 짜 ____________________

교육청 ____________________ 평가자 ____________________

목표결과 2				
결과목표가 어느 정도로 ____하는가?	**전혀**	**어느 정도**	**많이**	**아주 많이**
1. 아동의 일과(활동) 참여를 강조하는가?(아동은 달리기에 참여하는 것이 아니라 바깥놀이시간에 참여할 것이다)				
2. 아동이 무엇을 할 것인지 구체적(관찰할 수 있고 측정할 수 있는 방법)으로 서술했는가?				
3. 가정, 학교 혹은 지역사회 일과들에 참여하는 데 필요하거나 유용한 기술들을 강조했는가?				
4. 기술 습득의 기준(아동이 그 기술을 사용할 수 있는 때를 가리키는 지표)을 서술했는가?				
5. **의미 있는** 습득 기준을 갖추었는가?(즉, 기능적 행동의 향상을 보여줄 수 있는 것: 우리는 아동이 숟가락을 7회 중 5회 잡을 때가 아니라 숟가락을 2분 동안 잡고 있을 때 그가 할 수 있다는 것을 알 것이다)				
6. 일반화 기준을 갖추었는가?(즉, 일과, 사람, 장소, 재료 등에 걸쳐 그 기술을 사용하기: 아동이 점심과 저녁에 2분 동안 숟가락을 잡고 있을 때)				
7. 기간에 대한 기준을 갖추었는가?(아동이 숟가락을 연속 3일, 2분 동안 점심과 저녁에 잡고 있을 때 혹은 일주일에 3일 점심과 저녁에 잡고 있을 때)				

아 동 ____________ IFSP 날 짜 ____________

교육청 ____________ 평가자 ____________

목표결과 3				
결과목표가 어느 정도로 ____하는가?	전혀	어느 정도	많이	아주 많이
1. 아동의 일과(활동) 참여를 강조하는가?(아동은 달리기에 참여하는 것이 아니라 바깥놀이시간에 참여할 것이다)				
2. 아동이 무엇을 할 것인지 구체적(관찰할 수 있고 측정할 수 있는 방법)으로 서술했는가?				
3. 가정, 학교 혹은 지역사회 일과들에 참여하는 데 필요하거나 유용한 기술들을 강조했는가?				
4. 기술 습득의 기준(아동이 그 기술을 사용할 수 있는 때를 가리키는 지표)을 서술했는가?				
5. **의미 있는** 습득 기준을 갖추었는가?(즉, 기능적 행동의 향상을 보여줄 수 있는 것: 우리는 아동이 숟가락을 7회 중 5회 잡을 때가 아니라 숟가락을 2분 동안 잡고 있을 때 그가 할 수 있다는 것을 알 것이다)				
6. 일반화 기준을 갖추었는가?(즉, 일과, 사람, 장소, 재료 등에 걸쳐 그 기술을 사용하기: 아동이 점심과 저녁에 2분 동안 숟가락을 잡고 있을 때)				
7. 기간에 대한 기준을 갖추었는가?(아동이 숟가락을 연속 3일, 2분 동안 점심과 저녁에 잡고 있을 때 혹은 일주일에 3일 점심과 저녁에 잡고 있을 때)				

아 동 ____________________ IFSP 날 짜 ____________________

교육청 ____________________ 평가자 ____________________

목표결과 4				
결과목표가 어느 정도로 ____하는가?	전혀	어느 정도	많이	아주 많이
1. 아동의 일과(활동) 참여를 강조하는가?(아동은 달리기에 참여하는 것이 아니라 바깥놀이시간에 참여할 것이다)				
2. 아동이 무엇을 할 것인지 구체적(관찰할 수 있고 측정할 수 있는 방법)으로 서술했는가?				
3. 가정, 학교 혹은 지역사회 일과들에 참여하는 데 필요하거나 유용한 기술들을 강조했는가?				
4. 기술 습득의 기준(아동이 그 기술을 사용할 수 있는 때를 가리키는 지표)을 서술했는가?				
5. **의미 있는** 습득 기준을 갖추었는가?(즉, 기능적 행동의 향상을 보여줄 수 있는 것: 우리는 아동이 숟가락을 7회 중 5회 잡을 때가 아니라 숟가락을 2분 동안 잡고 있을 때 그가 할 수 있다는 것을 알 것이다)				
6. 일반화 기준을 갖추었는가?(즉, 일과, 사람, 장소, 재료 등에 걸쳐 그 기술을 사용하기: 아동이 점심과 저녁에 2분 동안 숟가락을 잡고 있을 때)				
7. 기간에 대한 기준을 갖추었는가?(아동이 숟가락을 연속 3일, 2분 동안 점심과 저녁에 잡고 있을 때 혹은 일주일에 3일 점심과 저녁에 잡고 있을 때)				

아 동 ____________________ IFSP 날 짜 ____________________

교육청 ____________________ 평가자 ____________________

목표결과 5				
결과목표가 어느 정도로 ____하는가?	**전혀**	**어느 정도**	**많이**	**아주 많이**
1. 아동의 일과(활동) 참여를 강조하는가?(아동은 달리기에 참여하는 것이 아니라 바깥놀이시간에 참여할 것이다)				
2. 아동이 무엇을 할 것인지 구체적(관찰할 수 있고 측정할 수 있는 방법)으로 서술했는가?				
3. 가정, 학교 혹은 지역사회 일과들에 참여하는 데 필요하거나 유용한 기술들을 강조했는가?				
4. 기술 습득의 기준(아동이 그 기술을 사용할 수 있는 때를 가리키는 지표)을 서술했는가?				
5. **의미 있는** 습득 기준을 갖추었는가?(즉, 기능적 행동의 향상을 보여줄 수 있는 것: 우리는 아동이 숟가락을 7회 중 5회 잡을 때가 아니라 숟가락을 2분 동안 잡고 있을 때 그가 할 수 있다는 것을 알 것이다)				
6. 일반화 기준을 갖추었는가?(즉, 일과, 사람, 장소, 재료 등에 걸쳐 그 기술을 사용하기: 아동이 점심과 저녁에 2분 동안 숟가락을 잡고 있을 때)				
7. 기간에 대한 기준을 갖추었는가?(아동이 숟가락을 연속 3일, 2분 동안 점심과 저녁에 잡고 있을 때 혹은 일주일에 3일 점심과 저녁에 잡고 있을 때)				

아 동 ____________________ IFSP 날 짜 ____________________

교육청 ____________________ 평가자 ____________________

목표결과 6				
결과목표가 어느 정도로 ____하는가?	전혀	어느 정도	많이	아주 많이
1. 아동의 일과(활동) 참여를 강조하는가?(아동은 달리기에 참여하는 것이 아니라 바깥놀이시간에 참여할 것이다)				
2. 아동이 무엇을 할 것인지 구체적(관찰할 수 있고 측정할 수 있는 방법)으로 서술했는가?				
3. 가정, 학교 혹은 지역사회 일과들에 참여하는 데 필요하거나 유용한 기술들을 강조했는가?				
4. 기술 습득의 기준(아동이 그 기술을 사용할 수 있는 때를 가리키는 지표)을 서술했는가?				
5. **의미 있는** 습득 기준을 갖추었는가?(즉, 기능적 행동의 향상을 보여줄 수 있는 것: 우리는 아동이 숟가락을 7회 중 5회 잡을 때가 아니라 숟가락을 2분 동안 잡고 있을 때 그가 할 수 있다는 것을 알 것이다)				
6. 일반화 기준을 갖추었는가?(즉, 일과, 사람, 장소, 재료 등에 걸쳐 그 기술을 사용하기: 아동이 점심과 저녁에 2분 동안 숟가락을 잡고 있을 때)				
7. 기간에 대한 기준을 갖추었는가?(아동이 숟가락을 연속 3일, 2분 동안 점심과 저녁에 잡고 있을 때 혹은 일주일에 3일 점심과 저녁에 잡고 있을 때)				

아 동 ____________________ IFSP 날 짜 ____________________

교육청 ____________________ 평가자 ____________________

목표결과 7				
결과목표가 어느 정도로 ____하는가?	**전혀**	**어느 정도**	**많이**	**아주 많이**
1. 아동의 일과(활동) 참여를 강조하는가?(아동은 달리기에 참여하는 것이 아니라 바깥놀이시간에 참여할 것이다)				
2. 아동이 무엇을 할 것인지 구체적(관찰할 수 있고 측정할 수 있는 방법)으로 서술했는가?				
3. 가정, 학교 혹은 지역사회 일과들에 참여하는 데 필요하거나 유용한 기술들을 강조했는가?				
4. 기술 습득의 기준(아동이 그 기술을 사용할 수 있는 때를 가리키는 지표)을 서술했는가?				
5. **의미 있는** 습득 기준을 갖추었는가?(즉, 기능적 행동의 향상을 보여줄 수 있는 것: 우리는 아동이 숟가락을 7회 중 5회 잡을 때가 아니라 숟가락을 2분 동안 잡고 있을 때 그가 할 수 있다는 것을 알 것이다)				
6. 일반화 기준을 갖추었는가?(즉, 일과, 사람, 장소, 재료 등에 걸쳐 그 기술을 사용하기: 아동이 점심과 저녁에 2분 동안 숟가락을 잡고 있을 때)				
7. 기간에 대한 기준을 갖추었는가?(아동이 숟가락을 연속 3일, 2분 동안 점심과 저녁에 잡고 있을 때 혹은 일주일에 3일 점심과 저녁에 잡고 있을 때)				

아 동 ____________________ IFSP 날 짜 ____________________

교육청 ____________________ 평가자 ____________________

목표결과 8				
결과목표가 어느 정도로 ____하는가?	**전혀**	**어느 정도**	**많이**	**아주 많이**
1. 아동의 일과(활동) 참여를 강조하는가?(아동은 달리기에 참여하는 것이 아니라 바깥놀이시간에 참여할 것이다)				
2. 아동이 무엇을 할 것인지 구체적(관찰할 수 있고 측정할 수 있는 방법)으로 서술했는가?				
3. 가정, 학교 혹은 지역사회 일과들에 참여하는 데 필요하거나 유용한 기술들을 강조했는가?				
4. 기술 습득의 기준(아동이 그 기술을 사용할 수 있는 때를 가리키는 지표)을 서술했는가?				
5. **의미 있는** 습득 기준을 갖추었는가?(즉, 기능적 행동의 향상을 보여줄 수 있는 것: 우리는 아동이 숟가락을 7회 중 5회 잡을 때가 아니라 숟가락을 2분 동안 잡고 있을 때 그가 할 수 있다는 것을 알 것이다)				
6. 일반화 기준을 갖추었는가?(즉, 일과, 사람, 장소, 재료 등에 걸쳐 그 기술을 사용하기: 아동이 점심과 저녁에 2분 동안 숟가락을 잡고 있을 때)				
7. 기간에 대한 기준을 갖추었는가?(아동이 숟가락을 연속 3일, 2분 동안 점심과 저녁에 잡고 있을 때 혹은 일주일에 3일 점심과 저녁에 잡고 있을 때)				

아 동 ____________________　　　　IFSP 날 짜 ____________________

교육청 ____________________　　　　평가자 ____________________

목표결과 9				
결과목표가 어느 정도로 ____하는가?	**전혀**	**어느 정도**	**많이**	**아주 많이**
1. 아동의 일과(활동) 참여를 강조하는가?(아동은 달리기에 참여하는 것이 아니라 바깥놀이시간에 참여할 것이다)				
2. 아동이 무엇을 할 것인지 구체적(관찰할 수 있고 측정할 수 있는 방법)으로 서술했는가?				
3. 가정, 학교 혹은 지역사회 일과들에 참여하는 데 필요하거나 유용한 기술들을 강조했는가?				
4. 기술 습득의 기준(아동이 그 기술을 사용할 수 있는 때를 가리키는 지표)을 서술했는가?				
5. **의미 있는** 습득 기준을 갖추었는가?(즉, 기능적 행동의 향상을 보여줄 수 있는 것: 우리는 아동이 숟가락을 7회 중 5회 잡을 때가 아니라 숟가락을 2분 동안 잡고 있을 때 그가 할 수 있다는 것을 알 것이다)				
6. 일반화 기준을 갖추었는가?(즉, 일과, 사람, 장소, 재료 등에 걸쳐 그 기술을 사용하기: 아동이 점심과 저녁에 2분 동안 숟가락을 잡고 있을 때)				
7. 기간에 대한 기준을 갖추었는가?(아동이 숟가락을 연속 3일, 2분 동안 점심과 저녁에 잡고 있을 때 혹은 일주일에 3일 점심과 저녁에 잡고 있을 때)				

아 동 ____________________　　　　IFSP 날 짜 ____________________

교육청 ____________________　　　　평가자 ____________________

목표결과 10				
결과목표가 어느 정도로 ____하는가?	**전혀**	**어느 정도**	**많이**	**아주 많이**
1. 아동의 일과(활동) 참여를 강조하는가?(아동은 달리기에 참여하는 것이 아니라 바깥놀이시간에 참여할 것이다)				
2. 아동이 무엇을 할 것인지 구체적(관찰할 수 있고 측정할 수 있는 방법)으로 서술했는가?				
3. 가정, 학교 혹은 지역사회 일과들에 참여하는 데 필요하거나 유용한 기술들을 강조했는가?				
4. 기술 습득의 기준(아동이 그 기술을 사용할 수 있는 때를 가리키는 지표)을 서술했는가?				
5. **의미 있는** 습득 기준을 갖추었는가?(즉, 기능적 행동의 향상을 보여줄 수 있는 것: 우리는 아동이 숟가락을 7회 중 5회 잡을 때가 아니라 숟가락을 2분 동안 잡고 있을 때 그가 할 수 있다는 것을 알 것이다)				
6. 일반화 기준을 갖추었는가?(즉, 일과, 사람, 장소, 재료 등에 걸쳐 그 기술을 사용하기: 아동이 점심과 저녁에 2분 동안 숟가락을 잡고 있을 때)				
7. 기간에 대한 기준을 갖추었는가?(아동이 숟가락을 연속 3일, 2분 동안 점심과 저녁에 잡고 있을 때 혹은 일주일에 3일 점심과 저녁에 잡고 있을 때)				

아 동 ____________________ IFSP 날 짜 ____________________

교육청 ____________________ 평가자 ____________________

목표결과 11				
결과목표가 어느 정도로 ____하는가?	전혀	어느 정도	많이	아주 많이
1. 아동의 일과(활동) 참여를 강조하는가?(아동은 달리기에 참여하는 것이 아니라 바깥놀이시간에 참여할 것이다)				
2. 아동이 무엇을 할 것인지 구체적(관찰할 수 있고 측정할 수 있는 방법)으로 서술했는가?				
3. 가정, 학교 혹은 지역사회 일과들에 참여하는 데 필요하거나 유용한 기술들을 강조했는가?				
4. 기술 습득의 기준(아동이 그 기술을 사용할 수 있는 때를 가리키는 지표)을 서술했는가?				
5. **의미 있는** 습득 기준을 갖추었는가?(즉, 기능적 행동의 향상을 보여줄 수 있는 것: 우리는 아동이 숟가락을 7회 중 5회 잡을 때가 아니라 숟가락을 2분 동안 잡고 있을 때 그가 할 수 있다는 것을 알 것이다)				
6. 일반화 기준을 갖추었는가?(즉, 일과, 사람, 장소, 재료 등에 걸쳐 그 기술을 사용하기: 아동이 점심과 저녁에 2분 동안 숟가락을 잡고 있을 때)				
7. 기간에 대한 기준을 갖추었는가?(아동이 숟가락을 연속 3일, 2분 동안 점심과 저녁에 잡고 있을 때 혹은 일주일에 3일 점심과 저녁에 잡고 있을 때)				

아 동 ____________________ IFSP 날 짜 ____________________

교육청 ____________________ 평가자 ____________________

목표결과 12				
결과목표가 어느 정도로 ____하는가?	전혀	어느 정도	많이	아주 많이
1. 아동의 일과(활동) 참여를 강조하는가?(아동은 달리기에 참여하는 것이 아니라 바깥놀이시간에 참여할 것이다)				
2. 아동이 무엇을 할 것인지 구체적(관찰할 수 있고 측정할 수 있는 방법)으로 서술했는가?				
3. 가정, 학교 혹은 지역사회 일과들에 참여하는 데 필요하거나 유용한 기술들을 강조했는가?				
4. 기술 습득의 기준(아동이 그 기술을 사용할 수 있는 때를 가리키는 지표)을 서술했는가?				
5. **의미 있는** 습득 기준을 갖추었는가?(즉, 기능적 행동의 향상을 보여줄 수 있는 것: 우리는 아동이 숟가락을 7회 중 5회 잡을 때가 아니라 숟가락을 2분 동안 잡고 있을 때 그가 할 수 있다는 것을 알 것이다)				
6. 일반화 기준을 갖추었는가?(즉, 일과, 사람, 장소, 재료 등에 걸쳐 그 기술을 사용하기: 아동이 점심과 저녁에 2분 동안 숟가락을 잡고 있을 때)				
7. 기간에 대한 기준을 갖추었는가?(아동이 숟가락을 연속 3일, 2분 동안 점심과 저녁에 잡고 있을 때 혹은 일주일에 3일 점심과 저녁에 잡고 있을 때)				

관찰을 통한 삽입 중재의 실행 검사(EIEIO)

‣ EIEIO는 통합 어린이집에 다니는 장애 아동을 위해 확인된 개별화된 목표들을 강조한다. 아동을 관찰하고 학급 활동들 안에 중재가 삽입된 빈도를 기록함으로써 데이터를 수집하게 된다.

▌설명

아동의 IFSP 혹은 IEP에서 7개의 대상 목표를 선정한다. 양식 왼쪽 가장자리 열에 목표들의 번호를 1~7번까지 매긴다. 대상 목표의 오른쪽 열은 15분 간격의 관찰을 보여 준다. 각 8개의 열 위에 아동이 일정 기간 동안 가장 많이 참여한 일과를 확인하라. 양식 가장 왼쪽 열에 있는 7가지 목표들과 양식의 가장 위 열에 있는 8가지 활동들은 표를 형성하게 된다. 표의 각 칸은 관찰 중의 구체적 목표와 구체적 활동을 나타낸다.

표의 각 칸에는 C, W, A라는 표식이 있는 3개의 칸이 있는데, 각 칸에 Y(yes) 혹은 N(no)을 표시한다.

- C란에는 목표가 **다뤄질 수 있었는지** 여부를 표시하라. 활동의 구조가 목표를 다루는 것이 가능했는가?
- W란에는 그 활동 중에 목표가 **다뤄졌는지** 여부를 표시하라.
- A란에는 그 목표가 **적절하게** 다뤄졌는지 여부를 표시하라(목표가 다뤄졌을 때만 그 란에 표시하라). 목표가 적절하게 다뤄졌는지를 결정할 때 목표의 발달적·개인적·상황적 적절성을 고려하라. 한편으로 다음과 같은 내용을 자문해 보라. (a) 아동이 발달적으로 그 기술을 위한 준비가 되었는가? (b) 아동이 그 기술을 보여줄 능력이 되는가? (c) 가장 비침해적인 중재 전략이 사용되었는가? (d) 필요한 일과 동안 그 목표가 다뤄졌는가? (e) 그 목표가 다른 아동이 하는 것과 관련이 있는가?

2시간 관찰 동안 15분 간격이 8회 있다. 관찰 동안 다양한 일과를 포함하는 것이 좋다. 만약 하나 혹은 두 개의 다른 일과(즉, 자유놀이나 점심)를 관찰했다면, 그 데이터는 목표가 하루에 걸쳐 얼마나 자주 다뤄지는지를 보여 줄 수 없게 된다. 관찰들은 연속 8회 간격으로 할 수도 있고, 하루 중 다양한 시간에 걸쳐 할 수도 있다(일과의 다양한 것을 보기 위해).

자료는 다음과 같이 활용할 수 있다. (a) 구체적 일과에서 어떤 목표를 대상으로 선정할지 확인하는 것, (b) 목표가 다뤄지는 빈도를 결정하는 것, (c) 어떤 목표가 가장 기능적인가(하루 일과 안에서 가장 용이하게 다뤄지는가)? 그리고 어떤 목표들이 수정되어야 하는가? (d) 앞으로의 일과에 더욱 효과적으로 교수를 삽입하는 것.

관찰을 통한 삽입 중재의 실행 검사(EIEIO)

기 관 ________ 학 급 ________ 교 사 ________

아 동 ________ 날 짜 ________ 관찰자 ________

질문 문항	15분 간격 관찰 (각 15분 간격으로 관찰하는 동안 장애 아동이 참여하는 일과의 명칭을 적으라)															
우선순위가 높은 목표를 나열하라(각 15분씩의 관찰에 다뤄진 모든 것을 체크하라).	C	W	A	참고	C	W	A	참고	C	W	A	참고	C	W	A	참고

피드백	15분 간격 관찰 (각 15분 간격으로 관찰하는 동안 장애 아동이 참여하는 일과의 명칭을 적으라)															
피드백을 나열하라.	C	W	A	참고	C	W	A	참고	C	W	A	참고	C	W	A	참고

C = 목표가 다루어질 수 있는가? W = 목표가 다루어졌는가? A = 목표가 적절하게 다루어졌는가?

적절하다는 것은 발달적으로 적합하고, 개별적으로 적절하며, 정상화의 원칙들에 적합하고, 다른 이들이 하는 것과 관련이 있으며, 교수진들이 할 수 있는 것들이며, 상황에 적합한 것을 의미한다.

밴더빌트 일과 교수 기회 생태적 일치도(VECTOR)-교실용

▌원리

생태학적 일치는 특정한 유형의 지원 제공과 그러한 지원의 필요 간의 일치에 대한 측정이다. 아동과 환경 간의 적합성을 평가할 때, 환경에서의 기회들과 그 기회들을 이용할 수 있는 빈도를 고려해야 한다. 이러한 기회들은 물리적 환경에서 혹은 그 환경에 있는 성인들에 의해 주어질 수 있다. 제공된 기회들이 아동의 지원 활용에 적합하지 않을 때 불일치가 생길 수 있다, 즉 성인들 또는 물리적 환경에서 주어지는 기회가 너무 적거나 아동이 주어진 기회를 활용하지 않을 경우다. 아동과 환경 사이에서 발생하는 이러한 불일치는 환경에 변화를 줌으로써, 아동이나 활동의 기대에 변화를 줌으로써, 혹은 아동에게 특정한 기술을 교수하는 중재를 함으로써 해결할 수 있다. VECTOR는 참여, 독립적 수행, 또래 간의 상호작용이라는 세 가지 발달 영역 간의 생태학적 일치를 평가하는 데 초점을 두어 고안되었다.

▌대상과 환경

VECTOR 교실용은 단체 환경에 있는, 18개월부터 학령기 아동을 대상으로 고안되었다. VECTOR를 사용하는 데 있어 특별히 정해진 일정은 없으며, 다음과 같이 사용할 수 있다.

1. 주기적으로 적합성을 모니터링하기 위해, 환경과 성인의 중재에 필요한 잠재적 변화를 결정하기 위해
2. 아동의 진도 점검을 모니터링하기 위해
3. 특별히 염려될 만한 상황을 발견했을 때

▌척도 작성

1. 그룹 환경과 관련된 각 일과 활동 중 최소한 10분 동안 아동을 관찰하라.
2. 각 10분 동안 이뤄지는 일과들에 대해 환경, 성인의 중재, 그리고 아동의 수행에 관련한 9가지 항목을 평가하라.

a. 환경이나 성인의 중재와 관련하여 각각의 일과가 기회들을 제공하는 빈도를 1(드물게)~5(대부분 시간)까지 평가하라.

b. 그런 다음 아동의 수행을 평가하라. '아동이 제공된 기회들을 활용하는가?' 등의 척도를 사용하여 평가하라.

채점

1. 기회에 대한 점수를 더한 다음 6으로 나누고 그 점수를 밑에 기입하라.
2. 활용점수를 더한 다음 3으로 나누고 그 점수를 밑에 기입하라.
3. 모든 일과의 기회점수(환경이나 성인 중재)를 더한 다음 10으로 나누거나 관찰된 일과의 수가 10보다 작으면 관찰한 일과들의 수로 나누고 그 점수를 가장 오른쪽 세로 단에 기입하라.
4. 모든 일과의 활용점수를 더한 다음 10으로 나누거나 관찰된 일과의 수가 10보다 작으면 관찰한 일과들의 수로 나누고 그 점수를 가장 오른쪽 세로 단에 기입하라.
5. 다음에 제공된 정보에 근거하여 점수를 분석하라.
6. 필요한 변화를 적용하고 성공적인 수행을 모니터하라.

분석

1. 하루 일과 동안 아동과 환경 간의 전반적인 적합도를 결정하라. 테이블 아래쪽의 각 일과에 대한 기회점수와 활용점수를 비교하라. 만약 점수가 일관되게 높거나 기회점수와 활용점수가 비슷할 경우, 적합도는 대체로 좋다고 할 수 있다. 만약 기회점수와 활용점수들이 모두 낮거나 다르다면 적합도는 좋지 않을 수도 있으며 추후 분석이 필요하다(아래 참조).
2. 환경과 아동의 구체적 일과들 간의 적합도를 결정하라. 테이블 아래에 있는 각 일과에 대한 기회점수와 활용점수를 비교하라. 만약 일과에 대한 기회점수와 활용점수가 모두 낮다면, 일과에 대한 데이터를 살펴보고 환경적 변화가 필요한 곳을 결정하라(물리적 환경과 성인 중재 혹은 두 가지 환경 모두). 세 가지 기능 영역(참여, 독립 수행, 또래 간의 상호작용)의 점수를 살펴보고 구체적인 변화가 필요한 부분을 결정하라.

3. 아동이 물리적 환경과 성인에 의해 제공된 기회들을 활용하고 있는지 아닌지를 결정하라. 테이블 아래에 있는 각 일과의 기회점수와 활용점수를 비교하라. 만약 활용점수가 낮고 기회점수가 현저히 높다면, 아동은 주어진 기회들을 완전히 활용하고 있지 못하다는 것을 의미한다. 이러한 차이들은 기술 부족이나 문제행동의 결과일 수 있다. 일과에 대한 아동의 점수를 살펴보는 것은 아동의 참여, 독립 수행 그리고 또래 간의 상호작용과 관련된 구체적인 문제를 확인하는 데 도움을 줄 것이다.
4. 하루 일과 동안 아동의 참여, 독립 수행, 그리고 또래 간의 상호작용을 결정하고 모니터하라. 아동의 참여, 독립 수행, 그리고 또래 간의 상호작용 전체 점수를 살펴보라. 만약 점수가 기대한 것보다 낮다면 일과 동안 도출된 각 부분의 점수를 살펴보고 장점과 필요 그리고 경향을 결정하라.

- **참고:** 어떤 경우에는 아동의 활용점수가 환경점수에 비해 높게 나올 때가 있다. 이러한 경우 환경을 풍부하게 하면 아동의 학습 경험들을 더욱 향상시킬 수는 있을지라도 아동을 위해 환경에 구체적인 변화를 줄 필요는 없다.

아동 이름 ____________ 날 짜 ____________

교사 관찰자 ____________

관찰자 역할 ____________ 아동의 일상적 하루 예 □ 아니오 □

일상적이지 않은 이유는? ____________

작성 방법

1. 10가지 일과에 걸쳐 9가지 항목을 평가하라.
2. 기회점수를 더한 다음 6으로 나누고 그 점수를 밑에 기입하라.
3. 활용점수를 더한 다음 3으로 나누고 그 점수를 밑에 기입하라.
4. 모든 일과의 기회점수를 더한 다음 10으로 나누고 마지막 칸에 기입하라.
5. 모든 일과의 활용점수를 더한 다음 10으로 나누고 마지막 칸에 기입하라.

	평가 척도 1 드물게 — 2 — 3 때로는 — 4 — 5 대부분	**도착**		**자유놀이**		**식사/간식**		**대집단**		**구조화된 활동**	
		O	A	O	A	O	A	O	A	O	A
참여	환 경 1. 물리적 환경과 교구교재들이 참여를 촉진한다.										
	성 인 2. 성인은 아동에게 반응적이며 높은 수준의 참여를 일관되게 촉진한다.										
	아 동 3. 아동은 자신의 최고 수준으로 일관되게 참여한다.										
독립 수행	환 경 4. 일과는 독립 수행을 할 수 있게 되어 있다.										
	성 인 5. 성인은 독립적 수행에 필요한 최소한의 촉진을 제공한다.										
	아 동 6. 아동은 일과를 독립적으로 완수한다.										
또래 간의 상호 작용	환 경 7. 일과는 또래 간의 상호작용 기회를 많이 제공한다.										
	성 인 8. 성인은 또래 간의 상호작용을 촉진하고 강화한다.										
	아 동 9. 아동은 또래와 빈번하고도 적절하게 상호작용한다.										
	총 점										

O: 일과에 주어진 기회들

A: 아동이 기회와 고수를 활용한다.

작성 방법

1. 10가지 일과에 걸쳐 9가지 항목을 평가하라.
2. 기회점수를 더한 다음 6으로 나누고 그 점수를 밑에 기입하라.
3. 활용점수를 더한 다음 3으로 나누고 그 점수를 밑에 기입하라.
4. 모든 일과의 기회점수를 더한 다음 10으로 나누고 마지막 칸에 기입하라.
5. 모든 일과의 활용점수를 더한 다음 10으로 나누고 마지막 칸에 기입하라.

	평가 척도 1 (드물게) 2 3 (때로는) 4 5 (대부분)	바깥 활동		센터		위생		이야기 시간		동작		총점	
		O	A	O	A	O	A	O	A	O	A		
참여	환 경 1. 물리적 환경과 교구교재들이 참여를 촉진한다.												E
	성 인 2. 성인은 아동에게 반응적이며 높은 수준의 참여를 일관되게 촉진한다.												
	아 동 3. 아동은 자신의 최고 수준으로 일관되게 참여한다.												
독립 수행	환 경 4. 일과는 독립 수행을 할 수 있게 되어 있다.												I
	성 인 5. 성인은 독립적 수행에 필요한 최소한의 촉진을 제공한다.												
	아 동 6. 아동은 일과를 독립적으로 완수한다.												
또래 간의 상호 작용	환 경 7. 일과는 또래 간의 상호작용 기회를 많이 제공한다.												PI
	성 인 8. 성인은 또래 간의 상호작용을 촉진하고 강화한다.												
	아 동 9. 아동은 또래와 빈번하고도 적절하게 상호작용한다.												
	총 점												

O: 일과에 주어진 기회들
A: 아동이 기회와 교수를 활용한다.

교수 훈련, 놀이, 참여 수준 척도(PIPERS)

▌사용방법

PIPERS의 각 문항은 두 가지 척도가 있다. 하나는 전형적인 실제이고, 다른 하나는 이상적인 실제다. 모든 문항에 대해 두 가지 척도 모두를 채점해야 한다. 당신의 전형적인 혹은 이상적인 실제와 가장 부합하는 설명에 가까운 번호에 체크하라. PIPERS는 개인 혹은 그룹에 의해 완성될 수 있다. 만약 그룹에 의해 완성된다면 각 채점에 대한 합의를 도출해야 한다. 이것은 1~5세 아동을 위한 교실의 실제에 관한 것이다.

이름(그룹) ____________________

1. 요구 평가

전형적 실제
(당신의 학급이나 프로그램에서 전형적으로 일어나는 일과 가장 밀접하게 연관되는 것의 번호에 체크하라)

1 2 3 4 5 6 7

1	3	5	7
목표는 전문가의 평가에 근거해서 전문가에 의해 결정된다.	목표는 전문가들에 의해 제안된다.	목표는 부모 단독으로 결정하거나 부모와 전문가들이 함께 결정하지만, 일과 기반 면담 없이 결정된다.	목표는 일과 기반 면담의 결과로서 부모에 의해 결정된다.

1 2 3 4 5 6 7

이상적 실제
(당신의 학급이나 프로그램을 위해 이상적인 것과 가장 밀접하게 연관되는 것의 번호에 체크하라)

2. 성인의 배치

전형적 실제
(당신의 학급이나 프로그램에서 전형적으로 일어나는 일과 가장 밀접하게 연관되는 것의 번호에 체크하라)

1 2 3 4 5 6 7

1	3	5	7
모든 성인은 교실의 일정을 따른다.	성인들은 일반적으로 교실의 일정을 따르지만, 필요로 하는 곳에 간다.	성인들은 일과의 각 시간에 어디에 있어야 하는지 알고 있지만, 개별적인 일정은 적혀 있지 않다.	각 성인은 일과 동안 계획된 임무의 목록을 가지고 있다.

1 2 3 4 5 6 7

이상적 실제
(당신의 학급이나 프로그램을 위해 이상적인 것과 가장 밀접하게 연관되는 것의 번호에 체크하라)

3. 실내 배치

전형적 실제
(당신의 학급이나 프로그램에서 전형적으로 일어나는 일과 가장 밀접하게 연관되는 것의 번호에 체크하라)

1 2 3 4 5 6 7

교실(실내)은 유사한 물건이 보관된 채 개방되어 있다.	교실은 중앙의 개방된 공간을 중심으로 각 영역이 있다.	교실은 명확하게 전문가 중심의 명칭이 붙은 경계를 나눈 영역들(예: 소근육, 상징놀이, 감각)로 배치되어 있다.	교실은 명확하게 아동 중심의 명칭이 붙은 경계를 나눈 영역들(예: 작은 장난감, 옷장, 모래와 물)로 배치되어 있다.

1 2 3 4 5 6 7

이상적 실제
(당신의 학급이나 프로그램을 위해 이상적인 것과 가장 밀접하게 연관되는 것의 번호에 체크하라)

4. 반응성

전형적 실제
(당신의 학급이나 프로그램에서 전형적으로 일어나는 일과 가장 밀접하게 연관되는 것의 번호에 체크하라)

1 2 3 4 5 6 7

거의 모든 실제적 교수는 교사가 아동들에게 아동의 현재 관심(즉, 교수 시간에 아동이 하고 있는 일)과 무관한 일을 하라고 할 때 일어난다. 교사가 아동에게 하라고 계획한 일.	많은 교수는 교사가 아동들에게 아동의 현재 관심과 무관한 일을 하라고 할 때 일어난다. 그러나 몇몇은 아동의 관심과 능력에 따라 일어난다.	많은 교수는 아동의 흥미와 능력에 따라 일어난다. 그러나 몇몇은 교사가 아동들에게 아동의 현재 관심과 무관한 일을 하라고 할 때 일어난다.	거의 모든 교수가 아동의 흥미와 능력에 따라 일어난다. 심지어 그러한 흥미들이 계획된 활동들과 무관하더라도 말이다.

1 2 3 4 5 6 7

이상적 실제
(당신의 학급이나 프로그램을 위해 이상적인 것과 가장 밀접하게 연관되는 것의 번호에 체크하라)

5. 정교성

전형적 실제
(당신의 학급이나 프로그램에서 전형적으로 일어나는 일과 가장 밀접하게 연관되는 것의 번호에 체크하라)

1 2 3 4 5 6 7

거의 모든 교수에 칭찬한다. 그러나 아동이 더 이상의 것을 하라고 촉진하지는 않는다.	**경우에 따라** 아동에게 현재 하는 것보다 더 많은 것을 하라고 한다.	**매우 자주** 교수는 아동의 흥미와 관련된 더 정교한 행동을 하라고 촉진한다.	**거의 모든** 교수는 아동의 현재 흥미(즉, 교수 시간에 아동이 하고 있는 일)와 관련된 더욱 진보된 행동을 이끌어내는 시범이나 촉진을 제공한다.

1 2 3 4 5 6 7

이상적 실제
(당신의 학급이나 프로그램을 위해 이상적인 것과 가장 밀접하게 연관되는 것의 번호에 체크하라)

6. 교수 상황

전형적 실제
(당신의 학급이나 프로그램에서 전형적으로 일어나는 일과 가장 밀접하게 연관되는 것의 번호에 체크하라)

1	2	3	4	5	6	7

거의 모든 교수는 대그룹, 소그룹, 일대일 같은 교사 주도적 상호작용에서 일어난다.	**많은** 교수가 교사 주도적 상호작용에서 일어난다. 그러나 몇몇은 아동의 놀이에서 일어난다.	**많은** 교수가 아동의 놀이에서 일어난다. 그러나 몇몇은 교사 주도의 대그룹, 소그룹 혹은 일대일 상황에서 일어난다.	**거의 모든** 교수는 아동의 놀이에서 일어난다.

1	2	3	4	5	6	7

이상적 실제
(당신의 학급이나 프로그램을 위해 이상적인 것과 가장 밀접하게 연관되는 것의 번호에 체크하라)

7. 진행 중 일과 통합

전형적 실제
(당신의 학급이나 프로그램에서 전형적으로 일어나는 일과 가장 밀접하게 연관되는 것의 번호에 체크하라)

1	2	3	4	5	6	7

치료사들은 아동을 중재하기 위해 교실 밖으로 데리고 나간다.	치료사들은 아동과 교실 안에서 진행 중인 학급 활동과 무관하게 자신이 할 중재를 한다.	치료사들은 아동이 무엇을 하고 있든 함께하며, 진행 중인 활동에 엮어서 그들을 중재한다.	치료사들은 교사진을 진행 중인 활동에서 아동과 중재할 수 있도록 시범과 적합한 피드백으로 코치한다.

1	2	3	4	5	6	7

이상적 실제
(당신의 학급이나 프로그램을 위해 이상적인 것과 가장 밀접하게 연관되는 것의 번호에 체크하라)

8. 역할 방출과 수용

전형적 실제
(당신의 학급이나 프로그램에서 전형적으로 일어나는 일과 가장 밀접하게 연관되는 것의 번호에 체크하라)

1	2	3	4	5	6	7

치료사들의 전략이 교사진에 의해 사용될 수 없고, 교사진은 그들의 전략들을 사용하고 싶어 하지 않는다는 태도를 보인다.	치료사들의 전략이 교사진에 의해 사용될 수 있지만, 교사진은 그 전략들을 사용하고 싶어 하는 태도를 보인다.	치료사들의 전략은 교사진이 활용하기 위한 것이지만, 교사진은 그 전략들을 잘 받아들이지 않는 태도를 보인다.	치료사들의 전략은 교사진이 활용하기 위한 것이고, 교사들이 그 전략을 잘 받아들이는 태도를 보인다.

1	2	3	4	5	6	7

이상적 실제
(당신의 학급이나 프로그램을 위해 이상적인 것과 가장 밀접하게 연관되는 것의 번호에 체크하라)

9. 필요한 최소 촉진/기구

전형적 실제
(당신의 학급이나 프로그램에서 전형적으로 일어나는 일과 가장 밀접하게 연관되는 것의 번호에 체크하라)

1	2	3	4	5	6	7
치료사들은 a) 진행 중인 일과와 직접적인 관계가 없는 기구(예: 중량 조끼, 씹는 튜브, 안면 진동기), 그리고 b) 비수반적 자극(스트레칭, 마사지, 구강 운동 자극, 솔질 같은 협조 외에 아동의 반응을 요구하지 않는 성인의 행동)을 추천한다. 그러나 아동에게 그런 것들을 가르치지는 않는다.		치료사들은 비수반적 자극을 추천한다. 그러나 최소한 필요한 도구들이다.		치료사들은 아동에게 기능적인 교수를 추천한다. 그러나 중량 조끼, 씹는 튜브, 안면 진동기 같은 진행 중인 일과와 직접적으로 관련이 없는 기구를 사용한다.		치료사들은 보완 의사소통 체계나 교정용 의자, 부목 같은 최소한 필요한 기구들을 이용하여 일과 안에서 아동이 기능하도록 가르칠 것을 추천한다.

1 2 3 4 5 6 7

이상적 실제
(당신의 학급이나 프로그램을 위해 이상적인 것과 가장 밀접하게 연관되는 것의 번호에 체크하라)

10. 아동을 위한 큰 그림의 목표

전형적 실제
(당신의 학급이나 프로그램에서 전형적으로 일어나는 일과 가장 밀접하게 연관되는 것의 번호에 체크하라)

1	2	3	4	5	6	7
아동을 위한 전반적인 목표는 그들의 잠재력을 극대화하는 것이다.		아동을 위한 전반적인 목표는 그들의 인지, 의사소통, 운동, 사회, 적응 발달을 극대화하는 것이다.		아동을 위한 전반적인 목표는 그들의 긍정적·사회정서적 기술(사회적 관계 포함), 지식과 기술(초기 언어/의사소통과 초기 문해력 포함)의 습득과 활용, 그리고 그들의 필요를 충족할 적절한 행동 활용을 극대화하는 것이다.		아동을 위한 전반적인 목표는 그들의 참여, 독립 수행, 그리고 사회적 관계를 극대화하는 것이다.

1 2 3 4 5 6 7

이상적 실제
(당신의 학급이나 프로그램을 위해 이상적인 것과 가장 밀접하게 연관되는 것의 번호에 체크하라)

11. 놀이

전형적 실제
(당신의 학급이나 프로그램에서 전형적으로 일어나는 일과 가장 밀접하게 연관되는 것의 번호에 체크하라)

1	2	3	4	5	6	7
아동은 거의 모든 시간을 동아리, 준비된 소그룹 수업, 일대일 중재 같은 성인 주도 활동에 소비한다.		아동은 그들의 시간 중 3/4은 성인 주도의 활동에, 1/4은 자신들의 놀이에 사용한다.		아동은 그들의 시간 절반을 성인 주도의 활동에, 절반을 자신들의 놀이에 사용한다.		아동은 거의 모든 시간을 자유롭게 방해받지 않거나 관심 있는 물건에 접근하는 놀이를 하면서 보낸다. 성인들은 어지럽히는 행동을 할 기회들, 부딪치고 뒹구는 행동, 그리고 난센스 행동을 하는 놀이에서 아동의 주도를 따른다.
1	2	3	4	5	6	7

이상적 실제
(당신의 학급이나 프로그램을 위해 이상적인 것과 가장 밀접하게 연관되는 것의 번호에 체크하라)

12. 학습적 상호작용 완수

전형적 실제
(당신의 학급이나 프로그램에서 전형적으로 일어나는 일과 가장 밀접하게 연관되는 것의 번호에 체크하라)

1	2	3	4	5	6	7
성인들은 세팅 이벤트, 선행 사건, 촉진에 대해 거의 주의를 기울이지 않으며, 아동의 행동 결과에도 거의 주의를 기울이지 않는다.		성인들은 아동이 바람직한 행동을 하도록 상황을 조성하지만, 아동의 행동 결과에는 거의 주의를 기울이지 않는다.		성인들은 세팅 이벤트, 선행 사건, 그리고 촉진에 대해서는 거의 주의를 기울이지 않는다. 그러나 그들은 아동의 행동이 자연스러운 혹은 성인이 제공하는 결과들이 따르는 것을 확실히 한다.		성인들은 아동이 바람직한 행동을 하도록 상황을 조성하고, 아동이 응답할 때 자연스러운 혹은 성인이 제공하는 결과들이 뒤따른다.
1	2	3	4	5	6	7

이상적 실제
(당신의 학급이나 프로그램을 위해 이상적인 것과 가장 밀접하게 연관되는 것의 번호에 체크하라)

13. IFSP/IEP 아동 수준 목표에 대한 주의

전형적 실제

(당신의 학급이나 프로그램에서 전형적으로 일어나는 일과 가장 밀접하게 연관되는 것의 번호에 체크하라)

1 2 3 4 5 6 7

1	3	5	7
목표들은 회기마다 전문가들(예: 치료사)에 의해 다뤄졌지만, 진행 중인 학급 일과 동안은 그렇지 않다.	목표들은 어느 정도 진행 중인 학급 일과들에서 다뤄지지만, 교사나 전문가들과의 수업이나 회기에서 다뤄진다.	목표들은 전문가들과 회기에서 진행 중인 학급 일과들에서 다뤄지지만, 하루의 나머지 시간 동안은 그렇지 않다.	목표들은 하루 전반에 걸쳐 아동과 상호작용하는 누구나에 의해 다뤄진다.

1 2 3 4 5 6 7

이상적 실제

(당신의 학급이나 프로그램을 위해 이상적인 것과 가장 밀접하게 연관되는 것의 번호에 체크하라)

14. 학급 가구

전형적 실제

(당신의 학급이나 프로그램에서 전형적으로 일어나는 일과 가장 밀접하게 연관되는 것의 번호에 체크하라)

1 2 3 4 5 6 7

1	3	5	7
교실(실내)은 장식이 거의 없고, 아동이 다룰 물건들이 부족하며, 부드러운 영역이 없고, 아동이 어지럽힐 영역 없이 실용적이다.	교실에는 흥미로운 물건들이 있고, 아동이 어지럽힐 공간이 있다. 그러나 부드러운 영역 없이 실용적이다.	교실에는 매력적이며 부드러운 영역이 있다. 그러나 물건들이 부족하며 아동이 어지럽힐 영역이 없다.	교실은 아동과 성인들에게 아름다운 물건들, 아동이 다룰 흥미로운 물건들, 부드럽고 감쌀 수 있는 영역, 아동이 어지럽힐 영역을 가지고 있어 매력적이다.

1 2 3 4 5 6 7

이상적 실제

(당신의 학급이나 프로그램을 위해 이상적인 것과 가장 밀접하게 연관되는 것의 번호에 체크하라)

15. 참여 유형

전형적 실제

(당신의 학급이나 프로그램에서 전형적으로 일어나는 일과 가장 밀접하게 연관되는 것의 번호에 체크하라)

1 2 3 4 5 6 7

1	3	5	7
아동에게 하루 대부분 시간을 성인 주도 활동들에서 성인들을 보고 듣게 하거나, 성인과 일대일 상호작용 속에서 성인들과 함께 참여하라고 격려한다.	아동에게 하루 대부분 시간을 성인들과 함께 참여하라고 격려한다. 그러나 구체적인 활동들은 또래 간의 상호작용이나 교구교재를 가지고 놀게 계획되어 있다.	아동에게 하루의 절반은 또래들과 교구교재들을 가지고 놀게 하고, 하루의 절반은 성인들과 함께 참여하라고 격려한다.	아동에게 성인의 지원이나 참여와 더불어 하루 대부분을 또래와 교구교재들을 가지고 놀 것을 격려한다.

1 2 3 4 5 6 7

이상적 실제

(당신의 학급이나 프로그램을 위해 이상적인 것과 가장 밀접하게 연관되는 것의 번호에 체크하라)

16. 또래 간의 상호작용

전형적 실제
(당신의 학급이나 프로그램에서 전형적으로 일어나는 일과 가장 밀접하게 연관되는 것의 번호에 체크하라)

1 2 3 4 5 6 7

교사는 자주 또래 간의 상호작용을 막는다. 대신 아동이 교재교구를 가지고 독립적으로 활동할 것을 격려한다.	교사는 때때로 또래 간의 상호작용을 막지만, 때때로 또래 간의 상호작용을 격려한다.	교사는 자주 또래 간의 상호작용을 격려한다.	교사는 거의 항상 또래 간의 상호작용을 격려한다.

1 2 3 4 5 6 7

이상적 실제
(당신의 학급이나 프로그램을 위해 이상적인 것과 가장 밀접하게 연관되는 것의 번호에 체크하라)

17. 자기 주도 vs. 규칙/지시 준수

전형적 실제
(당신의 학급이나 프로그램에서 전형적으로 일어나는 일과 가장 밀접하게 연관되는 것의 번호에 체크하라)

1 2 3 4 5 6 7

아동이 규칙이나 지시를 준수함으로써 적합한 행동, 좋은 매너, 그리고 규칙을 배울 것이라고 기대한다.	아동에게 규칙과 지시를 따르게 가르친다. 그러나 어느 정도 자유가 주어진다.	아동은 독립적이게 격려된다. 그러나 (일들을) 바르게 할 것을 가르친다 (예: 복도에서 걸어 다닐 때나 식탁에 앉을 때의 규칙 등).	심지어 (일들을) 바르게 하지 못할 때조차 아동은 독립적이게 격려된다.

1 2 3 4 5 6 7

이상적 실제
(당신의 학급이나 프로그램을 위해 이상적인 것과 가장 밀접하게 연관되는 것의 번호에 체크하라)

18. 발달적으로 적합한 실제를 촉진하는 언어

전형적 실제
(당신의 학급이나 프로그램에서 전형적으로 일어나는 일과 가장 밀접하게 연관되는 것의 번호에 체크하라)

1 2 3 4 5 6 7

아동을 일관되게 '학생'이라고 한다.	아동을 대체로 '학생'이라고 하지만, 때로는 '어린이'라고 한다.	아동을 대체로 '어린이'라고 하지만, 때로는 '학생'이라고 한다.	아동을 일관되게 '어린이' 혹은 '아동'이라고 한다.

1 2 3 4 5 6 7

이상적 실제
(당신의 학급이나 프로그램을 위해 이상적인 것과 가장 밀접하게 연관되는 것의 번호에 체크하라)

19. 소속감을 촉진하는 언어('어린이')

전형적 실제
(당신의 학급이나 프로그램에서 전형적으로 일어나는 일과 가장 밀접하게 연관되는 것의 번호에 체크하라)

1	2	3	4	5	6	7
모든 아동은 빈번하게 '원아(프로그램 어린이)' 혹은 '또래'로 불린다.		모든 아동은 빈번하게 '장애 아동' 혹은 '비장애 아동' 혹은 '일반적 발달 아동'이라고 불린다.		모든 아동은 '어린이' 혹은 '아동'이라고 불린다. 필요할 때만 장애 여부에 따라 표기하거나 필요할 때 '원아(프로그램 어린이)'와 '또래'라는 용어를 사용한다.		모든 아동이 '아이' 혹은 '아동'으로 불린다. 단, 필요할 때는 그들의 장애 여부를 표기한다. 필요할 때만 장애, 비장애, 일반적 발달의 용어가 사용된다. '또래'는 장애가 있건 없건 같은 나이나 교실에 있는 아이를 말한다.
1	2	3	4	5	6	7

이상적 실제
(당신의 학급이나 프로그램을 위해 이상적인 것과 가장 밀접하게 연관되는 것의 번호에 체크하라)

20. 모두를 위한 개별화

전형적 실제
(당신의 학급이나 프로그램에서 전형적으로 일어나는 일과 가장 밀접하게 연관되는 것의 번호에 체크하라)

1	2	3	4	5	6	7
모든 아동은 어떤 개별적 목표에 관계없이 핵심 교육과정을 배운다.		장애를 가진 아동은 전반적인 교육과정 목표와 별 관계없이 개별화된 목표를 가지고 있다. 일반적인 발달을 가진 아동은 전반적인 교육과정 목표를 가진다.		장애를 가진 아동은 전반적인 교육과정 목표에 더해서 개별적 목표를 가지고 있고, 일반적인 발달을 보이는 아동은 전반적인 교육과정 목표를 가진다.		모든 학급의 아동은 개별적 목표(결과)를 가진다.
1	2	3	4	5	6	7

이상적 실제
(당신의 학급이나 프로그램을 위해 이상적인 것과 가장 밀접하게 연관되는 것의 번호에 체크하라)

21. 가족과 파트너십

전형적 실제

(당신의 학급이나 프로그램에서 전형적으로 일어나는 일과 가장 밀접하게 연관되는 것의 번호에 체크하라)

1	2	3	4	5	6	7
가족과의 상호작용에서 전문가들은 전문가답게 누가 전문가이고 누가 고객인지에 대해 혼동하지 않게 경계를 명확하게 한다.		가족과의 상호작용 가운데 전문가들은 긍정적이며 친절하다. 그러나 전문가들은 교육을 담당하고, 부모들은 양육을 담당한다고 생각한다.		가족과의 상호작용 가운데 전문가들은 일관되게 긍정적이고, 반응적이며, 친절하고 민감하지만, 중재에 대해 많은 결정을 한다.		가족과의 상호작용 가운데 전문가들은 일관되게 긍정적이고, 반응적이며, 친절하고 민감하며, 중재에 대한 결정을 내리며, 가족을 지원하는 것도 포함한다.
1	2	3	4	5	6	7

이상적 실제

(당신의 학급이나 프로그램을 위해 이상적인 것과 가장 밀접하게 연관되는 것의 번호에 체크하라)

22. 가족 수준의 필요에 대한 주의

전형적 실제

(당신의 학급이나 프로그램에서 전형적으로 일어나는 일과 가장 밀접하게 연관되는 것의 번호에 체크하라)

1	2	3	4	5	6	7
전문가들은 아동의 수행을 평가하지만, 학교와 관련된 아동 수준의 필요를 다루는 데는 자신을 제한한다.		전문가들은 아동의 수행을 평가하지만, 가정에서의 아동 수준의 필요를 우연히 들었을 때는 가족에게 제안한다.		전문가들은 아동의 필요를 평가한다. 그러나 가족 수준의 필요를 우연히 들었을 때는 가족에게 제안한다.		전문가들은 아동과 가족 수준의 필요 모두를 아는 깊이 있는 수요 평가를 실시하고, 가정과 지역사회에서 양육에 관한 제안을 포함해서 가족이 어떠한 수준의 필요를 다루기 위한 지원을 받아야 하는지를 확실히 한다.
1	2	3	4	5	6	7

이상적 실제

(당신의 학급이나 프로그램을 위해 이상적인 것과 가장 밀접하게 연관되는 것의 번호에 체크하라)

23. 행동 관리

전형적 실제
(당신의 학급이나 프로그램에서 전형적으로 일어나는 일과 가장 밀접하게 연관되는 것의 번호에 체크하라)

1	2	3	4	5	6	7

1	3	5	7
성인들은 아동의 부적절한 행동들에 대해 소리 조절(소리 지르기), 물리적으로 다루기(예: 아동 옮기기), 적절한 타임아웃(예: 아동 나이 연수마다 1분씩)으로 일관되지 못하게 반응한다.	성인들은 아동이 특정한 학급규칙을 위반했을 때, 적절한 시간의 타임아웃을 적용하는 것과 관련하여 일관된 '행동 관리' 계획을 따른다.	성인들은 일반적으로 가능한 한 바람직한 행동에 관심을 기울이고, 적절하지 못한 행동은 무시하는 강화 원칙을 따른다(즉, 위반 시에 말하거나 설명해 주지 않기).	성인들은 필요 시 전략적 강화 억제, 형성 그리고 조작적 촉진 등을 포함한 강화 원칙의 조직적 적용을 통해 아동을 적절하게 행동하도록 가르친다.

1	2	3	4	5	6	7

이상적 실제
(당신의 학급이나 프로그램을 위해 이상적인 것과 가장 밀접하게 연관되는 것의 번호에 체크하라)

24. 참여

전형적 실제
(당신의 학급이나 프로그램에서 전형적으로 일어나는 일과 가장 밀접하게 연관되는 것의 번호에 체크하라)

1	2	3	4	5	6	7

1	3	5	7
대부분의 활동 중 어떤 종류의 장애를 가진 아동은 보이지 않는다. 왜냐하면 그들은 장애 등록을 하지 않았거나, 교실에 있지만 주요 활동에 참여하지 않거나, 활동하기는 하지만 의미 있게 참여하지 않기 때문이다.	몇몇 활동 중 중증의 운동 혹은 인지장애를 제외한 장애 아동이 보이지만, 의미 있게 참여하지는 않는다. 중증의 운동 혹은 인지장애를 가진 아동은 활동들에서 보이지 않는다.	대부분의 활동 중 중증의 운동 혹은 인지장애 외에 다른 장애를 가진 아동이 어느 정도 의미 있는 방식으로 활발하게 참여한다.	대부분의 활동 중 중증의 운동 혹은 인지장애를 가진 아동을 포함한 모든 아동은 그냥 지켜보는 것이 아니라 어느 정도 의미 있는 방법으로 활발하게 참여한다.

1	2	3	4	5	6	7

이상적 실제
(당신의 학급이나 프로그램을 위해 이상적인 것과 가장 밀접하게 연관되는 것의 번호에 체크하라)

일과 참여 교사 평가 척도(STARE)

아 동 ________________ 날 짜 ________________

관찰자 ________________

▌사용방법

다음의 각 일과들에서 각각 10분 동안 아동을 관찰하라. 첫 번째로는 아동이 성인, 또래, 교구교재와 참여하는 시간의 양을 평가하라. 두 번째로는 아동 참여의 복잡성을 다음과 같이 평가하라. 비참여: 부적절한 행동, 멍하게 있는 것/ 단순한: 반복적 놀이, 일상적 둘러보기/ 평균: 일과 따라 하기, 참여하기/ 진보적: 이야기하기, 만들기/ 정교한(세련된): 상징적으로 이야기하기, 가장놀이, 지속적으로 하기. 이 척도 마지막에 추가적이거나 번갈아 하는 일과를 기입할 수 있다.

도착	그 시간 동안 거의 없음	조 금	절반 정도	많 이	거의 대부분의 시간
성인과	1	2	3	4	5
또래와	1	2	3	4	5
교구교재와	1	2	3	4	5
복잡성	비참여 1	단순한 2	평균 3	진보적 4	정교한 5

동아리 시간	그 시간 동안 거의 없음	조 금	절반 정도	많 이	거의 대부분의 시간
성인과	1	2	3	4	5
또래와	1	2	3	4	5
교구교재와	1	2	3	4	5
복잡성	비참여 1	단순한 2	평균 3	진보적 4	정교한 5

센터/자유놀이	그 시간 동안 거의 없음	조 금	절반 정도	많 이	거의 대부분의 시간
성인과	1	2	3	4	5
또래와	1	2	3	4	5
교구교재와	1	2	3	4	5
복잡성	비참여 1	단순한 2	평균 3	진보적 4	정교한 5

교사 주도 활동	그 시간 동안 거의 없음	조 금	절반 정도	많 이	거의 대부분의 시간
성인과	1	2	3	4	5
또래와	1	2	3	4	5
교구교재와	1	2	3	4	5
복잡성	비참여 1	단순한 2	평균 3	진보적 4	정교한 5

간식/점심 (선택 표시)	그 시간 동안 거의 없음	조 금	절반 정도	많 이	거의 대부분의 시간
성인과	1	2	3	4	5
또래와	1	2	3	4	5
교구교재와	1	2	3	4	5
복잡성	비참여 1	단순한 2	평균 3	진보적 4	정교한 5

바깥 활동	그 시간 동안 거의 없음	조 금	절반 정도	많 이	거의 대부분의 시간
성인과	1	2	3	4	5
또래와	1	2	3	4	5
교구교재와	1	2	3	4	5
복잡성	비참여 1	단순한 2	평균 3	진보적 4	정교한 5

	그 시간 동안 거의 없음	조 금	절반 정도	많 이	거의 대부분의 시간
성인과	1	2	3	4	5
또래와	1	2	3	4	5
교구교재와	1	2	3	4	5
복잡성	비참여 1	단순한 2	평균 3	진보적 4	정교한 5

	그 시간 동안 거의 없음	조 금	절반 정도	많 이	거의 대부분의 시간
성인과	1	2	3	4	5
또래와	1	2	3	4	5
교구교재와	1	2	3	4	5
복잡성	비참여 1	단순한 2	평균 3	진보적 4	정교한 5

	그 시간 동안 거의 없음	조 금	절반 정도	많 이	거의 대부분의 시간
성인과	1	2	3	4	5
또래와	1	2	3	4	5
교구교재와	1	2	3	4	5
복잡성	비참여 1	단순한 2	평균 3	진보적 4	정교한 5

치료 목표 정보 양식(TGIF)

▌사용방법

양식의 윗부분에 이름과 작성한 날짜를 기입하라. 이 평가를 하는 데 소요된 대략적 시간을 기간 만료 란에 기입하라. 아동을 위한 최고의 우선순위가 배정된 결과들의 목록을 기입하고, 우선순위에 따른 번호를 기입하라. 각 결과 옆에 두 줄의 박스가 있는데, 위의 줄은 얼마나 자주 결과(목표)행동이 수행되었는지를 나타내기 위한 것이며('전혀'에서 '모든 시간 동안'까지), 아래의 줄은 결과(목표)행동이 따르는 독립 수행을 나타내기 위한 것이다('총체적 지원 필요'부터 '아무 도움 없이'까지). 각 줄에는 빈도와 독립적 수행, 고려사항이 특정한 결과목표에 해당되지 않는 것을 나타내는 옵션이 있다. 나열된 각 목표(결과)마다 빈도에 하나, 독립적 수행에 하나의 박스를 선택(표기)하라.

아동 이름 ____________________ 날 짜 ____________________

교사 이름 ____________________ 기간 만료 ____________________

목표#	목표	1	2	3	4	5		
		전혀	거의 전혀	절반 정도	거의 대부분의 시간	모든 시간	해당 없음 (모름)	빈도
		총체적 지원 필요	많은 도움으로	어느 정도 도움으로	거의 도움 없이	아무 도움 없이		독립
		전혀	거의 전혀	절반 정도	거의 대부분의 시간	모든 시간	해당 없음 (모름)	빈도
		총체적 지원 필요	많은 도움으로	어느 정도 도움으로	거의 도움 없이	아무 도움 없이		독립
		전혀	거의 전혀	절반 정도	거의 대부분의 시간	모든 시간	해당 없음 (모름)	빈도
		총체적 지원 필요	많은 도움으로	어느 정도 도움으로	거의 도움 없이	아무 도움 없이		독립

목표#	목표	1	2	3	4	5		
		전혀	거의 전혀	절반 정도	거의 대부분의 시간	모든 시간	해당 없음 (모름)	빈도
		총체적 지원 필요	많은 도움으로	어느 정도 도움으로	거의 도움 없이	아무 도움 없이		독립
		전혀	거의 전혀	절반 정도	거의 대부분의 시간	모든 시간	해당 없음 (모름)	빈도
		총체적 지원 필요	많은 도움으로	어느 정도 도움으로	거의 도움 없이	아무 도움 없이		독립
		전혀	거의 전혀	절반 정도	거의 대부분의 시간	모든 시간	해당 없음 (모름)	빈도
		총체적 지원 필요	많은 도움으로	어느 정도 도움으로	거의 도움 없이	아무 도움 없이		독립
		전혀	거의 전혀	절반 정도	거의 대부분의 시간	모든 시간	해당 없음 (모름)	빈도
		총체적 지원 필요	많은 도움으로	어느 정도 도움으로	거의 도움 없이	아무 도움 없이		독립
		전혀	거의 전혀	절반 정도	거의 대부분의 시간	모든 시간	해당 없음 (모름)	빈도
		총체적 지원 필요	많은 도움으로	어느 정도 도움으로	거의 도움 없이	아무 도움 없이		독립
		전혀	거의 전혀	절반 정도	거의 대부분의 시간	모든 시간	해당 없음 (모름)	빈도
		총체적 지원 필요	많은 도움으로	어느 정도 도움으로	거의 도움 없이	아무 도움 없이		독립
		전혀	거의 전혀	절반 정도	거의 대부분의 시간	모든 시간	해당 없음 (모름)	빈도
		총체적 지원 필요	많은 도움으로	어느 정도 도움으로	거의 도움 없이	아무 도움 없이		독립

가정 일과 평가 만족도(SHoRE)

이 름 ______________ 날 짜 ______________

▌사용방법

1. 각 일과 옆의 번호 하나에 동그라미 표시를 함으로써 각 일과에 대해 당신이 얼마나 만족하고 있는지를 평가하라. 일과는 아래에 나열되었듯이 사건, 활동, 하루 중 어떤 시간 등이다. 구체적인 시간은 중요하지 않다.
2. 당신의 가족에 해당하지 않는 것은 NA라고 표기하라.

일과	전혀 만족하지 않는다		만족한다		매우 만족한다
1. 깨우기	1	2	3	4	5
2. 기저귀 갈기/배변	1	2	3	4	5
3. 식사/먹이기	1	2	3	4	5
4. 옷 입기	1	2	3	4	5
5. 놀이시간	1	2	3	4	5
6. 차 타기(차 안에서)	1	2	3	4	5
7. 가게에서	1	2	3	4	5
8. 나가 놀기	1	2	3	4	5
9. 저녁 준비시간	1	2	3	4	5
10. 목욕	1	2	3	4	5
11. 잠자리 들기	1	2	3	4	5
12. 유치원	1	2	3	4	5

가족 삶의 질-자폐 범주성 장애(FaQoL-ASD)

다음과 같은 측면에서 당신 가족의 삶을 빈약, 공평, 양호, 매우 양호, 최상으로 평가하라. 각 문항에 해당하는 번호에 동그라미로 표시하여 답하라. 가족은 일반적으로 아동과 함께 사는 사람을 말한다. 그러나 당신과 당신 가족에 타당한 방식으로 가족을 정의할 수 있다.

	빈약	공평	양호	매우 양호	최상
1. 가족의 공동 문제해결 능력[a]	1	2	3	4	5
2. 가족 안의 의사소통[a,b]	1	2	3	4	5
3. 가족과 확대가족과의 관계[a]	1	2	3	4	5
4. 아이의 상황이나 장애에 관한 가족의 정보[a,c]	1	2	3	4	5
5. 아이의 발달에 관한 가족의 정보[a,c]	1	2	3	4	5
6. 가족이 가진 서비스를 포함한 자원에 대한 정보[a,c]	1	2	3	4	5
7. 아이와 무엇을 해야 하는지에 대한 가족이 가진 정보[a,c]	1	2	3	4	5
8. 친구나 다른 지인들 등 가족이 가진 인척관계[a]	1	2	3	4	5
9. 가족과 다른 사람과의 교류[a]	1	2	3	4	5
10. 가족의 ASD(자폐) 단체들과 연계	1	2	3	4	5
11. 가족의 (구매) 지불 능력[a]	1	2	3	4	5
12. 가족의 의료 서비스 접근성[a]	1	2	3	4	5
13. 자폐아동이 어떻게 배우는지에 관한 가족의 지식[a]	1	2	3	4	5
14. 양육에 관한 가족의 지식[a]	1	2	3	4	5
15. 아이가 난처한 행동을 할 때 어떻게 해야 하는지에 대한 가족의 지식	1	2	3	4	5
16. 가족이 아이와 함께 보내는 시간[a]	1	2	3	4	5
17. 아이를 위한 서비스에 관한 가족의 접근성[a]	1	2	3	4	5
18. 아이가 친구를 사귀는 것을 돕기 위해 가족이 가용할 지원[a]	1	2	3	4	5
19. 외출을 포함한 가족의 지역 이벤트나 활동들의 참여[a,b]	1	2	3	4	5
20. 가족의 건강[b]	1	2	3	4	5
21. 최소한 가족 중 일하는 한 명의 성인[b]	1	2	3	4	5
22. 가족이 아이 하나하나와 일대일로 지내는 시간	1	2	3	4	5

	빈약	공평	양호	매우 양호	최상
23. ASD(자폐성 범주 장애)에 관한 가족의 접근에 관한 성인 가족 구성원 간의 합의 정도	1	2	3	4	5
24. 가족이 가진 종교에서 얼마나 환영받는지 느끼는 정도	1	2	3	4	5
25. 아이에게 말할 때 아이가 이해하는 정도[b,c]	1	2	3	4	5
26. 아이가 자신을 나타내는 표현[b,c]	1	2	3	4	5
27. 아이가 성인들과 잘 지냄[b,c,d]	1	2	3	4	5
28. 아이가 다른 아동과 잘 지냄[b,c,d]	1	2	3	4	5
29. 아이가 형제와 잘 지내는 능력	1	2	3	4	5
30. 가정 일과들에 대한 아이의 참여[c]	1	2	3	4	5
31. 가족이 아이를 일과 심부름에 데리고 가는 능력 (예: 가게, 쇼핑, 미용실, 치과, 병원)	1	2	3	4	5
32. 가족이 아이를 데리고 사회적 외출에 데리고 갈 능력 (예: 영화관, 동물원, 도서관)	1	2	3	4	5
33. 아이의 학교 혹은 그룹 양육 활동에 참여할 능력[c]	1	2	3	4	5
34. 아이가 장난감 혹은 물건 가지고 놀기[c]	1	2	3	4	5
35. 아이의 적절한 행동하기[b,c,d]	1	2	3	4	5
36. 아이의 잠들기와 잠자기	1	2	3	4	5
37. 아이의 독립성[c]	1	2	3	4	5
38. 아이의 건강[b,d]	1	2	3	4	5
39. 현재 가족의 전반적인 삶의 상황[e]	1	2	3	4	5
40. 현재 아이의 전반적인 삶의 상황[e]	1	2	3	4	5

출처: [a]Jackson and Turnbull(2004); [b]Davis and Hind(1999); [c]McWilliam(2005a); [d]Bess, Dodd-Murphy and Parker(1998); and [e]NEILS(Bailey, Hebbeler, Scarborough, Spiker & Mallik, 2004).

저자소개

로빈 맥윌리엄(R. A. McWilliam) **박사**는 미국 테네시 주에 있는 시스킨 센터(Siskin Center)의 소장이며, 주소는 다음과 같다.

Siskin Center for Child and Family Research, Siskin Children' sInstitute, 1101 Carter Stree, Chattanooga, TN 37402

맥윌리엄 박사는 시스킨 아동연구소 소장으로 유아교육 발달 및 조기 중재를 연구하고 있다. 또한 테네시 대학 채터누가(Chattanooga) 캠퍼스의 교육학 교수이며, 밴더빌트(Vanderbilt) 대학의 합동 교수로 재직하고 있다. 밴더빌트 대학 의료센터의 소아학과 교수를 지냈으며, 포터 그래햄(Porter Graham) 아동발달 연구소의 석좌 과학자로 있었고, 노스캐롤라이나(North Carolina) 대학 채펠 힐(Chapel Hill) 캠퍼스에서 교육학 교수를 지냈다. 맥윌리엄 박사의 연구는 장애를 가졌거나 그렇지 않은 영아, 걸음마기 유아, 유치원 연령 아동의 참여와 서비스 전달 모형, 그리고 가족과의 협력을 중심으로 이뤄졌다. 그는 미국 전역 그리고 해외 여러 나라의 자연스러운 환경에서의 중재 제공과 학급 참여 모형에 대한 자문과 연수, 기술적 지원을 제공해 왔다. 그의 일과 기반 면담(RBI)은 가족의 필요를 평가하고, 개별화가족서비스계획(IFSP)과 개별화교육계획(IEP)의 목표를 개발하는 데 광범위하게 사용되는 방법이다.

역자소개

백 상 수

미국 일리노이 주립대학(UIUC) 철학박사(Ph. D.)

유아특수교육 전공

Roberts Wesleyan College 교수(전)

대구대학교 유아특수교육과 교수(현)

정 은 영

미국 일리노이 주립대학(UIUC) 철학박사(Ph. D.)

유아특수교육 전공

Ohio University 교수(전)

Roberts Wesleyan College 교수(전)

SUNY-Geneseo 교수(현)

일과에 기반을 둔 조기 중재
(Routines-Based Early Intervention)
– 영유아와 가족 지원

초판 1쇄 인쇄 2014년 7월 29일
초판 1쇄 발행 2014년 8월 5일

지은이 | 로빈 맥윌리엄(R. A. McWilliam)
옮긴이 | 백상수 · 정은영
펴낸이 | 김기섭
편집인 | 최명인
펴낸곳 | 창지사 www.changjisa.com
153-802 서울시 금천구 가산디지털 1로 83 파트너스타워 1차 (9F, B1F)
전화 (02) 719-2211~3
팩스 (02) 701-9386
등 록 | 1977년 4월 28일 · 제1-421호

이 도서의 국립중앙도서관 출판예정도서목록(CIP)은 서지정보유통지원시스템 홈페이지 (http://seoji.nl.go.kr)와 국가자료공동목록시스템(http://www.nl.go.kr/kolisnet)에서 이용하실 수 있습니다.(CIP제어번호: CIP2014022409)

ISBN 978-89-426-1103-4 (93370)

값 18,000원